Practice of Civil Rehabilitation Proceedings

民事再生の実務

森 純子
Junko Mori
川畑正文
Masafumi Kawabata
編著

商事法務

●はしがき●

　本書は、大阪地方裁判所第6民事部（倒産部）における民事通常再生事件の運用方針、処理方法、申立代理人、監督委員等との協議の場で取り上げることの多い論点等について、裁判官及び書記官が手続の段階ごとに説明するものです。

　民事再生法は、平成12年4月に施行され、当部においても、施行後数年は100件を超える民事通常再生事件を扱ってきましたが、現在では、事件数は大きく減少しています。この間、私的整理手続として、様々な手続が整備されたことなど、倒産事件を巡る環境が進展したことも影響していると考えられますが、他方、ある弁護士から、当部の再生事件の運用について、まとめて情報提供されたものがなくブラックボックスである旨の指摘を受けるなどし、企業再生手段の選択肢として利用しにくい面があるのではないかと思い至りました。そこで、分かりやすく、利用しやすい手続を目指して、申立書をはじめとする書式の紹介を行うとともに、現在の運用方針などについて説明することにしました。本書により、関係者に、当部における再生事件の運用方針などが理解され、事業再生のひとつの手段として再生手続が選択され、関係者それぞれの立場を踏まえつつ協働して円滑な事業再生が図られることに役立つことができれば幸いです。

　もっとも、当部の運用は、本書によって固定するものではなく、今後も、これまで同様、再生事件の関係者の意見や批判を踏まえ、裁判所内部にとどまらず、関係者との意見交換により、さらに改善し、進化していかなければならないと考えています。

　本書を執筆するに当たり、大阪弁護士会の有志の方々には、率直かつ忌憚のない意見交換に応じていただきました。深く御礼を申し上げます。

　最後に、株式会社商事法務書籍出版部の岩佐智樹氏及び下稲葉かすみ氏には、本書の作成作業全般にわたりたいへんお世話になりました。ありがとうございました。

平成29年10月

森　純子

●目　次●

第1章　大阪地裁第6民事部における民事再生手続の あらまし　1

- I　はじめに　1
  - 1 再生手続の主体（1）　2 迅速性の要請（1）
- II　標準スケジュール　2
  - 1 当部における標準スケジュール（2）　2 スケジュールの調整（3）
  - 3 面談（4）
- III　再生手続のあらまし　4
  - 1 再生手続開始の申立てまで（4）　2 開始申立てから開始決定まで（5）
  - 3 開始決定から再生計画案提出まで（7）
  - 4 再生計画案提出後認可決定まで（9）　5 再生計画の認可決定後（10）

第2章　再生手続のスケジュール──簡易再生など　11

- I　再生手続開始決定及びその後の標準スケジュール　11
  - 1 再生手続開始決定におけるスケジュールの定め（11）
  - 2 標準スケジュール（12）
- II　個人の場合のスケジュール等　12
  - 1 法人及びその代表者（12）　2 1以外の個人（非事業者）（13）
  - 3 1以外の個人（事業者）（14）
- III　簡易再生の活用　15
  - 1 簡易再生の特徴（15）　2 簡易再生のモデルスケジュール（16）
- IV　同意再生の活用　18

第3章　再生手続開始の申立ての準備　22

- I　はじめに　22
- II　当部への事前連絡と事前相談　23
  - 1 事前連絡（23）　2 事前相談（23）
- III　管轄　24
- IV　手続開始原因　24
  - 1 再生手続の開始（24）　2 再生手続開始の原因（25）
  - 3 再生手続開始の条件（25）

V 手続費用の準備　27
　1 申立手数料、郵券（27）　2 手続費用の予納（27）
VI 申立書類の作成　28
　1 申立書及び添付書面の概要（28）　2 申立書作成上の留意点（31）
　3 貸借対照表、損益計算書について（32）
　4 申立て段階における資金繰り表について（32）
VII 保全処分（弁済禁止の保全処分）の検討　34

第4章　再生手続開始の申立てから開始決定までの手続　60

I 開始前審尋　60
II 債権者説明会の開催　61
III 労働組合等からの意見聴取　62
IV 監督命令への対応　62
V 再生手続開始の申立て後における債務の弁済　63
　1 弁済禁止の保全処分発令日前日までに発生した原因による債務の弁済について（63）
　2 弁済禁止の保全処分発令日当日から再生手続開始決定前までの原因に基づいて発生した債権の弁済について（64）
VI 申立ての取下げ　65

第5章　保全処分　67

I 概要　67
　1 趣旨（67）　2 保全処分の内容（68）　3 保全処分の濫用の防止（68）
II 弁済禁止及び担保提供禁止の保全処分　69
　1 発令の端緒（69）　2 内容及び効力（69）　3 審理等（72）
　4 保全処分の失効（72）

第6章　再生手続開始決定前における再生債権による強制執行等の制限　75

I 概要　75
II 他の手続の中止命令　75
　1 意義（75）　2 発令の要件（76）　3 裁判（77）　4 効果（77）
III 再生債権に基づく強制執行等の包括的禁止命令　78

１意義（78）　２発令の要件（78）　３裁判（79）　４効果（79）
　Ⅳ　再生債権に基づく強制執行等の手続の取消命令　80

第7章　担保権の実行手続の中止命令　81

　Ⅰ　総説　81
　　１担保権の実行手続の中止命令の概要（81）　２発令要件（82）
　　３発令手続（83）　４中止命令発令後の別除権協定締結に向けた交渉（84）
　　５典型担保に係る中止命令の実例（84）
　Ⅱ　集合債権譲渡担保に係る担保権の実行手続の中止命令　84
　　１発令要件についての留意点（84）　２発令手続等についての留意点（85）
　　３中止命令の内容（87）　４中止の期間（88）
　Ⅲ　集合動産譲渡担保に係る担保権の実行手続の中止命令　88
　　１発令要件についての留意点（88）　２発令手続等についての留意点（89）
　　３中止命令の内容（89）　４中止の期間（90）
　Ⅳ　所有権留保付動産に係る担保権の実行手続の中止命令　90
　Ⅴ　フルペイアウト方式のファイナンス・リース物件に係る
　　担保権の実行手続の中止命令　91

第8章　監督委員、管財人、保全管理人及び調査委員　92

　Ⅰ　監督委員　92
　　１概要（92）　２当部における監督委員の実務（92）
　　３監督命令の発令手続（93）　４監督委員の職務（95）
　Ⅱ　管財人　100
　　１概要（100）　２当部における管理命令の在り方（100）
　　３管理命令の発令手続（101）　４管財人の権限（102）
　Ⅲ　保全管理人　104
　Ⅳ　調査委員　104

第9章　再生債務者の地位、公平誠実義務　113

　Ⅰ　再生手続における再生債務者の地位　113
　　１業務遂行権・財産管理処分権（113）　２再生債務者の職務（114）
　Ⅱ　公平誠実義務　115
　　１公平誠実義務の根拠（115）　２公平誠実義務の内容（116）

3 公平誠実義務違反の効果（117）
　Ⅲ　再生債務者の第三者性　117
　　　1 議論の概要（117）　2 実務の状況（119）　3 問題解決の際の留意点（119）

第10章　再生債権の弁済許可の手続　121

　Ⅰ　再生債権の弁済禁止とその例外　121
　　　1 再生債権の弁済禁止（121）　2 共益債権及び一般優先債権の取扱い（122）
　　　3 再生債権の弁済が許可される場合（122）
　Ⅱ　法85条2項による弁済許可　122
　　　1 趣旨（122）　2 弁済額（123）　3 活用例（123）
　Ⅲ　法85条5項前段による弁済許可　124
　　　1 趣旨（124）　2 弁済額（125）　3 活用例（125）
　Ⅳ　法85条5項後段による弁済許可　127
　　　1 趣旨（127）　2 要件（127）　3 活用例（128）
　Ⅴ　少額債権弁済許可による弁済後の手続　129
　Ⅵ　商取引債権全額の弁済と法85条5項　130
　　　1 法85条5項後段に基づく商取引債権の弁済（130）
　　　2 法85条5項前段に基づく商取引債権の弁済（131）

第11章　双方未履行の双務契約の取扱い　132

　Ⅰ　総説　132
　　　1 再生債務者の選択権（132）　2 相手方の地位（133）
　　　3 相手方の催告権（133）　4 相手方からの解除（134）
　Ⅱ　賃貸借契約　135
　　　1 賃借人について再生手続開始決定がされた場合（135）
　　　2 賃貸人について再生手続開始決定がされた場合（136）
　Ⅲ　請負契約　140
　　　1 注文者に再生手続開始決定がされた場合（140）
　　　2 請負人に再生手続開始決定がされた場合（141）
　Ⅳ　雇用契約　142
　　　1 労働者に再生手続開始決定がされた場合（142）
　　　2 使用者に再生手続開始決定がされた場合（142）
　Ⅴ　双方未履行双務契約性について争いがある契約類型の例　144
　　　1 ファイナンス・リース契約（144）　2 所有権留保売買（145）

Ⅵ 継続的給付を目的とする双務契約についての特則　146
　　1 履行拒絶権の制限（146）　2 相手方の地位（146）

第12章　財産評定　148

Ⅰ 意義・趣旨・機能　148
　　1 意義・趣旨（148）　2 機能（149）
Ⅱ 財産評定の主体・時期　151
　　1 財産評定の主体（151）　2 財産評定の実施時期（152）
Ⅲ 財産評定の内容　152
　　1 対象となる財産及び基準時（152）　2 評価基準（154）
　　3 予想清算配当率の記載（156）　4 書式等（156）　5 修正等（157）
Ⅳ 財産評定に係る情報の提供　157
　　1 副本の提出（157）
　　2 再生債務者の主たる営業所等における必要的情報提供（157）
　　3 2以外の適宜の措置による任意的情報提供（158）

第13章　125条1項報告書等　159

Ⅰ 125条1項報告書　159
　　1 総説（159）　2 記載すべき事項（法125条1項各号）（160）
　　3 当部における実情（162）
Ⅱ 月次報告書　163
　　1 趣旨（163）　2 再生計画認可後（164）
Ⅲ 監督委員の報告義務　164

第14章　再生債権の届出　166

Ⅰ 届出の意義　166
　　1 再生債権者（166）　2 一般優先債権者・共益債権者（167）
Ⅱ 債権届出の方式・方法　167
　　1 債権届出の方式（167）　2 資格証明書、委任状（168）　3 証拠書類（168）
　　4 添付資料（168）
Ⅲ 届出事項（法94条、規則31条1項・2項）　169
　　1 債権の内容及び原因（169）　2 議決権額（172）
　　3 再生債権者及び代理人の氏名又は名称及び住所（174）

IV　債権届出期間（法94条１項）　175
　① 債権届出期間経過後、一般調査期間開始前の債権届出（176）
　② 一般調査期間開始後の債権届出（176）
V　届出の追完等　177
　① 債権届出の追完（177）　② 債権届出期間経過後に生じた再生債権（177）
　③ 他の再生債権者の利益を害する変更（177）
　④ 届出の追完等の時的限界（178）
VI　債権届出の効果　178
　① 債権届出があった場合（178）　② 債権届出がなかった場合（178）
VII　届出事項の変更　179
　① 他の再生債権者の利益を害しない変更（179）
　② 他の再生債権者の利益を害する変更（180）　③ 変更届出の方式（181）
VIII　届出名義の変更　181
IX　別除権付再生債権者　182
　① 別除権（182）　② 別除権者の手続参加（182）
X　相殺権　184

第15章　再生債権の調査　187

I　再生債権の調査の意義等　187
　① 再生債権の調査の意義、概要（187）　② 調査対象となる債権（188）
　③ 一般調査と特別調査（188）
II　再生債権についての認否　189
　① 認否の方法（189）　② 認否書の記載事項（191）
　③ 認否書作成における一般的留意点（192）
III　債権の類型ごとの留意点　195
　① 共益債権、一般優先債権（195）　② 手形債権（195）
　③ 利息金請求権、遅延損害金請求権（196）　④ 外貨建て債権（196）
　⑤ 敷金返還請求権（197）　⑥ 別除権付再生債権（198）
　⑦ 将来の求償権等（203）
IV　一般調査　204
　① 再生債権者表の作成（204）　② 届出再生債権者による異議申述（205）
　③ 再生債権者への情報開示（205）
V　特別調査　206
　① 特別調査期間の指定（206）　② 特別調査費用の予納手続（207）
　③ 認否書の作成及び提出（208）　④ 再生債権者表への追記等（208）

VI 債権調査の終了　208
　1 異議等のなかった事項（209）　2 異議等のあった事項（209）
VII 認否の変更等　209
　1 認否の変更（209）　2 異議の撤回（210）　3 自認債権の変更届出（211）
VIII 再生債権の内容の確定手続　211
　1 再生債権の内容の査定申立て（法 105 条）（211）
　2 査定決定等に対する異議の訴え（法 106 条）（214）
　3 異議等のある再生債権に関する訴訟の受継（法 107 条）（215）
　4 執行力ある債務名義のある債権等に対する異議の主張（法 109 条）（216）

第 16 章　スポンサーによる事業承継
　　　　　── 計画外事業譲渡、会社分割　　　219

I スポンサーと事業承継スキーム　219
　1 スポンサーの関与（219）　2 事業承継スキームの内容（220）
　3 事業譲渡と会社分割の選択の視点（221）
II 計画外事業譲渡　222
　1 総説（222）　2 計画内事業譲渡との異同（222）
　3 法 42 条の裁判所の許可（事業譲渡許可）（223）
　4 株式会社における法 43 条の裁判所の許可（代替許可）（229）
　5 スケジュール（231）
III 会社分割　232
　1 総説（232）　2 事業譲渡との異同（233）　3 会社分割の近時の実例（234）

第 17 章　法人の役員に対する損害賠償請求権の
　　　　　査定申立て　　　236

I はじめに　236
　1 意義・趣旨等（236）　2 当部における実情（237）
II 査定手続の開始　237
　1 申立てによる開始（237）　2 職権による開始（238）
III 査定手続の対象　239
　1 損害賠償責任の主体となる「役員」の範囲（239）　2 責任原因（240）
IV 審理、決定及び和解　240
　1 審理（240）　2 決定（240）　3 和解（241）
V 不服の申立て（異議の訴え）　242

① 査定の裁判（242）　② 査定の申立てを棄却する裁判（243）
　Ⅵ　再生手続の終了による影響　243
　Ⅶ　保全処分　244
　　　① 概説（244）　② 申立権者（244）　③ 発令の要件（245）　④ 保全の方法（245）
　　　⑤ 申立ての方法（246）　⑥ 変更・取消し・即時抗告（246）

第18章　否認権行使の手続　247

　Ⅰ　意義・概要　247
　　　① 意義・制度趣旨（247）　② 否認対象行為の類型（248）
　Ⅱ　行使主体　248
　　　① 総説（248）　② 管財人（248）　③ 監督委員（248）
　Ⅲ　行使の方法と実情　250
　　　① 総説（250）　② 否認の訴えと否認の請求（250）　③ 実情と留意点（252）
　Ⅳ　保全処分と登記　254
　　　① 保全処分（254）　② 否認の登記・登録（255）
　Ⅴ　否認関係訴訟の扱い　256
　　　① 管財人等による受継（256）　② 訴訟参加・別訴の併合提起（256）
　　　③ 否認権限の喪失・再生手続の終了による影響（257）
　Ⅵ　監督委員による任務終了の計算報告等　257

第19章　別除権協定　263

　Ⅰ　別除権協定の必要性　263
　Ⅱ　別除権協定の内容及び性質等　264
　　　① 概要（264）　② 別除権目的財産の受戻し（264）
　　　③ 被担保債権の減額と不足額の確定（267）　④ 別除権協定の性質（268）
　　　⑤ 後順位担保権者との別除権協定（269）
　Ⅲ　受戻価額の相当性　269
　Ⅳ　協定締結の時期　270
　Ⅴ　別除権協定の具体的事例　271
　　　① 集合動産譲渡担保（271）　② 集合債権譲渡担保（271）
　　　③ 担保権消滅の制度との関係（272）
　Ⅵ　別除権協定の諸問題　272
　　　① 協定債権の性質（272）
　　　② 別除権協定の失効等と被担保債権の復活の当否（274）

第20章　担保権消滅の制度　280

- **I　総説**　280
  - ①制度趣旨（280）　②本手続の概要（281）　③本手続の利用状況の実情（281）
  - ④本手続のスケジュールと申立時期等（282）
- **II　担保権消滅許可の申立て**　283
  - ①申立書及び添付資料等（283）　②要件（284）　③決定と不服申立て等（286）
- **III　価額決定の請求手続**　287
  - ①価額決定の請求（287）　②財産の価額の決定（288）　③予納金の負担（289）
- **IV　金銭納付、配当手続等**　290
  - ①金銭納付と担保権に係る登記等の抹消（290）　②配当手続等（291）

第21章　典型的な再生計画案等　292

- **I　はじめに**　292
  - ①裁判所及び監督委員の審査対象等（292）
  - ②再生計画案及びドラフト提出に関する標準スケジュール（293）
- **II　典型的な再生計画案等**　295
  - ①法律上の記載事項（295）　②再生計画案の類型（295）

第22章　再生計画案の絶対的必要的記載事項　312

- **I　再生計画案の記載事項の種類**　312
- **II　絶対的必要的記載事項**　312
  - ①絶対的必要的記載事項（312）
  - ②絶対的必要的記載事項が欠缺している場合の手続の帰趨（313）
- **III　再生債権者の権利の変更に関する条項**　313
  - ①はじめに（313）　②平等原則（313）　③清算価値保障原則（320）
  - ④弁済方法の記載（322）
- **IV　共益債権及び一般優先債権の弁済に関する条項**　324

第23章　再生計画案の相対的必要的記載事項　326

- **I　相対的必要的記載事項**　326
- **II　知れている開始後債権の内容**　326
- **III　債務の負担及び担保の提供に関する定め**　327

Ⅳ 再生計画提出時点で再生債権額が確定していない再生債権
　　──未確定の再生債権及び別除権者の権利に関する定め
　　　　　　　　　　　　　　　　　　　　　　　　　　　329

　1 未確定の再生債権に関する定め（法159条）（329）
　2 別除権者の権利に関する定め（法160条）（330）
　3 再生計画案提出から決議までの間に、再生債権額が確定した場合の処理（331）
　4 1人の債権者が、確定再生債権と再生債権額が確定していない再生債権の両者を有している場合の処理（332）
　5 1個の再生債権のうち確定部分と未確定部分がある場合の処理（332）

第24章　再生計画案の任意的記載事項及び住宅資金特別条項　334

Ⅰ　任意的記載事項　334
Ⅱ　減資及び増資に関する条項──再生債務者の株式の取得、資本金の額の減少、募集株式を引き受ける者の募集等に関する条項等　335
　1 法154条3項・4項（335）　2 条項記載例（337）
Ⅲ　再生計画による事業譲渡に関する条項　338
　1 再生手続における事業譲渡（338）　2 条項記載例（339）
　3 再生計画認可決定確定後の事業譲渡（339）
Ⅳ　弁済に関するその他の事項　340
Ⅴ　住宅資金特別条項　341

第25章　再生計画案補足説明書　344

Ⅰ　説明的記載事項の当部における取扱い　344
　1 説明的記載事項（344）　2 当部における取扱い（345）
Ⅱ　再生計画の基本方針等　345
Ⅲ　清算配当率との比較（清算価値保障原則）　346
　1 清算配当率との比較（346）　2 清算配当率算定の留意事項（347）
Ⅳ　その他　348

第26章　再生計画案の提出から認可決定までの手続　349

Ⅰ　再生計画案の提出　349

1 提出権者等（349）　2 提出期間の伸長（350）
　　3 再生計画案のドラフトの提出（351）
　　4 再生計画案に対する監督委員の報告書等の提出（351）
　　5 債権者への説明（352）　6 再生計画案の修正（352）
　II　再生計画案の付議　353
　　1 付議決定（353）　2 付議時の決定事項（354）　3 付議の効果（354）
　　4 付議後の事務（355）　5 再生計画案の変更（356）
　III　再生計画案の決議　357
　　1 可決要件（357）　2 再生計画案決議の方法（362）
　IV　再生計画の認可・不認可　365
　　1 再生計画認可決定（365）　2 再生計画認可決定の確定の効果（367）
　　3 不認可決定（369）
　V　再生計画の認可又は不認可の決定に伴う事務　370
　　1 告知・公告等（370）　2 関係官庁への通知（370）　3 登記の嘱託（370）

第27章　認可決定後の再生計画の変更　377

　I　概要　377
　II　変更の要件　378
　III　変更の対象となる範囲　378
　IV　再生計画変更の手続　379
　　1 時期（379）　2 申立て（379）　3 変更の手続（380）
　　4 再生計画変更の効力（382）

第28章　再生計画の遂行と履行監督、再生手続の終結　383

　I　認可決定の効力発生時期等　383
　　1 効力発生時期（383）　2 認可決定確定による再生計画の効力（384）
　II　再生計画の遂行　384
　　1 再生計画の遂行の対象及び範囲（384）
　　2 権利変更後の再生債権の債務不履行（履行遅滞）により遅延損害金が発生するか否かについて（385）
　　3 担保提供命令（386）
　III　監督委員による履行監督　387
　　1 当部において監督委員の履行監督を要する事件（387）
　　2 監督委員の履行監督の方法（387）　3 裁判所の履行監督（390）

IV 再生手続の終結　391
　1 終結の態様（391）　2 監督委員選任時の終結事由（391）
　3 終結決定手続（392）

第29章　再生手続の廃止等と破産手続への移行　397

I　総説　397
II　再生手続の廃止　398
　1 再生手続廃止事由（398）　2 廃止決定の効力発生時（401）
　3 廃止決定に伴う事務（401）　4 廃止決定の効力（403）
III　再生手続と関連する破産手続における各種債権の取扱い　405
　1 再生手続と関連する破産手続における再生債権の取扱い（405）
　2 共益債権の破産手続における取扱い（408）
　3 一般優先債権である公租公課の破産手続における取扱い（409）
　4 一般優先債権である労働債権の牽連破産における取扱い（409）
　5 否認権、相殺に関する調整（410）

第30章　記録の閲覧謄写　412

I　記録の閲覧謄写　412
　1 閲覧等の請求権者（412）　2 閲覧等の対象文書（413）
　3 閲覧等の請求時期（413）　4 閲覧等の手続（414）
II　閲覧等の制限　416
　1 閲覧等の制限の申立権者と対象文書（417）
　2 閲覧等の制限の申立ての方法（417）　3 閲覧等制限決定（418）
III　再生債務者からの情報開示　418

事項索引　423

● 凡　例 ●

[法令など]

法、民再法	民事再生法
規則、民再規	民事再生規則
会更法	会社更生法
破産法	破産法
民法	民法
商法	商法
会社法	会社法
民訴法	民事訴訟法
民訴規	民事訴訟規則
民執法	民事執行法
民執規	民事執行規則
民保法	民事保全法

[判例集・雑誌]

民集	最高裁判所民事判例集
金判	金融・商事判例
金法	金融法務事情
債管	債権管理、事業再生と債権管理
ジュリ	ジュリスト
判時	判例時報
判タ	判例タイムズ
労判	労働判例
銀法	銀行法務21
自正	自由と正義
曹時	法曹時報
民商	民商法雑誌
民訴	民事訴訟雑誌
NBL	NBL
OBA	月刊大阪弁護士会

[文献]

一問一答民再	深山卓也ほか『一問一答　民事再生法』（商事法務研究会、2000年）
伊藤	伊藤眞『破産法・民事再生法〔第3版〕』（有斐閣、2014年）
運用と書式	大阪地方裁判所・大阪弁護士会破産管財運用検討プロジェクトチーム編集『破産管財手続の運用と書式〔新版〕』（新日本法規出版、2009年）
LP民再	佐村浩之＝内田博久編著『リーガル・プログレッシブ・シリーズ12　民事再生』（青林書院、2014年）
大阪再生物語	大阪地方裁判所・大阪弁護士会個人再生手続運用研究会編『改正法対応事例解説個人再生 ── 大阪再生物語』（新日本法規出版、2006年）
監督委員	民事再生実務合同研究会編『民事再生手続と監督委員』（商事法務、2008年）
実務解説一問一答	園尾隆司ほか編『最新　実務解説一問一答　民事再生法』（青林書院、2011年）
実務と理論	事業再生研究機構編『民事再生の実務と理論』（商事法務、2010年）
条解破産法	伊藤眞ほか『条解破産法〔第2版〕』（弘文堂、2014年）
詳解民再	福永有利監修・四宮章夫ほか編集委員『詳解　民事再生法 ── 理論と実務の交錯〔第2版〕』（民事法研究会、2009年）
条解民再	園尾隆司＝小林秀之編『条解民事再生法〔第3版〕』（弘文堂、2013年）
条解民再規則	最高裁判所事務総局民事局監修『条解民事再生規則〔新版〕』（法曹会、2005年）
新注釈民再（上）	才口千晴＝伊藤眞監修・全国倒産処理弁護士ネットワーク編集『新注釈民事再生法（上）〔第2版〕』（金融財政事情研究会、2010年）
新注釈民再（下）	才口千晴＝伊藤眞監修・全国倒産処理弁護士ネットワーク編集『新注釈民事再生法（下）〔第2版〕』（金融財政事情研究会、2010年）

通再 120 問	全国倒産処理弁護士ネットワーク編『通常再生の実務Q&A120問──全倒ネットメーリングリストの質疑から』(金融財政事情研究会、2010年)
はい6民	森純子ほか編集大阪地方裁判所第6民事部『はい6民です　お答えします──倒産実務Q&A』(大阪弁護士協同組合、2015年)
破産管財の手引	中山孝雄＝金澤秀樹編『破産管財の手引〔第2版〕』(金融財政事情研究会、2015年)
花村・要説	花村良一『民事再生法要説』(商事法務研究会、2000年)
法システム(3)	高木新二郎＝伊藤眞編集代表『講座　倒産の法システム　第3巻──再建型倒産処理手続』(日本評論社、2010年)
民再実践マニュアル	木内道祥監修・軸丸欣哉ほか編著『民事再生実践マニュアル』(青林書院、2010年)
民再実務	東京地裁破産再生実務研究会編著『破産・民事再生の実務〔第3版〕民事再生・個人再生編』(金融財政事情研究会、2014年)
民再手引	鹿子木康編・東京地裁民事再生実務研究会著『裁判実務シリーズ4　民事再生の手引』(商事法務、2012年)

●執筆者一覧●

［編著者］
　森 純子（もり じゅんこ）
　　大阪地方裁判所判事
　川畑 正文（かわばた まさふみ）
　　大阪地方裁判所判事

［執筆者］（50音順）
　乾 彰文（いぬい あきふみ）
　　最高裁判所事務総局経理局主計課予算一係主任
　栢分 宏和（かやわけ ひろかず）
　　法務省人権擁護局付
　坂本 隆一（さかもと りゅういち）
　　福岡地方・家庭裁判所柳川支部判事
　笹井 三佳（ささい みか）
　　さいたま地方・家庭裁判所越谷支部判事
　千賀 卓郎（せんが たくお）
　　大阪地方裁判所判事
　中井 裕美（なかい ひろみ）
　　長野地方・家庭裁判所松本支部判事補
　宮澤 貴史（みやざわ たかし）
　　大阪地方裁判所書記官
　山本 真己（やまもと まみ）
　　大阪地方裁判所書記官
　山本 陽一（やまもと よういち）
　　岡山家庭・地方裁判所倉敷支部判事

　　　　　　　　　＊　所属・肩書は平成29年9月末現在。

第1章 大阪地裁第6民事部における民事再生手続のあらまし

I はじめに

1 再生手続の主体

　再生手続は、DIP（Debtor in Possession）型の手続であり、再生債務者は、原則として、業務遂行権や財産管理処分権を失わず、債権者に対し、公平かつ誠実に、その権利を行使し、再生手続を遂行する義務を負う（法38条1項・2項）。そのために、再生債務者は、再生手続の円滑な進行に努めなければならず（規則1条1項）、再生手続の進行に関する重要な事項を、再生債権者に周知させるように努めなければならない（同条2項）反面、手続の円滑な進行に努める再生債務者の活動は、できる限り尊重されなければならない（同条3項）。このように、再生手続は、再生債務者の自主性と自己責任を前提としている。

2 迅速性の要請

　再生手続は、再生債務者が主体となって手続を進めていくものであるが、一般に再生手続開始の申立てがされると、債務者の事業に対する信用が低下し、得意先を他に奪われたり、有能な社員が退職したりして事業価値が劣化する可能性があるので、迅速に手続を進める必要がある。

そこで、当部では、標準スケジュールを定めており、これに基づき、再生手続開始前に申立人及びその代理人や監督委員候補者との間で打合せを行い具体的な事件のスケジュールを決め、再生手続の円滑な進行を図っている。

II　標準スケジュール

1　当部における標準スケジュール

　以下においては、標準スケジュールに沿って、手続のあらましについて説明する。なお、当部における再生事件のほとんどは、法人である債務者自らによる申立てであることから、これを前提に説明する。
　2月1日に再生手続開始の申立てを行ったとすると、当部における標準スケジュールは次のとおりである。スケジュールに「★」印を付したものは、再生債務者が行う事柄を示している。

2月1日	再生手続開始の申立て★、必要あれば保全処分等の申立て★
同日	審尋を経て必要性が認められれば保全処分発令、監督命令発令
○日	共益債権化の手続（法120条）★ 監督委員の開始決定の可否についての意見書提出
8日	再生手続開始決定
3月8日	財産評定（法124条）、報告書（法125条1項）提出★
13日	債権届出期限
4月3日	認否書提出期限★
13日～27日	一般債権調査期間
○日	再生計画案ドラフト提出期限★
28日	再生計画案提出1か月前面談★

5月28日	再生計画案提出期限★
○日	再生計画案提出後面談★
6月11日	監督委員の再生計画案についての意見書提出期限
13日	付議決定、再生計画案決議のための債権者集会招集決定
7月19日	債権者集会期日、再生計画案認可決定

2 スケジュールの調整

　前記1の表は、飽くまで標準的なものである。前述（Ⅰ2）のとおり、再生手続は迅速に進めるべきものであるものの、再生債務者が提出期限を遵守しないことが再生手続の廃止事由となる（再生債権の認否書につき法193条1項3号、再生計画案につき法191条2号）ため、標準スケジュールに縛られると、再生手続が廃止され牽連破産に至り（法250条1項）、再建すべき事業の再建が頓挫してしまうことになるおそれがある。そこで、当部では、迅速性への配慮を基本としながらも、事案の内容、主体的に手続を進めるべき再生債務者側の態勢（再生債務者代理人も含む。）などによって、柔軟にスケジュールの設定をしている。例えば、曜日の並び方等による標準スケジュールの変更、調整はもちろんのこと、疎明資料等による再生計画についての履行可能性の疎明が不十分な場合には、監督委員の開始についての意見書の提出期限を遅らせる必要があるし、債権者数が非常に多かったり、認否書の記載が容易でなかったりする場合には、債権届出期限や認否書提出期限を遅らせたり、再生債務者において申立て後にスポンサーや事業譲渡先を探す場合には、再生計画案の提出期限を遅らせたりすることもあり、その結果、全体のスケジュールが長くなることもある。逆に、疎明資料によって再生手続開始の要件があることが明らかであるために申立て直後に監督委員の意見書が提出され、即日又は数日内に再生手続開始決定に至ったり、再生債務者において再生計画案の準備が短期間にできる見込みがあるために、再生計画案の提出期限を早めたりして、全体のスケジュールが短くなるこ

ともある。

3 面談

　資金繰りについて問題が発生したり、再生計画によらない事業譲渡を検討したりするなど、事案の内容によっては、再生手続開始決定に際して定めた面談期日以外に、適宜、裁判所と再生債務者及び監督委員との面談を行って協議している。また、再生債務者と監督委員の間では、手続の進行に応じて必要な協議を行っている。

III　再生手続のあらまし

1　再生手続開始の申立てまで[1]

　債務者に破産手続開始の原因となる事実の生ずるおそれがあるとき又は債務者が事業の継続に著しい支障を来すことなく弁済期にある債務を弁済することができない（法21条1項）状態にあり、事業の再建手続として再生手続開始の申立てを検討しているときには、できるだけ速やかに当部の書記官室に電話連絡をし、業種、本店所在地、負債総額（別除権付債権、公租公課、労働債権も。概数で可。）、当面の資金繰り、再生の方向性などについて伝えていただきたい。そして、申立て後のスケジュールや予定される手続に有用な情報、資料を収集する手段として、原則として申立予定日の1週間前までに、事前相談を行っている。その際には、開始時刻の1時間ほど前までに、申立書のドラフト、債権者一覧表、事前相談日以降3か月間の日繰り表等が提出されると充実した事前相談を行うことができるが、これらの準備が間に合わなければ、負債総額及び債権者数が分かるもの、債権者一覧表、資金繰り表だけでも提

---

1) 第3章参照。

出することが望まれる。

裁判所は、これらの情報をもとに当該事案にふさわしい監督委員候補者を人選し、債務者から提出された債権者一覧表によって利害関係の有無の確認を求め、受任の意向を確認して債務者にその氏名を伝えている。

2 開始申立てから開始決定まで[2]

(1) 再生債務者代表者等の審尋

再生手続開始の申立ての日に、監督委員候補者同席の下で再生債務者代表者等の審尋を行い、申立書や疎明資料の内容を確認するとともに、開始決定と同時に、再生債権の届出期間、認否書の提出期限、再生債権の一般調査期間、法124条及び125条の各報告書の提出期限及び再生計画案の提出期限を定めるために、当該事件について具体的スケジュールを打ち合わせている。

(2) 保全命令[3]

前記(1)の審尋の結果、必要性があると認められれば、弁済禁止の保全処分を発令している。

(3) 監督命令[4]

当部では、保全管理命令を発令する事案や同意再生が見込まれる事案以外の全件について監督命令を発令している。監督命令には、監督委員の同意を要する事項について定めているが、そのひとつとして、通常、「事業の維持再生の支援に関する契約及び当該支援をする者の選定業務に関する契約の締結」（スポンサー契約及びFA契約の締結）を指定している。最近の事例では、その事案の内容に鑑みて、「再生手続開始決定前に締結された事業の維持再生の支援に関する契約及び当該支援をする者

---

2) 第4章参照。
3) 第5章参照。
4) 第8章参照。

の選定業務に関する契約における民事再生法49条1項の規定による履行の選択」を定めたものがある[5]。

(4) 債権者説明会

再生債務者には、再生手続の進行に関する重要な事項を再生債権者に周知させるよう努める義務があるし（規則1条2項）、再生手続開始の申立てや弁済禁止の保全処分により、各方面からの問合せが再生債務者や申立代理人に殺到するなど混乱することもあるので、ほとんどの場合、再生債務者は、申立て直後に債権者説明会を開催し、申立てに至った経緯、今後の再生手続の概要、具体的なスケジュール、再生計画案の方向性等について説明し、債権者からの質問に答えている。債権者は、一般に、迅速な手続進行を求めていると考えられる。特に、標準スケジュールより長いスケジュールを組んだ場合には、再生債務者において、スケジュールについてよく説明し、債権者の理解を得る必要があると考えられる。

監督委員は、通常、この債権者説明会にオブザーバーとして参加し、債権者の発言内容等から再生手続への意向等を判断し、再生手続開始の可否について意見を述べる際の判断材料のひとつとしている。

(5) 共益債権化の手続

再生手続開始の申立て後に、原材料の購入等再生債務者の事業の継続に欠くことができない行為をしたことによって債務が生じ、これに対する支払期が開始決定後になるものについては、再生債務者において、開始決定までに監督委員から共益債権化の承認（法120条2項。当部では、監督命令において監督委員に承認権限を与えている。）を得る必要がある。

---

[5] 当部では、監督命令において、通常、法49条1項の規定による契約の解除を監督委員の同意を要する事項として指定している。

3 開始決定から再生計画案提出まで

(1) 財産評定及び報告書の提出[6]

再生債務者は、再生手続開始後遅滞なく再生債務者の財産について再生手続開始時における価額を評定し、完了後、提出期限までに、再生手続開始時における財産目録及び貸借対照表を裁判所に提出しなければならない（法124条1項・2項）。また、これと併せて、法125条1項に定める事項を記載した報告書を提出しなければならない。

(2) 認否書の提出[7]

再生債務者は、債権届出期間内に届出がされた再生債権について、その内容及び議決権についての認否を記載し、また、届出がされていない再生債権があることを知っている場合には、自認する内容等を記載した認否書を作成し、提出期限内に裁判所に提出しなければならない（法101条1項・3項・5項）。再生債権の内容は、再生債務者自身が最もよく把握していることであり、再生債務者及び代理人の責任において、正確に認否されるべきものであるにもかかわらず、提出された認否書を書記官が点検した結果、多数の訂正を指示することになった事例は少なくない。

期限内に認否書が提出されなかった場合には、裁判所は、再生手続廃止の決定をすることができる（法193条1項3号）。

(3) 再生計画によらない事業譲渡[8]

再生債務者において、再生計画によらない事業譲渡を行う場合には、裁判所の許可を得る必要がある（法42条1項）。事業譲渡をするかどうかや事業譲渡契約の内容等は、事業再生の基本的な枠組みを決めるものであり、再生債権者の利益に重大な影響を与えるものであるから、本来、

---

6) 第12章及び第13章参照。
7) 第15章参照。
8) 第16章参照。

再生計画案に定めて債権者集会の決議により行うべきものということができる。したがって、再生計画によらずに事業譲渡を行うには、再生債務者の事業の再生のために再生計画認可決定前に事業譲渡を行う必要性が求められるので、当部では、再生債務者に対し、事業譲渡の内容、再生計画外での事業譲渡の必要性等について報告書の提出を求めた上で、監督委員も同席の上面談を行い、その当否等について検討を行うこととしている。また、当部では、通常、書面により再生債権者からの意見聴取を行うが、これとは別に、再生債務者において、債権者説明会を開催するなどして、事業譲渡の内容等について債権者に情報提供することが多いようである。

(4) 別除権協定[9]

再生債務者の財産に別除権（法53条）が設定されている場合には、その行使によって再生債務者の事業の継続や収益の確保が困難となる場合があるので、別除権者と交渉し、監督委員の同意[10]を得て、別除権協定を締結する必要がある。

(5) 再生計画案の提出[11]

再生債務者は、提出期間内に再生計画案を提出しなければならず（法163条1項）、提出期間内に提出がない場合には、裁判所は再生手続廃止の決定をしなければならない（法191条2号）。当部では、再生債務者に対し、再生計画案の提出期限の約1か月前に、再生計画案のドラフトの提出を求め、再生債務者及び監督委員との面談を行い、再生計画案について検討している。このように、裁判所は、再生計画案の問題点の有無、問題点克服方法の有無や相当性、再生計画案の前提となる事項の進捗状況等について検討し、これらの事情に照らして、提出期間の伸長（法

---

9) 第19章参照。
10) 当部では、監督命令において、通常、別除権の目的である財産の受戻しを監督委員の同意を要する事項として指定している。
11) 第21章参照。

163条3項)の必要性が具体的に認められる場合には、再生債務者にその事情について説明した文書の提出を求め、監督委員の意見を聴いた上で、必要かつ相当であると判断される期間について伸長を認める運用をしている。規則84条3項によれば、再生計画案の提出期間の伸長は2回まで認められるが、再生計画案の提出が遅れることは、再生債権者への返済を止めながら財産を費消することになりかねないので、2回目の伸長についての審査は1回目より厳しいものとなる。

4 再生計画案提出後認可決定まで[12]

(1) 再生計画案の付議決定

当部では、監督命令において、監督委員に再生計画案について再生計画不認可事由(法169条1項3号、174条2項)の有無を調査し、再生計画案提出後2週間以内に書面をもって報告することを求めており、監督委員の報告を踏まえた上で、報告書提出から2日以内に再生計画案の付議決定をし、債権者集会の期日を指定する。付議決定では、議決権行使の方法についても定めるが、当部では、原則として、概ね債権者数が500人以上の事件では書面等投票と集会による投票の併用型を、それ以外の事件では集会による投票のみの集会型を採用している。

(2) 債権者集会における説明

債権者集会においては、事前に債権者説明会が行われている場合であっても、再生債務者代理人から再生計画案の概要を、監督委員から調査結果の要旨を、それぞれ簡略に説明している。

(3) 当部では、債権者集会において再生計画案が可決された場合には、原則として即日、認可又は不認可の決定をする。認可決定は、官報に掲載後2週間の即時抗告期間の経過によって確定し、これにより再生

---

12) 第26章参照。

計画は効力を生じる（法176条）。

5 再生計画の認可決定後[13]

(1) 再生計画認可決定が確定したときは、再生債務者は、監督委員の監督の下で再生計画を履行する。当部では、再生債務者には、監督委員に対して2か月ごとに業務及び財産の管理状況について報告することを求め、また、監督委員には、再生計画に定める弁済期ごとに再生債務者の履行状況について報告することを求めている。

再生債務者は、再生計画の履行が困難となるような事態が生じた場合には、直ちに監督委員に事情を説明しなければならず、必要があれば、裁判所、監督委員とともに対応策を検討し、場合によっては、再生計画を変更しなければならないこともある。

(2) 裁判所は、再生計画が遂行されたとき、又は再生計画の遂行中であっても再生計画認可の決定が確定した後3年を経過したときには、再生手続終結の決定をしなければならない（法188条2項）。また、3年が経過する前、かつ、再生計画が遂行中であっても、再生計画が遂行されることが確実であると認めるに至ったときは、監督命令を取り消して終結決定をすることがある（法54条5項、188条1項。同条3項参照）。

(3) 再生手続が廃止されたり、再生計画が不認可になったりした場合の手続については、**第29章**を参照されたい。

（森　純子）

---

13) **第28章**参照。

第2章

再生手続のスケジュール
―― 簡易再生など

I　再生手続開始決定及びその後の標準スケジュール

1　再生手続開始決定におけるスケジュールの定め

　裁判所は、再生手続開始原因（法21条1項）があるときは、申立てを棄却すべき事由（法25条）がある場合を除き、再生手続開始の決定をする（法33条1項）（資料2-1参照）。

　そして、裁判所は、再生手続開始決定と同時に、再生債権の届出期間及び一般調査期間を定めなければならない（法34条1項）。当部では、これらに加えて、認否書の提出期限（法101条5項）、財産評定を受けて作成される財産目録等及び125条1項報告書の提出期限（法124条2項、125条1項、規則57条1項）、月次報告書の提出（法125条2項）、再生計画案の提出期限（法163条1項）についても、再生手続開始決定の中で定めることとしている[1]。

　このように、再生手続開始決定において、その後のスケジュールがほぼ決められることになる。

---

1)　東京地方裁判所においても同様であり（民再手引117頁〔扇野はる代〕）、一般的な運用であると思われる。

2 標準スケジュール

当部における標準スケジュールは、**第1章Ⅱ1**に記載のとおりであり、申立てから半年以内に認可決定がされることを目途としたスケジュールである。この標準スケジュールは、一般的な再生債務者（法人）をイメージしたものである。

スケジュールのうちの再生計画案提出期限までの部分が、再生手続開始決定において定められることとなるため、関係者はその内容について強い関心をもつこととなる。実際の再生手続においては、再生債務者の事業内容や予定されている再生計画案の内容等に応じたスケジュールを定めることができるように、申立ての前後での再生債務者や監督委員との面談等の場では、必要に応じてスケジュールに関する打合せがされることが多い（なお、事業譲渡を行うにつき法42条1項、43条1項の裁判所の許可を要する場合におけるスケジュールについては、**第16章Ⅱ5**参照。）。

Ⅱ 個人の場合のスケジュール等

1 法人及びその代表者

再生債務者である法人（再生法人）の代表者の債務整理については、破産手続や私的整理手続が利用される事案が多いようではあるが、法人の再生手続と並行して代表者も再生手続開始を申し立て、住宅資金貸付債権に関する特則（法196条以下）を利用しようとする事案も見受けられる（以下、このような場合を「併存申立て」という。）。

このような併存申立ては、代表者の債務の大部分が再生法人の債務の保証債務である場合には、再生法人と代表者個人の再生が一度に図られることになるという大きなメリットがある[2]。代表者のみならず、それ以外の役員等も保証人となっている場合には、再生法人と並行して保証人2名について、合計3件の併存申立てを行うことも考えられる。

併存申立ての事案では、代表者の再生計画を作成する前提として、再生法人の再生計画が定まる必要があるため、代表者の手続を再生法人の手続の進行に合わせることが多く、基本的には前記Ⅰ②の標準スケジュールに沿って進行する。

　なお、当部では、法人代表者又は役員が単体で再生手続の申立てをした場合には、予納金額を 90 万円以上としているが、再生法人の再生計画案提出前に当該再生法人の代表者が再生手続の申立てをした場合には、両手続に相当程度の関連性があることから、当該代表者の再生手続の予納金額を原則として 40 万円以上とする取扱いをしている。そして、再生法人の代表者以外の役員や再生法人の債務の保証人である個人についても、債務の内容等を考慮した上、代表者と同様の取扱いをする場合もある（以上について、**資料 2-2**、**資料 2-3 参照**[3]）。

②　①以外の個人（非事業者）

　①既に廃業し又は破産手続を終えた法人の元代表者などで、従来からの住宅ローン債務に加えて当該法人の債務の保証債務が顕在化したことから、住宅資金貸付債権に関する特則（法 196 条以下）の利用を目的とする事案、②住宅ローンの返済のために当該住宅を任意売却したものの、その残債務額が大きく、あるいは弁済資金が十分でないため、小規模個人再生では再生計画の認可が見込めない（法 231 条 2 項参照）という事情がある事案、③負債総額（無担保の再生債権の額）が 5000 万円を超えることから、小規模個人再生が利用できない事案（法 221 条 1 項）など、個人の非事業者について再生手続開始の申立てがされる事案が、一定数

　2）　平成 25 年 12 月に公表された「経営者保証に関するガイドライン」（その後、政府がとりまとめた「『日本再興戦略』改訂 2014―未来への挑戦―」（平成 26 年 6 月 24 日）等において、その活用促進が盛り込まれている。）は、主債務の整理の局面において保証債務の整理を公正かつ迅速に行うための、中小企業団体及び金融機関団体共通の自主的・自立的な準則であるところ、このガイドラインの趣旨からは、再生法人と代表者個人の再生が一度に図られることが望ましい。

　3）　はい 6 民 531 頁〜 532 頁参照。

存在する。

　このような非事業者である個人についての再生手続のスケジュールは、標準スケジュールを基本とするが、事案の実情に応じてスケジュールの短縮や、後記Ⅲ、Ⅳの簡易再生や同意再生の活用が検討されることが望ましいであろう。

　また、当部では、通常再生手続では、法人か個人かを問わず、また事業者か否かを問わず、原則として監督命令を発令する取扱いをしている。もっとも、再生債務者が個人である場合には、再生計画の履行を監督すべき必要性が低いと考えられることから、再生計画が認可された際には、監督命令を取り消すことを原則としている。なお、非事業者である個人の予納金額は60万円以上を目安としているが、負債額等の要因に応じて増額される（資料2-3参照）。

③　①以外の個人（事業者）

　例えば、飲食店の経営者が、5年超[4]の再生計画により、店舗用不動産（別除権付き）を所有したまま自主再建することを目指した事案など、個人事業者についての再生手続開始の申立てがされる事案が、一定数存在する（この事案では、5年を超える再生計画が認可されて手続が終結しており、別除権者とも、受戻額を再生計画の弁済期間を超える長期の分割により弁済する旨の別除権協定を締結している。）。

　この類型も、別除権協定の締結等に時間を要するなどの事情のため、標準スケジュールで進行している事案が多いが、事案によってはスケジュールの短縮や、後記Ⅲ、Ⅳの簡易再生や同意再生の活用が検討されることが望ましいであろう。

　なお、個人事業者の予納金は、原則として、① 従業員を使用していないか、又は従業員が同居（同一家計）の親族である場合には、100万

---

[4]　これに対し、小規模個人再生では、5年を超える再生計画は認められない（法229条2項2号）。

円以上、②それ以外の場合には、法人の場合の予納額の目安から100万円を控除した額（負債額1億円未満の場合には200万円以上）としている（**資料2-3参照**）。

III　簡易再生の活用

1　簡易再生の特徴

　簡易再生（法211条以下）は、再生債権の調査、確定の手続を省略することによって、簡易かつ迅速な手続とすることを目的とするものであり、債権届出期間の経過後一般調査期間の開始前において、再生債務者[5]の申立てがあったときに、裁判所の決定により行われる手続である。
　簡易再生には、次のような特徴がある。

　(1)　債権の調査、確定手続は省略され（法212条1項、216条1項など）、再生債権に執行力は付与されず（法216条1項による180条の適用除外）、再生計画認可決定の確定によりすべての再生債権者の権利が一般基準に従って変更されることとなり、未届再生債権に対する失権効はない（法215条1項、216条1項による178条、179条、180条1項・2項の適用除外）。
　そのため、届出再生債権者の総債権について裁判所が評価した額の5分の3以上に当たる債権を有する届出再生債権者が、書面により、再生債務者等が提出した再生計画案について同意し、かつ、再生債権の調査、確定手続を経ないことについて同意している場合に限り、簡易再生の申立てが可能とされている（法211条1項）。
　債権の存否及び金額に争いのない事案や、私的整理が先行していたが、ごく一部の債権者の同意が得られず再生手続開始の申立てに至ったとい

---

[5]　管財人が選任されているときは、管財人である（法2条2号）。ここでは、同意再生を含め、再生債務者が簡易再生の申立てを行う場合を念頭に説明する。

う事案など、再生計画の履行に対する信頼度が高い事案で利用することが考えられる。

(2) 裁判所は、簡易再生の決定と同時に、再生計画案を債権者集会での決議に付する旨などを決定するが（法212条2項）、付議することができる再生計画案は、前記(1)の同意の対象となった再生計画案に限定される（法214条1項、211条1項）。この点については、財産状況報告集会における報告又は125条1項報告書の提出がされた後でなければ、再生計画案を付議することができないことに、注意すべきである（法214条2項）。簡易再生の決定があった場合は、その主文のほか、前記の債権者集会の期日などについて公告、通知がされることになる（法212条3項）。

(3) 債権者集会において、書面等投票の方法は認められない（法212条2項、216条1項による169条の適用除外）。ただし、再生債権者が前記(1)の同意をした場合には、債権者集会開始前にこれを撤回する旨の書面を裁判所に提出しない限り、再生計画決議集会に出席して再生計画に同意したものとみなされる（法214条3項）。

2 簡易再生のモデルスケジュール

当部の標準スケジュールでは、債権届出期限後約1か月半の債権調査・確定のための期間が設けられているが、簡易再生では、これらの手続を省略した結果、次の表のとおり、申立てから認可決定まで、標準スケジュールよりも2か月余りの短縮が見込まれるところである。したがって、再生計画認可決定を早期に得て再建を進めることができ、魅力的な手法であると考えられる。

◆簡易再生を活用した場合のモデルスケジュール

認可決定まで3か月10日

2月1日	再生手続開始申立て＋保全処分の申立て＋（原則）再生計画案を提出
同日	保全処分発令、監督命令発令
2月8日	再生手続開始決定
3月8日	財産評定（法124条）、報告書（法125条1項）の提出期限
3月13日	債権届出期限
3月15日	簡易再生の申立て・同意書の提出
3月31日	監督委員の報告書提出期限【再生計画案提出から2か月、簡易再生の申立て・同意書の提出から約2週間】
4月3日	簡易再生の決定（付議決定）
5月10日	債権者集会期日[6]
同日	認可決定・監督命令取消決定
6月1日	官報公告掲載
6月20日	再生手続終結決定

　簡易再生による場合には、債権届出期間終了後、速やかに簡易再生の決定の手続を進めるために、申立代理人が再生計画案を早期に作成し、再生債権者と十分に調整を図っておく必要があろう。そのため、前記の簡易再生のモデルスケジュールでは、再生手続開始の申立ての際に再生計画案が提出された場合を念頭に置いているが、このような運用に限定するものではない。また、簡易再生が利用される事案として、再生計画の履行に対する信頼度の高い事案を念頭に置くことからすると、再生計画認可と同時に、監督命令を取り消すことが原則となろう。

　簡易再生の制度は、現在のところ利用されていないのが実情ではあるが、時間の経過による事業価値の劣化を避けるという観点からは魅力的な制度であり、また、裁判所における手続であるから、手続の透明性に

---

6) 原則として、簡易再生の決定から2か月以内とされている（規則108条1項）。

も優れている。私的整理が先行した事案等では、再生手続開始の申立て前に、大口の再生債権者との間での調整の機会が重ねられ、再生計画の概要が定まっている場合が少なくないと思われ、そのような事案では簡易再生の活用が望まれるところである。

なお、簡易再生の申立てがされることが予定されている事案では、監督委員が監督すべき期間が短縮されることなどを踏まえ、事案に応じて、予納金の額を若干低廉とすることが考えられる。

IV　同意再生の活用

同意再生（法217条以下）は、簡易再生と同様に簡易かつ迅速な手続とすることを目的とするものであるが、簡易再生とは異なり、すべての届出再生債権者が、再生債務者が提出した再生計画案について同意し、かつ、再生債権の調査、確定手続を経ないことについて同意している場合に限り認められ（法217条1項）、また、同意再生の決定が確定したときは、再生計画認可決定が確定したものとみなされる（法219条1項）。このように、同意再生では、再生債権の調査、確定の手続を省略するのみならず、再生計画案についての付議や決議も要しないこととされている。なお、財産状況報告集会における報告又は125条1項報告書の提出がされた後でなければ、同意再生の決定をすることができない（法217条2項）。

同意再生は、例えば、再生債務者が個人である事案など、① 債権者数が少なく、全債権者が再生計画案に同意しているが、債権者が手続の明確性・透明性を要求している場合や、② 簡易再生を予定していたが、全債権者の同意を得られるに至った場合などに、利用することが考えられる。簡易再生と同様に、活用されることが望まれる制度である。

（川畑正文・中井裕美）

資料 2-1　再生手続開始決定の書式

平成○年（再）第○号　再生手続開始申立事件

決　　　　定

　　　　　　大阪市・・・・・・・・・
　　　　　　　再生債務者　株式会社○○
　　　　　　　　代表者代表取締役　○○○○

主　　　　文

1　株式会社○○について再生手続を開始する。
2　再生債権の届出期間等を，次のとおり定める。
　(1)　再生債権の届出期間　平成○年○月○日まで
　(2)　認否書の提出期限　平成○年○月○日
　(3)　再生債権の一般調査期間
　　　　平成○年○月○日から平成○年○月○日まで
　(4)　報告書等（民事再生法第124条，125条）の提出期限
　　　　平成○年○月○日
　(5)　再生計画案の提出期限　平成○年○月○日
3　再生債務者は，毎月15日までに，再生債務者の当該月の前月の業務及び財産の管理状況を，書面をもって，当裁判所に報告しなければならない。

理　　　　由

　証拠によれば，再生債務者は，民事再生法第21条1項に該当する事実が認められ，同法第25条各号に該当する事実は認められない。

　　　平成○年○月○日午後○時○分
　　　　　大阪地方裁判所第6民事部
　　　　　　　　裁判長裁判官　○○○○
　　　　　　　　　　裁判官　○○○○
　　　　　　　　　　裁判官　○○○○

資料2-2 民事再生事件の手続費用について(法人用)

民事再生事件の手続費用について(法人用)

大阪地方裁判所第6民事部

1 申立手数料(貼用印紙額)

1万円

2 予納金の目安(監督委員選任型の場合)

負債総額	申立時の予納金額	履行監督費用に係る追納金額
1億円未満	300万円以上	80万円以上
1億円以上 5億円未満	400万円以上	
5億円以上 10億円未満		100万円以上
10億円以上 20億円未満		120万円以上
20億円以上 25億円未満		150万円以上
25億円以上 50億円未満	500万円以上	
50億円以上 100億円未満	600万円以上	160万円以上
100億円以上 250億円未満	800万円以上	180万円以上
250億円以上 500億円未満	900万円以上	
500億円以上 1000億円未満	1000万円以上	200万円以上
1000億円以上	1100万円以上	250万円以上

(注1) 実際の金額は具体的な事案の内容に応じて異なります。

(注2) 「履行監督費用に係る追納金額」とは,再生計画の履行監督の費用として,再生計画認可までに追加納付を求める金額です。

(注3) 監督委員に否認権を行使する権限を付与する場合(民事再生法56条1項)には,別途,費用が必要となります。

(注4) 関連法人については,上記基準の2分の1とします。ただし,関連性の程度(相互の株式保有率,役員の共通性)等を考慮し,事案により増減されることがあります。

(注5) なお,管理型の場合,上記基準より予納金を多く納めていただくことがあります。

3 予納郵券

7020円(内訳:500円を5枚,100円・20円・1円を各20枚,82円・50円を各15枚,10円・2円を各10枚)

資料2-3 民事再生事件の手続費用について（個人用）

民事再生事件の手続費用について（個人用）
大阪地方裁判所第6民事部

1　申立手数料（貼用印紙額）
　　1万円
2　予納金の目安（監督委員選任型の場合）
　(1)　再生法人の代表者の申立　40万円以上（原則，補助者を使用しない）
　　　ただし，法人の再生手続の計画案提出前に申し立てた場合に限る。それ以外の場合は，後記(2)の基準による。また，再生法人の役員や法人の債務の保証をしている者についても債務の内容等を考慮し，同様の取扱いを行う場合がある。
　(2)　その他の個人の場合
　　①　法人代表者，役員（上記(1)の場合を除く。）
　　　　負債額8000万円未満　　　90万円以上
　　　　負債額8000万円以上　　　120万円以上
　　　　負債額　8億円以上　　　　200万円以上
　　②　非事業者（原則，補助者を使用しない。）
　　　　負債額8000万円未満　　　60万円以上
　　　　負債額8000万円以上　　　70万円以上
　　　　負債額　8億円以上　　　　130万円以上
　　③　従業員を使用していないか，又は従業員が同居（同一家計）の親族である場合の事業者　　　100万円以上
　　④　③以外の事業者
　　　　法人の場合の予納額の目安（別紙2の2記載の表の「申立時の予納金額」欄を参照）から100万円を控除した額（負債額1億円未満の場合であれば200万円以上）
　　（注1）実際の金額は具体的な事案の内容に応じて異なります。
　　（注2）対象事件は，個人の通常再生申立事件で，かつ代理人弁護士による申立事件のみとします。
　　（注3）負債総額には，住宅ローンの残額及び別除権行使によって回収可能な金額を含みます。
　　（注4）原則，補助者を使用しないとされている類型であっても，補助者を使用した場合には，その費用分が加算されます。
3　予納郵券
　　7020円（内訳は，別紙2の3記載の予納郵券と同じ）

　　　　　　　　　　　　　　　　　　　＊別紙2とは資料2-2のこと。

第3章 再生手続開始の申立ての準備

I はじめに

　再建型の法的倒産手続に位置付けられる再生手続は、再生債務者が主体となるものであるが、高度に専門的かつ複雑な手続となっており、法律専門家である再生債務者代理人（弁護士）や補助者（公認会計士等）の役割が重要となる。

　事業の再生の見通しの判断、再生に向けた適切な手法の選択、取引先である再生債権者や事業継続に不可欠な物件の別除権者の協力の確保、適切かつ経済的に妥当な再生計画案の立案等といった側面で、再生債務者代理人に求められる力量の程度は高く、再生手続の成否ひいては再建の成否は、その手腕にかかっているといっても過言ではない。再生手続に慣れていない場合には、再建型手続に長けた弁護士に助言や助力を求めることも有益な対応策の1つと考えられる。

　本章では、再生債務者自身が再生手続開始の申立てを行う場合（いわゆる自己申立ての場合）の手続の概要について説明する。

II 当部への事前連絡と事前相談

1 事前連絡

　当部への再生手続開始の申立てを検討し始めた場合は、速やかに、その旨を、当部へ電話等の方法で事前連絡することが望ましい。

　この事前連絡は、申立ての可能性があるという段階でされてもよく、また、その時期は早いほどよいと考えている。

2 事前相談

　当部では、事前連絡に加え、できる限り申立て予定日の1週間前までに、当部へ事前相談をするよう要請している。もっとも、数日後に資金ショートが見込まれるなど、緊急性が高い事案については、申立て直前に事前相談を行うこともある。

　事前相談では、主たる窮境原因、資金繰り、事業再建の見通し、取引先や従業員等の協力の見込み、申立て希望日及びその理由等を確認している。再生手続開始の申立てを予定している代理人としては、①負債総額及び債権者数が分かるもの（予納金額の見通しを立てるため）、②債権者一覧表（監督委員候補者に利害関係を確認してもらうため。この段階では、金融債権者、リース債権者、別除権者のみでも構わない。）、③資金繰り表（再生計画認可の見込みがないことが明らかか否かを判断するため）については、書面で準備しておくことが望ましい。

　なお、申立書のドラフト（作成途中のものを含む。）及びその添付書類の準備ができている場合には、それらを持参してもよい。

III 管轄

再生事件は、再生債務者が、営業者であるときはその主たる営業所の所在地、営業者で外国に主たる営業所を有するものであるときは日本における主たる営業所の所在地、営業者でないとき又は営業者であっても営業所を有しないときはその普通裁判籍の所在地を管轄する地方裁判所の管轄に専属する（法5条1項、6条）。これらの規定によって管轄がないときは、再生債務者の財産の所在地（債権については、裁判上の請求をすることができる地）を管轄する裁判所の管轄に専属する（法5条2項、6条）。

「主たる営業所」は、定款及び登記上の本店がある場合にはこれと一致するのが通常である。一方、定款及び登記上の本店が名目的なものにすぎず、現実に中心的な役割を果たしている営業所が別にある場合には、その営業所を主たる営業所とみると解されている[1]。

再生債権者の数が500人以上であるときは、大阪高等裁判所管内に土地管轄のある事件を大阪地方裁判所に申立てをすることができるほか、再生債権者の数が1000人以上であるときは、国内のいずれの地に土地管轄がある事件でも、大阪地方裁判所に申立てをすることができる（法5条8項・9項）。

IV 手続開始原因

1 再生手続の開始

裁判所は、法21条に規定する要件（後記2）を満たす再生手続開始の申立てがあったときは、法25条の規定によりこれを棄却する場合を

---

1) 条解民再16頁〔笠井正俊〕。

除き（後記3）、再生手続開始の決定をする（法33条1項）。

2 再生手続開始の原因

　債務者は、①債務者に破産手続開始の原因となる事実の生ずるおそれがあるとき、又は、②債務者が事業の継続に著しい支障を来すことなく弁済期にある債務を弁済することができないときには、裁判所に対し、再生手続開始の申立てをすることができる（法21条1項）。

　裁判所は、再生手続開始の原因が疎明されれば、再生手続開始後の経営的又は経済的事態に関する慎重な審理・予測を経ることなく、迅速に再生手続開始の決定をするものと解され、再生手続の間口は非常に広くなっているといえよう[2]。

3 再生手続開始の条件

(1)　裁判所は、次のいずれかに該当する場合には、再生手続開始の申立てを棄却しなければならない（法25条）。
　(i)　再生手続の費用の予納がないとき
　(ii)　裁判所に破産手続又は特別清算手続が係属し、その手続によることが債権者の一般の利益に適合するとき
　(iii)　再生計画案の作成若しくは可決の見込み又は再生計画の認可の見込みがないことが明らかであるとき
　(iv)　不当な目的で再生手続開始の申立てがされたとき、その他申立てが誠実にされたものでないとき

(2)　前記(1)(iii)のうち、①「再生計画案の作成の見込みがない」とは、再生債務者の資金残高、資金調達力、事業の収益力が著しく低く、当面の運転資金も確保できない場合、公租公課や労働債権など一般優先債権

---

2)　新注釈民再（上）168頁〔中村隆次〕。

の金額が大きく、事業譲渡等を行っても再生債権者に対する弁済原資まで確保できる可能性がない場合、事業に不可欠な資産に別除権を有する担保権者が強硬に反対している場合などをいう。②「再生計画案の可決の見込みがない」とは、総債権の50％以上を有する大口債権者が反対し、あるいは総議決権数の過半数を占める多数債権者から再生債務者に対する不信感が表明されるなど、再生計画成立に必要とされる法定多数の同意を得ることが見込めない場合などをいう。③「再生計画の認可の見込みがない」とは、再生手続開始の申立てが法律に違反し、その不備を補正できない場合や再生計画の遂行可能性がない場合などをいう[3]。

　再生手続開始の時点では、裁判所は再生債務者の事業の実態等について十分な情報を有しておらず、再生計画案の内容や履行可能性について実体的な判断をすることが困難であることから、それらの見込みがないことが明らかでない限り、再生手続開始の決定をすることとされている。したがって、①スポンサーへの事業譲渡やスポンサーからの支援、遊休資産の売却等が実現すれば再生債権者に対する弁済原資まで調達できる見込みがあるときには、再生手続開始の決定をする余地がある[4]。また、②有力債権者が反対の意向を表明している場合であっても、再生債務者の働きかけ等によってその意向が変わることもあるから、「再生計画案の可決の見込みがないことが明らかである」ことを理由として棄却決定をすることは慎重であるべきとされる[5]。

　(3)　前記(1)(iv)については、債務者によって申立てがされたものの、実際には再生手続開始の決定を受ける意思がなく、単に保全命令を一時的に獲得し、その後に裁判所の許可を得て申立て自体を取り下げるような意図による場合が、これに当たると解される。これに対し、債務者が、再生手続開始の申立ての意図を隠して多額の金融を得たり、原材料を大量に購入して代金の支払をしないうちに再生手続開始の申立てをしたり

---

3) 条解民再120頁〔瀬戸英雄・上野尚文〕、監督委員66頁〔蒲野宏之〕。
4) 民再実務91頁。
5) 新注釈民再（上）121頁〔髙井章光〕。

した場合については、棄却事由の判断は慎重にされるべきと解される[6]。

V 手続費用の準備

1 申立手数料、郵券

　再生手続開始の申立てをする場合、申立手数料（民事訴訟費用等に関する法律別表第1第12の2項）と予納郵便切手（同法13条）の準備が必要である。

2 手続費用の予納

　手続費用の予納（法24条）は、再生債務者の事業内容、資産及び負債その他の財産の状況、再生債権者の数、監督委員等の機関選任の要否等を考慮して（規則16条1項前段）、事件ごとに決定される。

　当部では、負債総額を基準として予納金の基準額を定めており、具体的な金額は**資料2-2**、**資料2-3**のとおりである。

　保全管理人を選任するときには、保全管理人の報酬や補助者である公認会計士の費用を確保するために、会社更生事件に準じて、より高額な予納金が必要になることがある。また、否認権限を監督委員に付与する場合には、別途、監督委員が否認権を行使するための費用、すなわち、監督委員の報酬と手続費用の追納が必要となる。さらに、再生計画の認可決定が確定した後に履行監督を行う場合には、履行監督費用相当額について追納が必要となる。

----

6) 新注釈民再（上）122頁〔髙井章光〕。

VI 申立書類の作成

1 申立書及び添付書面の概要

(1) はじめに

　再生手続開始の申立ては、多数の利害関係人が関与する集団的な性質を持つ手続であることから、申立人の意思が明確になるよう、書面によって行う必要があると定められている[7]。一方、申立書は、利害関係人の閲覧謄写（法16条）の対象となることから、記載事項には配慮をする必要がある[8]。

　当部における再生手続開始申立書のひな型は、**資料3-1**①のとおりであり、その記載要領は、**資料3-2**のとおりである。このひな型は、比較的小規模の株式会社について、申立ての便宜を図る趣旨で作成したものである。事案に応じて、このひな形を用いることなく、申立書を作成することは差支えない。

　また、当部では、書記官室において、再生手続の申立てを検討中の方や申立代理人向けの案内資料等を配布している。なお、日本公認会計士協会近畿会作成の参考書式（事業計画案、資金繰表、財産評定についてのもの）が日本公認会計士協会近畿会のホームページからダウンロードをすることができる（https://www.jicpa-knk.ne.jp/download/download04.html）。

(2) 必要的記載事項

　再生債務者は、申立書に、必要的記載事項として、次の事項を記載しなければならない（規則12条1項）[9]。

　　(i) 申立人の氏名又は名称及び住所並びに法定代理人の氏名及び住所

---

7) 民再手引26頁〔寺田聡〕。
8) この点を指摘するものとして、民再実践マニュアル109頁。

(ⅱ)　再生債務者の氏名又は名称及び住所並びに法定代理人の氏名及び住所
　　(ⅲ)　申立ての趣旨
　　(ⅳ)　再生手続開始の原因となる事実
　　(ⅴ)　再生計画案の作成の方針についての申立人の意見

(3)　**実質的記載事項**
　再生債務者は、申立書に、実質的記載事項として、次の事項を記載するものとされている（規則13条1項）。
　　(ⅰ)　再生債務者が法人であるときは、その目的、役員の氏名、株式又は出資の状況その他の当該法人の概要
　　(ⅱ)　再生債務者が事業を行っているときは、その事業の内容及び状況、営業所又は事務所の名称及び所在地並びに使用人その他の従業者の状況
　　(ⅲ)　再生債務者の資産、負債（再生債権者の数を含む。）その他の財産の状況
　　(ⅳ)　再生手続開始の原因となる事実が生ずるに至った事情
　　(ⅴ)　再生債務者の財産に関してされている他の手続又は処分で申立人に知れているもの
　　(ⅵ)　再生債務者について次に掲げる者があるときは、それぞれに定める事項
　　　　a　再生債務者の使用人その他の従業者で組織する労働組合があるときは、その名称、主たる事務所の所在地、組合員の数及び代表者の氏名
　　　　b　再生債務者の使用人その他の従業員の過半数を代表する者があるときは、その氏名及び住所
　　(ⅶ)　法169条の2第1項に規定する社債管理者等があるときはその商号

---

9)　条解民再規則32頁。

- (ⅷ) 再生債務者について法207条1項に規定する外国倒産処理手続があるときは、その旨
- (ⅸ) 再生債務者が法人である場合において、その法人の設立又は目的である事業について官庁その他の機関の許可があったものであるときは、その官庁その他の機関の名称及び所在地
- (ⅹ) 申立人又は代理人の郵便番号及び電話番号（ファクシミリの番号を含む。）

(4) 添付書面

再生債務者は、申立書に、次の(ⅰ)から(ⅶ)までの書類を添付する（規則14条1項）。再生債務者は、裁判所が必要と認めたときは、(ⅷ)又は(ⅸ)の書類を提出しなければならない（規則14条2項、14条の2）。

- (ⅰ) 再生債務者が個人であるときは、住民票の写し（個人番号を省略したもの）
- (ⅱ) 再生債務者が法人であるときは、その定款又は寄附行為及び登記事項証明書
- (ⅲ) 債権者の氏名又は名称、住所、郵便番号及び電話番号（ファクシミリの番号を含む。）[10]並びにその有する債権及び担保権の内容を記載した債権者の一覧表
- (ⅳ) 再生債務者の財産目録
- (ⅴ) 再生手続開始の申立ての日前3年以内に法令の規定に基づき作成された再生債務者の貸借対照表及び損益計算書
- (ⅵ) 再生債務者が事業を行っているときは、再生手続開始の申立ての日前1年間の再生債務者の資金繰りの実績を明らかにする書面及び再生手続開始の申立ての日以後6か月間の再生債務者の資金繰りの見込みを明らかにする書面
- (ⅶ) 再生債務者が労働協約を締結し、又は就業規則を作成している

---

[10] 申立書に添付する債権者一覧表について、プライバシー保護等の観点から、事案によっては、個人債権者の電話番号等を記載しないなどの工夫も考えられよう。

ときは、当該労働協約又は就業規則
(viii) 再生債務者財産に属する権利で登記又は登録がされたものについての登記事項証明書又は登録原簿に記載されている事項を証明した書面
(ix) そのほか、再生債権及び再生債務者の財産の状況に関する資料その他再生手続の円滑な進行を図るために必要な資料

2 申立書作成上の留意点

　申立書には、当該事業について再生の見込みがあることを記載することが重要である。そのためには、会社の経歴、当該事業の収益構造、取引関係等を明らかにした上で、窮境に至った原因を特定するとともに、その窮境原因を解消して事業を存続させるための具体的方法、主要な債権者や取引先、従業員の協力が得られる見込みを、客観的かつ具体的に記載することが求められる。例えば、単に「リーマン・ショック以降の売上減少」と記載するだけでは、窮境原因を特定したことにはならず、事業再生の見込みの説明としても不十分である[11]。

　申立書には、再生計画案の作成の方針についての申立人の意見を、できる限り、予想される再生債権者の権利の変更の内容及び利害関係人の協力の見込みを明らかにして記載しなければならないとされている（規則12条1項5号・2項）。もっとも、「予想される再生債権者の権利の変更の内容」は再生計画案における弁済率及び弁済期間をいうものと解されるところ、申立て段階では流動的要素が多いために弁済率を明示することは困難な場合があろうし、仮に弁済率を明示しても数字が独り歩きするおそれがあることから、「清算配当率を上回る弁済が可能である。」といった程度の記載でもやむを得ないことがあると考えられる[12]。これ以外の事項についても、再生手続開始の申立てまでに時間的制約がある

---

11) 民再実践マニュアル110頁。
12) 民再実践マニュアル112頁。

ほか、情報管理の必要性もあることから、抽象的な記載となってもやむを得ないことがあると考えられる[13]。

なお、再生手続開始の申立てに先立って、再生債務者がスポンサーを選定し、スポンサー契約等を締結した上で再生手続開始の申立てを行うとき（いわゆる「プレパッケージ型民事再生」）には、監督委員が、直ちに、譲渡先の選定手続が公正であったか、対価が適正であったかなどの調査を行うことになるので[14]、申立書への記載その他の方法で、裁判所や監督委員候補者にその事情を知らせることが相当である。

3 貸借対照表、損益計算書について

貸借対照表及び損益計算書は、直近3決算期分を申立書の添付書面として提出するところ（規則14条1項5号）、当部では、時間的余裕がある場合には、3決算期分を1枚のシートにまとめた比較貸借対照表及び比較損益計算書の提出を推奨している。

また、法令上は申立書の添付書面とされていないものの、清算貸借対照表を添付することが望ましい。

清算貸借対照表は、直近の貸借対照表を基礎として、各資産の処分価格を明示することによって清算配当率の見通しを示し、再生計画の可決・認可の見通しを得ることを目的として作成するものである。清算貸借対照表を作成する際には、債権債務の相殺処理、別除権による優先的回収、一般優先債権の取扱い、清算費用その他共益的費用の計上等に留意する[15]。

4 申立て段階における資金繰り表について

当部では、申立書の添付書面としての資金繰り表として、申立日以後

---

13) 通再120問38頁〔関口博〕。
14) 民再手引25頁〔寺田聡〕。

6か月間の月繰り表と、申立日以後3か月間（少なくとも1か月間）の日繰り表の提出を求めている。当部の標準的スケジュールでは、申立てから再生計画の認可決定確定まで6か月弱を想定しているため、この期間内に資金ショートが発生するおそれがないかを前記資金繰り表によって確認することになる。

　資金繰り表を作成する際には、まず、再生手続開始の申立て後に利用できる現預金がどの程度あるのかを確認する。再生手続開始の申立て後の資金繰りにおいて預貯金を取り崩すことを予定するときには、金融機関の担保となっていたり預金拘束を受けたりしていないかなどを検討し、実際に預貯金を取り崩すことに支障がないかを確認する。

　再生手続開始の申立て後は、現金取引を余儀なくされるなどする一方、得意先の理解が得られずに受注や売上が減少したり売掛金債権を反対債権と相殺されたりすることも少なくない。再生手続開始の申立て後の資金繰りについては、これらの事態が生ずることも十分考慮して、保守的に予測すべきである。

　再生手続開始決定後は、再生債権の支払が禁止されるため（法85条1項）、資金繰り表からも前記の支払を除外する。これに対し、共益債権及び一般優先債権については、再生手続開始決定後も随時弁済をすることになるため、これらの支払を資金繰り表に組み込む[16]。

　このほかにも、資金繰り表の作成によって、申立代理人の報酬や再生手続開始の申立てに係る予納金の準備や、スポンサーからのDIPファイナンスを受けるのであればその時期や額についても検討することができる[17]。

------

15) 民再実践マニュアル113頁。なお、清算貸借対照表とは別に、修正貸借対照表がある。これは、直近の貸借対照表を基礎として、簿外債務を含めて判明している負債をすべて計上し、不良債権や不良在庫を資産から除外するなどの必要な修正を加えて、再生債務者の資産、負債その他の財産の情報を正確に把握することを目的として作成するものであるが、通常の場合は申立書に添付することまでは求めていない。
16) 民再実践マニュアル116頁〜119頁。
17) 民再手引39頁〔寺田聡〕。

VI　申立書類の作成

なお、実際に提出される資金繰り表の中には、申立てから6か月以内に資金ショートが発生するとの記載がされていることがある。このような資金繰りの見込みでは、再生手続を開始することが困難になる[18]。

Ⅶ 保全処分（弁済禁止の保全処分）の検討

保全処分（法30条1項）は、再生債務者の財産の保全を目的とするものである。当部では、弁済禁止の保全処分、担保提供の禁止の保全処分を発令することが通例である。

弁済禁止の保全処分の申立ては、再生手続開始の申立てと同時に行うのが通例であるため、この点についてもあらかじめ依頼者と協議をしておく必要がある。

なお、保全処分の詳細については、**第5章**を参照。

（千賀卓郎）

---

18) 民再手引34頁〔寺田聡〕。

資料 3-1 ① 再生手続開始申立書

印紙1万円

再生手続開始申立書

年　　月　　日

大阪地方裁判所第6民事部　御中

〒_____　　_____
　　　　　申　立　人　　_____
　　　　　同代表者代表取締役　_____
〒_____　　_____（送達場所）
　　　　　申 立 代 理 人　_____ ㊞
　　　　　同　　　　　　　_____ ㊞
　　　　　同　　　　　　　_____ ㊞

第1　申立ての趣旨
　　申立人について，再生手続を開始する。
　　との決定を求める。

第2　申立人の概要
　　（申立人は法人であり，その全部事項証明書は【資料A】のとおり。）
　1　主たる事業目的，事業の内容及び状況
　　_____
　　_____
　　_____

　2　役員構成
　　□　全部事項証明書のとおり
　　□　その他　_____

　3　資本関係（資本金額，株主の状況）
　　(1)　発行済株式総数・資本金額
　　　□　全部事項証明書のとおり
　　　□　その他　_____

(2) 株主構成（株式会社の場合）
　　□　株主名簿【資料3】のとおり
　　□　氏名　_____　_____株
　　　　氏名　_____　_____株
　　　　氏名　_____　_____株
4　経歴，沿革（商号変更，事業内容の変更など）
　・設立等　□　全部事項証明書のとおり
　・_____　　年　　月　　日　_____
　・_____　　年　　月　　日　_____
5　本支店，営業所，工場等の状況
　(1) 現在の主たる営業所の所在地
　　　□　頭書の本店所在地のとおり。
　　　□　〒_____　_____
　(2) 支店，営業所，工場等
　　　名称　_____（住所_____）□所有　□賃借
　　　名称　_____（住所_____）□所有　□賃借
　　　名称　_____（住所_____）□所有　□賃借
6　従業員の状況
　　従業員総数　_____名（　年　月　日時点）
　　（うち，正社員____名，パート____名，アルバイト____名）
7　労働組合の有無
　　□有　名称_____（組合員数　____名）
　　　　　代表者氏名　_____
　　　　　主たる事務所　〒_____
　　□無　従業員の過半数を代表する者の氏名　_____
　　　　　住所　〒_____
8　設立又は事業についての官庁その他の機関の許可の有無
　　□無
　　□有
　　　官庁又は機関の名称　_____
　　　所在地　〒_____
9　関連会社，子会社の状況
　　□無

□ 有
　　　　名称　＿＿＿＿＿＿＿＿＿＿＿＿＿＿＿＿＿＿＿
　　　　住所　〒＿＿＿＿＿＿＿＿＿＿＿＿＿＿＿＿＿＿
　　　　事業内容　＿＿＿＿＿＿＿＿＿＿＿＿＿＿＿＿
　　　　株主　＿＿＿＿＿＿＿＿＿＿＿＿＿＿＿＿＿＿＿

第3　資産・負債・その他の財産の状況
　1　直近3期の貸借対照表
　　□　【資料B】内の貸借対照表のとおり
　　□　その他　＿＿＿＿＿＿＿＿＿＿＿＿＿＿＿＿＿
　　　　　＿＿＿＿＿＿＿＿＿＿＿＿＿＿＿＿＿＿＿＿＿

　2　直近3期の損益計算書
　　□　【資料B】内の損益計算書のとおり
　　□　その他　＿＿＿＿＿＿＿＿＿＿＿＿＿＿＿＿＿
　　　　　＿＿＿＿＿＿＿＿＿＿＿＿＿＿＿＿＿＿＿＿＿

　3　資産の内容
　　□　【資料C】のとおり
　4　負債の状況
　　　負債総額　＿＿＿＿＿＿＿＿＿＿＿円（【資料D】のとおり）
　　　債権者総数　＿＿＿＿＿＿＿＿＿＿名（【資料D】のとおり）
　5　主要取引先
　　(1)　主要金融機関（＿＿＿名）
　　　①＿＿＿＿＿＿＿＿＿＿＿　②＿＿＿＿＿＿＿＿＿＿＿
　　　③＿＿＿＿＿＿＿＿＿＿＿　④＿＿＿＿＿＿＿＿＿＿＿
　　(2)　主要仕入先（＿＿＿名）
　　　①＿＿＿＿＿＿＿（内容）＿＿＿＿＿＿＿＿＿＿＿＿
　　　②＿＿＿＿＿＿＿（内容）＿＿＿＿＿＿＿＿＿＿＿＿
　　　③＿＿＿＿＿＿＿（内容）＿＿＿＿＿＿＿＿＿＿＿＿
　　(3)　主要販売先（＿＿＿名）
　　　①＿＿＿＿＿＿＿（内容）＿＿＿＿＿＿＿＿＿＿＿＿
　　　②＿＿＿＿＿＿＿（内容）＿＿＿＿＿＿＿＿＿＿＿＿
　　　③＿＿＿＿＿＿＿（内容）＿＿＿＿＿＿＿＿＿＿＿＿
　6　担保権の設定状況

　　　　□無
　　　　□有　【資料D】内の①表のとおり

第4　申立人の財産に関してされている他の手続又は処分（強制執行，担保権の実行としての競売，滞納処分等）
　　　　□無
　　　　□有
　　　　　係属裁判所・処分官庁　＿＿＿＿＿＿＿＿＿＿＿＿＿＿＿＿
　　　　　手続又は処分の種類（事件番号）　＿＿＿＿＿＿＿＿＿＿＿
　　　　　対象財産　＿＿＿＿＿＿＿＿＿＿＿＿＿＿＿＿＿＿＿＿＿
　　　　　相手方　＿＿＿＿＿＿＿＿＿＿＿＿＿＿
　　　　　進行状況　＿＿＿＿＿＿＿＿＿＿＿＿＿＿＿＿＿＿＿＿＿

第5　関連事件の有無
　1　関連事件
　　　　□無
　　　　□有
　　　　　事件の種類　＿＿＿＿＿＿＿＿＿＿＿＿＿＿＿＿＿＿＿＿
　　　　　係属裁判所（事件番号）＿＿＿＿＿＿＿＿＿＿＿＿＿＿＿＿
　　　　　進行状況　＿＿＿＿＿＿＿＿＿＿＿＿＿＿＿＿＿＿＿＿＿
　2　外国倒産処理手続
　　　　□無
　　　　□有
　　　　　外国裁判所＿＿＿＿＿＿＿＿＿＿＿＿＿＿＿＿＿＿＿＿＿＿
　　　　　進行状況　＿＿＿＿＿＿＿＿＿＿＿＿＿＿＿＿＿＿＿＿＿

第6　社債管理者の有無
　　　　□無
　　　　□有（名称＿＿＿＿＿＿＿＿＿＿　住所　〒＿＿＿＿＿＿＿＿＿＿＿＿）

第7　再生手続開始の原因たる事実及びそれが生じるに至った事情
　1　開始原因
　　　　□　支払不能の発生のおそれ

☐ 債務超過の発生のおそれ
☐ 事業の継続に著しい支障を来すことなく弁済期にある債務を弁済できないこと
開始原因に当たる具体的事実
_____
_____

2 本件申立てに至る経緯(会社が窮境に陥った原因)
_____
_____
_____
_____
_____
_____

第8 清算配当率の見込み
　　申立人の資産の内容は【資料C】のとおり，負債の状況は【資料D】のとおりであり，現時点での清算配当率の見込みは（　　　）％である。
_____
_____

第9 簡易再生等
1 簡易再生又は同意再生の決定の申立てをする予定の有無
☐ あり（☐簡易再生，☐同意再生）
☐ なし
2 簡易再生，同意再生についての再生債権者の意向
_____
_____
_____
_____
_____

第10 再生計画案の作成の方針についての申立人の意見
　1　再建の方法，今後の事業方針（スポンサーの有無等）
　　　_____
　　　_____
　　　_____
　　　_____
　　　_____
　　　_____

　2　今後の資金繰りの予定
　　□　過去1年の資金繰りの実績表　【資料E】のとおり。
　　□　以後3か月間の日繰り見込表　【資料F】のとおり。
　　□　以後6か月間の月繰り見込表　【資料G】のとおり。
　　　_____
　　　_____
　　　_____
　　　_____

　3　債権者，従業員及び主要取引先の協力の見込み
　　□　あり
　　□　その他　_____
　　　問題点，懸念される事情等
　　　_____
　　　_____

　4　予想される債権者の権利変更の内容（弁済率，弁済期間等の弁済計画の概要）
　　　_____
　　　_____
　　　_____
　　　_____
　　　_____
　　　_____

添付書類

1 委任状
2 資料A　全部事項証明書
3 資料B　直近3期の貸借対照表及び損益計算書
4 資料C　財産目録
5 資料D　債権者一覧表
6 資料E　申立日以前1年間の資金繰り実績表
7 資料F　申立日以後3か月間の日繰り表
8 資料G　申立日以後6か月間の月繰り表
9 その他
   ・資料1　取締役会議事録の写し
   ・資料2　申立人の定款の写し
   ・資料3　株主名簿の写し
   ・資料4　就業規則
   ・資料5　労働協約

資料 3-1 ② 添付資料（資料 C）

① 財産目録（総括表・法人用）

No.	科目	簿　価（円）	処分価格（円）	備　考
1	現　　　　金			
2	預　貯　金			
3	受取手形・小切手			
4	売　掛　金			
5	在　庫　商　品			
6	貸　付　金			
7	不　動　産			
8	機　械・工　具　類			
9	什　器　備　品			
10	自　動　車			
11	有　価　証　券			
12	賃借保証金・敷金			
13	保険解約返戻金			
14	そ　の　他			
合計		0	0	

＊詳細は各目録のとおり

② 預貯金・積立金目録

No.	金融機関名	支店名	種類	口座番号	残高（円）	相殺予定	処分価格（円）	備考
1						□有		
2						□有		
3						□有		
4						□有		
5						□有		
6						□有		
7						□有		
8						□有		
9						□有		
10						□有		
11						□有		
12						□有		
				合計	0		0	

③ 受取手形・小切手目録

No.	振出人の氏名又は会社名	住 所	手形小切手番号	裏書人	支払期日	額面(円)	処分価格(円)	備考
1								
2								
3								
4								
5								
6								
7								
8								
9								
10								
11								
12								
					合計	0	0	

割引手形は記載しない。

④ 売掛金目録

No.	債務者の氏名又は会社名	住 所	金 額(円)	処分価格(円)	備考
1					
2					
3					
4					
5					
6					
7					
8					
9					
10					
11					
12					
	合計		0	0	

⑤　在庫商品目録

No.	品名	個数	所在場所	簿価等（円）	処分価格（円）	備考
1						
2						
3						
4						
5						
6						
7						
8						
9						
10						
11						
12						
			合計	0	0	

⑥　貸付金目録

No.	債務者の氏名又は会社名	住所	金額（円）	処分価格（円）	備考
1					
2					
3					
4					
5					
6					
7					
8					
9					
10					
11					
12					
		合計	0	0	

⑦ 不動産目録

No.	種類	所在地	地番又は家屋番号	評価額（固定資産評価証明書）又は査定価格（査定書）（円）	被担保債権額（円）	処分価格（円）	評価証明書等	査定書	被担保債権証明書	備考
1							□有	□有	□有	
2							□有	□有	□有	
3							□有	□有	□有	
4							□有	□有	□有	
5							□有	□有	□有	
6							□有	□有	□有	
7							□有	□有	□有	
8							□有	□有	□有	
9							□有	□有	□有	
10							□有	□有	□有	
			合計		0	0	0			

処分価格については、固定資産評価証明書における評価額ないし査定価格と被担保債権額の差額を記載する。
共同担保物件における被担保債権の算出において、重複して計算しないよう注意する。

⑧ 機械・工具類目録

No.	名称	個数	所在場所	簿価等（円）	処分価格（円）	備考
1						
2						
3						
4						
5						
6						
7						
8						
9						
10						
11						
12						
			合計		0	0

⑨ 什器備品目録

No.	品名	個数	所在場所	簿価等（円）	処分価格（円）	備考
1						
2						
3						
4						
5						
6						
7						
8						
9						
10						
11						
12						
			合計	0	0	

⑩ 自動車目録

No.	車名	初度登録年	登録番号	保管場所	簿価等（円）	処分価格（円）	所有権留保の有無	自動車検査証又は登録事項証明書	備考
1							□有	□有	
2							□有	□有	
3							□有	□有	
4							□有	□有	
5							□有	□有	
6							□有	□有	
7							□有	□有	
8							□有	□有	
9							□有	□有	
10							□有	□有	
11							□有	□有	
12							□有	□有	
				合計	0	0			

⑪ 有価証券目録

No.	財産の内容 (ゴルフ会員権・ 株式・出資証券等)	数量	証券等 番号	証券等の有無 及び所在場所	簿価等 (円)	処分価格 (円)	取引相場 資料	備考
1				☐有			☐有	
2				☐有			☐有	
3				☐有			☐有	
4				☐有			☐有	
5				☐有			☐有	
6				☐有			☐有	
7				☐有			☐有	
8				☐有			☐有	
9				☐有			☐有	
10				☐有			☐有	
11				☐有			☐有	
12				☐有			☐有	
				合計	0	0		

⑫ 賃借保証金・敷金目録

No.	賃借物件	差入額 (円)	契約上の 返戻金(円)	滞納額 (円)	原状回復費用の 見込額(円)	処分価格 (円)	備考	契約書
1								☐有
2								☐有
3								☐有
4								☐有
5								☐有
6								☐有
7								☐有
8								☐有
9								☐有
10								☐有
11								☐有
12								☐有
	合計	0	0	0	0			

⑬ 保険目録

No.	保険会社	保険種類	証券番号	名目額 (円)	処分価格 (解約返戻金)(円)	備 考	証券
1							□有
2							□有
3							□有
4							□有
5							□有
6							□有
7							□有
8							□有
9							□有
10							□有
11							□有
12							□有
			合計	0	0		

⑭ その他の財産目録

No.	財産の種類・内容	数量	所在場所	簿価等 (円)	処分価格 (円)	備 考
1						
2						
3						
4						
5						
6						
7						
8						
9						
10						
11						
12						
			合計	0	0	

資料3-1③ 添付書類（資料D）

① 債権者一覧表

番号	債権者名	〒	住　　所（送達場所）	TEL FAX	債権の種類	備　考
1						
2						
3						
4						
5						
6						
7						
8						
9						
10						
11						
12						
13						
14						
15						
16						
17						
18						

別除権付債権

債権番号	別除権の行使により弁済が見込まれる額（円）	担保不足見込額（円）	別除権の目的である財産

債権の種類の記載方法
1（借入金），2（手形・小切手債権），3（買掛金），4（リース債権），5（その他）
なお，［その他］については，備考欄にその債権の種類を記載する。また，その他についての債権者一覧表も別途作成する。

債権者数	名	債務総額	円

② 借入金一覧表

番号	債権者名	〒	住所	TEL FAX	金額(円)	借入日	最後の弁済日	使途	別除権	保証人	契約書等	調査票等	備考
1						H . .	H . .						
2						H . .	H . .						
3						H . .	H . .						
4						H . .	H . .						
5						H . .	H . .						
6						H . .	H . .						
7						H . .	H . .						
8						H . .	H . .						
9						H . .	H . .						
10						H . .	H . .						
11						H . .	H . .						
12						H . .	H . .						
13						H . .	H . .						
14						H . .	H . .						
					合計 0								

③ 手形・小切手債権一覧表

番号	債権者名	〒	住所	TEL FAX	金額(円)	手形小切手番号	裏書関係	支払期日
1								
2								
3								
4								
5								
6								
7								
8								
9								
10								
11								
12								
13								
					合計 0			

④　買掛金一覧表

番号	債権者名	〒	住所	TEL FAX	金額（円）	調査票等	備考
1							
2							
3							
4							
5							
6							
7							
8							
9							
10							
11							
12							
13							
14							
				合計	0		

⑤　リース債権一覧表

番号	債権者名	〒	住所	TEL FAX	金額（円）	リース物件	保証人	調査票等
1								
2								
3								
4								
5								
6								
7								
8								
9								
10								
11								
				合計	0			

⑥ 労働債権一覧表

番号		債権者名	〒	住所	TEL FAX	金額（円）	項目	給料未払期間	備考
1 -	1						給料	～	
	2						退職手当		
	3						解雇予告手当		
2 -	1						給料	～	
	2						退職手当		
	3						解雇予告手当		
3 -	1						給料	～	
	2						退職手当		
	3						解雇予告手当		
4 -	1						給料	～	
	2						退職手当		
	3						解雇予告手当		
5 -	1						給料	～	
	2						退職手当		
	3						解雇予告手当		
6 -	1						給料	～	
	2						退職手当		
	3						解雇予告手当		
					合計	0			

⑦ その他の債権者一覧表

番号	債権者名	〒	住所	TEL FAX	金額（円）	債権の種類	調査票等	備考
1								
2								
3								
4								
5								
6								
7								
8								
9								
10								
11								
12								
13								
14								
15								
16								
17								
				合計	0			

⑧ 滞納公租公課一覧表

番号	税　目	所　轄	〒	住　所	TEL	金額（円）	年度	備　考
1								
2								
3								
4								
5								
6								
7								
8								
9								
10								
11								
12								
13								
14								
					合計	0		

資料 3-1④ 添付書類（資料 E）

月別資金繰り表（過去1年間実績表）

単位：千円

		年 月 実績	年 月 実績	年 月 実績	年 月 実績	年 月 実績	年 月 実績	年 月 実績	年 月 実績	年 月 実績	年 月 実績	年 月 実績	年 月 実績
	前月繰越												
収入	現金売上												
	売掛金回収												
	受取手形取立												
	手形割引												
	資産売却												
	その他収入金												
	収入合計												
支出	現金仕入												
	買掛金支払												
	給料・退職金												
	支払家賃												
	その他経費												
	税金・社会保険												
	リース料												
	その他支出												
	支出合計												
	当月繰越												

資料 3-1 ⑤　添付書類（資料 F）

日繰り表　　　年　　月

(単位：千円)

	収入							支出								
	現金売上	売掛金の現金回収	受取手形の期日入金	借入金増加	手形割引	資産売却	その他入金	収入合計	現金仕入	買掛金支払	給料手当・退職金	支払家賃	その他経費	税金・社会保険	リース料	その他支出	支出合計	資金残高	摘要
1日																			
2日																			
3日																			
4日																			
5日																			
6日																			
7日																			
8日																			
9日																			
10日																			
11日																			
12日																			
13日																			
14日																			
15日																			
16日																			
17日																			
18日																			
19日																			
20日																			
21日																			
22日																			
23日																			
24日																			
25日																			
26日																			
27日																			
28日																			
29日																			
30日																			
31日																			

(注)「買掛金支払」と「リース料」の支払の予定に、再生債権（リース料については、リース物件の価値を超える部分）の支払が含まれることのないように、注意してください。

資料3-1⑥　添付書類（資料G）

月別資金繰り表（申立日以後6か月間予定表）

単位：千円

		年　月（当月）	年　月	年　月	年　月	年　月	年　月	年　月
		実績	予定	予定	予定	予定	予定	予定
	前月繰越							
収入	現金売上							
	売掛金回収							
	受取手形取立							
	手形割引							
	資産売却							
	その他入金							
	収入合計							
支出	現金仕入							
	買掛金支払（注）							
	給料・退職金							
	支払家賃							
	その他経費							
	税金・社会保険							
	リース料（注）							
	その他支出							
	支出合計							
	当月繰越							

(注)「買掛金支払」と「リース料」の支払の予定に，再生債権（リース料については，リース物件の価値を超える部分）の支払が含まれることのないように，注意してください。

資料 3-2　「再生手続開始申立書」の記載要領

「再生手続開始申立書」の記載要領
　　　　　　　　　　平成 29 年 10 月　　大阪地方裁判所第 6 民事部

1　全体について
- この申立書式は，比較的小規模の株式会社を念頭において作成したものです。
- チェック欄のある箇所では，該当するチェック欄に「✓」を記入してください。
- 記載欄が足りないときは，別紙を作成し，「別紙 1 のとおり」等と記載してください。
- 資料 1 ～は，資料 A ～ G 以外の資料を添付する際に，順次符号を付して添付してください。
- 記載に当たっては，下記の 2 以下の点に留意してください。

2　第 2 について
- 1 では，全部事項証明書における事業目的にかかわらず，申立人が現在行っている主たる事業を記載するとともに，当該事業の具体的内容やその状況を記載してください。
- 2 及び 3(1)では，全部事項証明書の内容と異なるなど，特に記載すべき事実がある場合には，「その他」にチェックした上で具体的に説明してください。
- 3(2)では，株主名簿を提出することができない場合には，その有する株式数の多い順に，上位 3 名の株主の氏名を記載してください。
- 4 では，これまでに，大幅な事業内容の変更（営業地域の大幅な拡大又は縮小など），重要財産（工場等）の取得又は処分，私的整理の試みなど，全部事項説明書に記載はないが，申立人の事業の沿革に大きく関わる事実があった場合には，その内容を記載してください。
- 5(2)では，支店，営業所及び工場については，すべて記載してください。

3　第 3 について
- 1 及び 2 では，過去の決算書類の貸借対照表及び損益計算書を【資料 B】として提出した上で，粉飾がされているなど，それらが申立人

の財産の状況を示すものではない場合には,「その他」にチェックした上で,その概要を記載してください。
・【資料C】及び【資料D】については,別添の書式を利用してください。

4　第7について
・1では,主張する開始原因について,3つのチェック欄のいずれかにチェックした上で,それに当たる具体的な事実（「○月○日弁済期の○○万円の約束手形の決済につき,資金繰りがつかない。」など）を記載してください。

5　第8について
・現時点で見込まれる清算配当率（仮に破産手続が開始された場合における一般破産債権に対する弁済率）を記載するとともに（概算でも良い。),その理由の概要を説明してください。
　なお,清算配当率の算出に当たっては,破産手続において財団債権,別除権,優先的破産債権として扱われる債権がないかについて,注意してください。

6　第9について
・2では,簡易再生（民事再生法211条～参照）又は同意再生（同法217条～参照）を利用する予定がある場合には,届出再生債権者により,同法211条1項後段又は同法217条1項後段の同意が得られる見込みについて,申立て時点での状況を記載してください。

7　第10について
・2では,【資料E】,【資料F】及び【資料G】については,別添の書式を利用するなどして,作成してください。「買掛金支払」と「リース料」の支払の予定に,再生債権（リース料については,リース物件の価値を超える部分）の支払が含まれることのないように,注意してください。
　また,今後の資金繰りについて,問題の有無,問題がある場合にはその内容や解決の見通しなどについて説明してください。

- 3では，2つのチェック欄のいずれかにチェックし，「その他」にチェックした場合にはその内容を記載した上で，問題点，懸念される事情等があれば，具体的に記載してください。
- 4では，現時点で予想される再生計画案の内容を，記載してください（概要でも良い。なお，再生計画案の内容を検討するに当たっては，債務免除益課税への対処について，注意してください。）。

以上

第4章 再生手続開始の申立てから開始決定までの手続

I 開始前審尋

　当部では、再生手続開始の申立てがあると、原則として申立日に、再生債務者（法人である場合はその代表者）に対する審尋を実施しており、審尋には監督委員候補者も可能な限り同席してもらっている。開始前審尋の際には、資金繰りの予測、保全処分の内容、担保権の実行手続の中止命令の要否や内容等、事前相談で打合せをした事項のほかにも、共益債権化を要する債権の有無や金額、少額債権弁済の要否や見込み、別除権協定の要否や見込み、再生手続開始に反対する見込みの利害関係人の有無等についても事情を聴いている。特段の問題がなければ、審尋を実施した直後、すなわち、申立日と同日付けで、保全処分（通常は、弁済禁止及び担保提供禁止の保全処分）及び監督命令を発令している。

　また、当部では、当該事件の進行予定も協議している。当部の標準スケジュール（**第1章Ⅱ1参照**）を念頭に置きつつ、個別事件の事情を踏まえて、再生計画案提出までの進行予定を協議している。当部では、再生手続開始決定において、再生債権の届出期間及び一般調査期間に加えて（法34条1項）、認否書の提出期限、財産評定及び125条1項報告書の提出期限並びに再生計画案の提出期限を定めているため（**資料2-1参照**）、開始前審尋の際にはこれらのスケジュールを中心に調整する。再生債務者代理人は、依頼者との間で当該事件の進行予定をあらかじめ十

分に打合せをしておくことが求められる。

II　債権者説明会の開催

　再生債務者は、債権者に対し、申立てに至った事情や財産状況、今後の見通し等について、適切に情報を開示して説明する義務がある（法38条2項）。そのため、再生債務者は、上記説明義務を果たして再生手続開始の申立て直後の混乱を回避するため、申立日から間を置かずに、債権者説明会（規則61条）を開催するのが通例である。

　再生債務者は、申立て直後の債権者説明会において、債権者に対し、申立てに至った経緯、再生の方向性や見通し、手続のスケジュール等の情報を開示するとともに、監督委員の役割を説明する。このことによって債権者の理解が得られれば、今後の再生手続が円滑かつ安定的に進行することが期待できる[1]。再生債務者代理人は、出席が見込まれる債権者の数を予測した上で、債権者説明会の予定会場を予約しておくべきである[2]。

　債権者説明会には、監督委員もオブザーバーとして出席するのが通例である。監督委員は、債権者説明会において、再生債務者から情報提供を受けるとともに再生債権者の意向等を把握し、再生手続開始の可否について裁判所に意見を述べるための資料としている[3]。したがって、再生債務者が債権者説明会の開催日を調整する際には、監督委員（又はその補助者）がオブザーバーとして出席できるよう配慮すべきである。なお、監督委員はあくまでもオブザーバーとして債権者説明会に出席するもので、監督委員自らが債権者説明会において再生手続開始の申立てに至った事情、再生債務者の今後の事業見通し、再建可能性等を説明することは想定されないので[4]、再生債務者代理人としては、これらの事項

---

1) 監督委員61頁〔松田耕治〕。
2) この予約の際の留意事項については、民再実践マニュアル124頁以下を参照。
3) 民再手引11頁〔鹿子木康〕。

を債権者から質問されたときに回答できるよう準備をしておく必要がある。再生債務者代理人は、自ら債権者説明会の進行を担当し、また、監督委員が再生債務者とは立場が異なることを債権者に認識してもらえるように、監督委員の着席場所にも配慮をする必要がある。

再生債務者代理人は、債権者説明会を開催したときは、その結果の要旨を裁判所に報告しなければならない（規則61条2項）。

III　労働組合等からの意見聴取

裁判所は、再生手続開始の申立てがあった場合には、当該申立てを棄却すべきこと又は再生手続開始の決定をすべきことが明らかである場合を除き、当該申立てについての決定をする前に、労働組合等の意見を聴かなければならない（法24条の2）。この労働組合等とは、再生債務者の使用人その他の従業者の過半数で組織する労働組合があるときはその労働組合、これがないときは再生債務者の使用人その他の従業者の過半数を代表するものをいう（同条括弧書）。

当部では、裁判所から労働組合等に対して意見聴取書を郵送するのが通例である。再生債務者代理人は、意見聴取書が確実に到着するように、労働組合等の住所（特に、代表となる従業者の住所）を正確に把握しておかなければならない。

IV　監督命令への対応

監督命令が発令されると、再生債務者は、同命令によって指定された行為（要同意行為）については、書面によって監督委員の同意を得なければ、することができなくなる（法54条2項・4項、規則21条1項）。要

---

4)　監督委員62頁〔松田耕治〕。

同意行為であるにもかかわらず監督委員の同意を得ないでした行為は、無効であるが、これをもって善意の第三者に対抗することができない（法54条4項）。また、監督委員の同意を得ずに要同意行為をすると、管理命令が発令されることがある（法64条1項）。

　したがって、再生債務者代理人は、個別具体的な行為が要同意行為に当たるか否かについて、監督命令の主文を参照しつつ、あらかじめ監督委員と協議をしておくことが求められる。加えて、再生債務者代理人は、再生債務者本人や同代表者に対し、要同意行為を監督委員の同意を得ずに行うことがないように指導することが求められる。

　監督委員の詳細については、**第8章Ⅰ**を参照。

Ⅴ　再生手続開始の申立て後における債務の弁済

1　弁済禁止の保全処分発令日前日までに発生した原因による債務の弁済について

　当部では、再生手続開始の申立てと同時に弁済禁止の保全処分（**第5章Ⅱ参照**）を発令し、資金ショートが現実化することを防止している。弁済禁止の保全処分が発令されると、再生債務者は、保全処分の対象となっている債権（通常は、保全処分発令日の前日までの原因に基づいて生じた債権）について弁済をすることはできない。

　弁済禁止の保全処分において弁済禁止から除外される債務については、弁済禁止の保全処分発令後も弁済をすることができる。しかし、このような債務も再生債権であることに変わりはないから、再生手続開始決定後は、少額債権弁済許可等を得ない限り、弁済が禁止される（法85条）。

　なお、少額債権弁済許可の詳細については、**第10章**を参照。

2 弁済禁止の保全処分発令日当日から再生手続開始決定前までの原因に基づいて発生した債権の弁済について

(1) 開始決定前における弁済

弁済禁止の保全処分が発令されたとしても、その発令日以降の原因に基づいて発生した債権は、通常は弁済禁止の保全処分の対象にならないため、再生手続開始決定がされるまでは弁済することができる。もっとも、債権者から、弁済に名を借りた財産散逸行為としてクレームの対象とされることのないように留意すべき場合もあろう。

(2) 開始決定後の弁済と共益債権化

再生手続開始決定前までの原因に基づいて発生した債権については、共益債権や一般優先債権に該当しない限り、弁済期が再生手続開始決定後に到来するときであっても再生債権に該当するため（法84条1項）、再生手続開始決定後は、少額債権弁済許可等を得ない限り、弁済禁止となるのが原則である（法85条1項）。

しかし、この原則を貫くと、再生債務者は、取引先から信用供与を受けることができず、現金取引を余儀なくされるため、再生手続開始の申立て後も事業継続をすることが困難になりかねない。そこで、再生債務者が、再生手続開始の申立てから開始決定までの間に、資金の借入れ、原材料の購入その他再生債務者の事業の継続に欠くことができない行為をする場合には、当該行為によって生ずべき相手方の請求権について、裁判所の許可又はこれに代わる監督委員の承認[5]により共益債権化すれば（法120条1項～3項）、開始決定後にも随時弁済することができるようになる（法121条1項）。

この共益債権化の承認は、再生手続開始決定前に得ておく必要があることに留意する。当部の標準スケジュール（**第1章Ⅱ①**参照）では、申

---

[5] 当部では、監督命令において、監督委員に共益債権化の承認をする権限を付与するのが通例であるので、以下では、監督委員による承認を要することを前提に記載する。

立日から1週間程度で再生手続開始決定を行うこととしていることから、再生債務者は、再生手続開始の申立て後速やかに、監督委員に対して共益債権化の承認を求めることが必要となる。再生債務者は、監督委員に対し、当該債権が再生債務者の事業の種類、内容等に照らして再生債務者の事業継続に欠くことのできない行為によって生じたものであることを説明すべきである。リース債権については、別除権付再生債権と解されるところ、事業継続に不可欠なものは再生手続開始決定後に別除権協定で処理することができ、事業継続に不要なものはリース債権者に取戻権を行使されても影響を及ぼさないことからすると、共益債権化の対象とする必要性があるのか慎重に検討する必要があろう。また、再生債務者は、当該債権を共益債権化したとしても再生債務者の資金繰りに支障が生じることがないかどうかを検討し、支障が生じなければその旨を監督委員に説明する必要がある[6]。

　監督委員の共益債権化の承認は、事前に、かつ、個別に、書面でされることが建前となっている（法120条、規則21条1項）。実際には、再生債務者が、監督委員に対し、事業継続に不可欠と考えられる日常的な取引等について、内容、相手方、取引ごと又は相手方ごとの上限額、あるいは、共益債権化を求める債権の総額等を記載した共益債権化の承認申請書を提出し、共益債権化の承認を得て弁済したものについて、事後に取引内容の報告を行う例もある。

VI　申立ての取下げ

　再生債務者は、再生手続開始の決定前であれば、その申立てを取り下げることができるが、保全処分（法30条1項）や監督命令（法54条1項）等が発令された後に申立てを取り下げるには、裁判所の許可を得る必要がある（法32条）。

----

6)　監督委員100頁〔山川萬次郎〕。

再生債務者が自ら申立てをした事件で安易に取下げを許可することになると、再生手続開始の申立てに伴う保全処分等により手続が進行すると信じて債権の行使を手控えた債権者の再生手続に寄せる信頼を裏切ることになりかねない。当部では、再生手続開始の申立ての取下げと同時に破産手続開始の申立てをする場合や、スポンサーが相当額を拠出したことにより債権者らとの合意ができた場合など、相当な事由があるときに、取下げを許可する運用である。

（千賀卓郎）

第5章 保全処分

I 概要

1 趣旨

再生手続は、裁判所による再生手続開始決定によって開始され（法33条）、再生手続開始後は、再生債権者は個別的な権利行使を制限される（法85条1項、39条1項、40条1項）。また、再生債務者も、再生手続開始後は、再生債権を弁済することが禁止され、営業等の譲渡を行う場合には裁判所の許可を必要とし（法42条1項）、裁判所が指定する行為を行うにはその許可又は監督委員の同意を要する（法41条1項、54条2項）などの制限を受ける。

一方、再生手続開始前は、これらの制限は及ばない。しかし、この状態を放置したのでは、再生債権者は、再生手続開始の申立てがされた後であっても、開始決定がされるまでの間に権利行使をして抜け駆けを図ろうとするであろうし、再生債務者も、不当な財産処分や放漫な事業経営を行うおそれがある。民再法は、再生手続開始の申立てからその当否の決定があるまでの間について、再生債務者の財産が散逸することを防ぐ目的で、保全処分の規定を置いている（法30条）。

再生手続開始の申立て後直ちに開始決定がされたときには、保全処分は発令されない。

2　保全処分の内容

　保全処分の内容としては、①弁済禁止及び担保提供禁止の保全処分、②借財禁止の保全処分、③不動産処分禁止の保全処分等が考えられる。

　当部では、ほぼすべての再生手続開始の申立てにおいて、①弁済禁止及び担保提供禁止の保全処分の申立てがされている。弁済禁止及び担保提供禁止の保全処分が発令されて取引金融機関に周知されることにより、再生債務者は、手形不渡りによる銀行取引停止処分を免れることができるほか、申立てを知った債権者から債務の弁済を迫られるなどの混乱を回避することもできる[1]。

　他方、当部では、②借財禁止の保全処分や③不動産処分禁止の保全処分を発令することは稀である。再生手続開始の申立てと同時に監督命令を発令しており、再生債務者の借入れや財産の処分が監督委員の要同意事項とされているからである。

　そこで、後記Ⅱでは、主として、弁済禁止及び担保提供禁止の保全処分について説明する。

3　保全処分の濫用の防止

　民再法は、再生手続開始決定前の申立ての取下げは認めるものの、保全処分を受けることのみを目的とする再生手続開始の申立てを防止するため、保全処分がされている場合には、裁判所の許可を得なければ再生手続開始申立ての取下げをすることができないと規定している（法32条）。

---

1)　民再手引44頁〔吉田真悟〕。

II 弁済禁止及び担保提供禁止の保全処分

1 発令の端緒

弁済禁止及び担保提供禁止の保全処分(以下、単に「弁済禁止の保全処分」という。)は、利害関係人の申立てにより又は職権で発令する。

弁済禁止の保全処分を発令することができるのは、再生手続開始の申立てにつき決定があるまでの間である。

2 内容及び効力

(1) 内容

弁済禁止の保全処分は、再生債務者に対して、一定の日(通常は発令日の前日)までの原因に基づいて生じた債務の弁済を原則として禁じて、積極財産の減少を防止するものである。ただし、一定の債務について、弁済禁止の対象から除外するのが通常である。

当部における一般的な弁済禁止の保全処分の決定例は、**資料5-1**のとおりである。

(2) 弁済禁止から除外される債務

弁済禁止から除外される債務の範囲は、債務の性質、再生債務者の業務の継続、債権者間の衡平、手続の円滑な進行等の見地から決めている。

当部の運用では、①従業員との雇用関係から生じた債務、②公租公課、③電気、ガス、水道、電話等の公共料金債務とするのが一般的である。これらの債権は、再生手続開始決定後も共益債権や一般優先債権として再生計画に基づかずに弁済することが予定されているものである[2]。これに対し、当部では、いわゆるフルペイアウト式ファイナンス・リース

---

2) 民再手引48頁〔吉田真悟〕。

に係るリース料債権については、原則として弁済禁止の除外債権とはしない運用である。また、当部では、事業所の賃料債務についても、原則として弁済禁止の除外債権とはしない運用である。

(3) 少額債権の弁済禁止からの除外

少額債権の弁済については、再生債務者の意向や資金繰り表を確認し、資金繰りに問題がないときは、5万円から10万円程度を禁止の例外とすることがある（いわゆる「穴開け」）。

保全処分の対象外となる債権として一定額以下の少額債権を定めたときには、債権の性質を問わず、弁済の対象となる。なお、当該一定額を超える額の債権者に対しては、弁済禁止の保全処分により一切の弁済が禁止されるが、実際に手続中に少額債権の弁済を行った場合には、再生計画案において、全債権者に当該一定額を支払う旨の条項を定めるのが相当と解される。債権者平等の要請があるからである[3]。再生債務者は、このことを念頭に置いて、少額債権を弁済禁止の保全処分から除外することの当否及びその額を検討すべきである。

(4) 効果

弁済禁止の保全処分が発令されると、手形交換所規則上、その対象となる手形が取立てに回されてもいわゆる0号不渡りとなるので、再生債務者としては銀行取引停止処分を回避することができる[4]。

再生債務者が弁済禁止の保全処分に違反して弁済その他の債務消滅行為を行った場合、再生債権者が弁済禁止の保全処分を知っていたときには、再生手続との関係において、その債務消滅行為の効力を主張することができない（法30条6項）。再生手続の関係で効力を主張できないとは、再生手続の関係では債権者は弁済を受けた金員を再生債務者に返還する義務を負うが、再生手続が取り下げられたり棄却されたりしたとき

---

3) 民再手引48頁〔吉田真悟〕、新注釈民再（上）142頁〔髙木裕康〕、通再120問74頁〔錦織秀臣〕。
4) 新注釈民再（上）143頁〔髙木裕康〕。

には有効になるという、いわゆる相対的な無効という趣旨である[5]。再生債務者は、弁済禁止の保全処分が発令されたときには、金融機関等に対し、直ちに保全命令書をファクス送信するなどして、保全処分のあったことを周知させるのが相当であろう[6]。

再生債務者が弁済禁止の保全処分に違反して弁済をしたときは、管理命令の発令（法64条1項）等が問題となり得るので、十分に注意すべきである。

(5) 弁済禁止の保全処分の解除

弁済禁止の保全処分によって禁止された事項は、裁判所の許可によりその一部を個別的に解除することができる（法30条2項）。再生債務者は、この許可を受けて、事業継続のために必要な債務を弁済することができる。当部では、下請け先に対する債務、リース料債務、賃料債務について、弁済禁止の保全処分の一部解除の申立てがされることがある。この申立ての当否は、一部解除をする必要性や、資金繰りの見通し等を考慮して判断する。

当部での参考となる実例としては、再生債務者であるショッピングセンター運営会社がテナントから預かっていた売上金について、賃料等を控除してテナントに返還する必要があったことから、申立て前日までの原因に基づく預り金相当額の返還を弁済禁止の保全処分の対象外とした上で、申立ての当日から再生手続開始決定の前日までの間の原因に基づく預り金相当額について共益債権化の承認を受けるとともに、弁済禁止の保全処分の対象外とした預り金のうち開始決定前には弁済を留保していた分について再生手続開始の決定当日に法85条5項後段による弁済許可を受けた事案があった。このような事例では、保全処分の解除による処理も可能かどうか、検討に値するであろう。

当部における弁済禁止の保全処分の一部解除の例は、**資料5-2**のと

---

[5] 条解民再144頁〔永石一郎〕。
[6] 民再実践マニュアル122頁。

おりである。

3 審理等

　弁済禁止の保全処分は、再生手続開始の申立てがあった場合には、財産の散逸等を防止するために通常必要であるので、法文上は必要性の存在が発令要件とはされておらず、再生手続開始の申立てが濫用的でない限り、発令される[7]。当部でも、再生手続開始の申立ての当日に弁済禁止の保全処分を発令するのが通例である。

　弁済禁止の保全処分に対しては即時抗告をすることができるが、執行停止の効力は生じない（法30条3項・4項）。

4 保全処分の失効

　保全処分は、再生手続開始の決定、再生手続開始の申立ての取下げ、再生手続開始の申立てに対する棄却決定により、当然に失効する（法30条1項）。弁済禁止の保全処分において対象外とされた再生債権についても、再生手続開始の決定がされた後は、法律で許容される場合を除き、再生手続外で弁済することが禁止される（法85条1項）。

（千賀卓郎）

---

[7] 新注釈民再（上）140頁〔髙木裕康〕。

資料 5-1　弁済禁止の保全処分決定例

平成○年（再）第○号　再生手続開始申立事件

決　　　定

　　　　大阪市・・・・・・・・・・
　　　　　申立人（再生債務者）　株式会社○○
　　　　　代表者代表取締役　　○○○○
　　　　　申立人代理人弁護士　　○○○○

主　　　文

　再生債務者は，あらかじめ当裁判所の許可を得た場合を除き，下記の行為をしてはならない。

記

　平成○年○月○日までの原因に基づいて生じた債務（ただし，租税その他国税徴収法の例により徴収される債務，再生債務者とその従業員との間の雇用関係に基づき生じた債務，水道光熱費，通信に係る債務を除く。）の弁済及びこれに係る担保の提供

　　　　平成○年○月○日
　　　　　大阪地方裁判所第6民事部
　　　　　　裁判長裁判官　　○○○○
　　　　　　　　裁判官　　○○○○
　　　　　　　　裁判官　　○○○○

資料5-2　弁済禁止保全処分の一部解除例

平成○年（再）第○号　再生手続開始申立事件
再生債務者　株式会社○○

保全処分一部解除許可申請書

平成○年○月○日

大阪地方裁判所6民事部　御中

再生債務者代理人　弁護士　○○○○　㊞

第1　許可を求める事項
　　平成○年○月○日付保全処分決定のうち，申立人が△△株式会社に対して負担する支払債務の内金○万円についてされた弁済禁止の保全処分を解除すること。

第2　許可を求める理由
　　・・・・・・・・・・・・・・・・・

〔監督委員意見〕
　本申請は妥当であると判断する。

　　　平成○年○月○日
　　　　監督委員　○○○○

　本件申請を許可する。

　　　平成○年○月○日
　　　　大阪地方裁判所第6民事部
　　　　　　裁判長裁判官　○○○○
　　　　　　　　裁判官　○○○○
　　　　　　　　裁判官　○○○○

第6章 再生手続開始決定前における再生債権による強制執行等の制限

I 概要

再生手続開始の決定がされると、再生債権者による個別的な権利行使は制限される（法85条1項、39条1項、40条1項）。しかし、再生手続開始の申立てにつき決定があるまでの間であっても、再生債権者による強制執行等の手続が進むことにより再生債務者の財産や事業が毀損されることがある。

民再法は、これらの事態に対応する手段として、**第5章**で説明した一般的な保全処分（法30条）以外にも、①他の手続の中止命令（法26条1項）、②強制執行等の包括的禁止命令（法27条1項）、③中止した強制執行等の手続の取消命令（法26項3項、27条4項）を規定している。

なお、担保権の実行手続の中止を求める手続については、**第7章**を参照。

II 他の手続の中止命令

1 意義

裁判所は、再生手続開始の申立てがあった場合において、必要がある

と認めるときは、利害関係人の申立てにより又は職権で、再生手続開始の申立てにつき決定があるまでの間、①再生債権に基づく強制執行、仮差押え若しくは仮処分又は再生債権を被担保債権とする留置権（商法又は会社法によるものを除く。）による競売（以下「再生債権に基づく強制執行等」という。）の手続で、再生債務者の財産に対して既になされているもの、②再生債務者の財産関係の訴訟手続等の中止を命ずることができる（法26条1項）[1]。

共益債権又は一般優先債権となるべき債権に基づく強制執行等は、前記の中止命令の対象とはならない[2]。取戻権や別除権は、再生手続外で権利行使をすることが可能であるので、これらの権利に基づく手続も、前記の中止命令の対象とはならない。国税滞納処分も、再生手続においては前記の中止命令の対象とはならない。

再生債務者の財産関係に関する訴訟手続は、再生債権に関するものだけではなく、共益債権や取戻権によるものも中止の対象となる。

2 発令の要件

「必要があると認めるとき」（法26条1項本文）とは、再生債権に基づく強制執行等の手続をそのまま放置しておくと、再生手続開始の申立てにつき決定があるまでの間に再生債務者の財産が散逸し、あるいは債権者の公平が保てないなど、再生手続に支障を来すおそれがあるときをいうものと解される[3]。

再生債権に基づく強制執行等の手続の中止については、必要があると認められることのほか、再生債権に基づく強制執行等の手続の申立人である再生債権者に不当な損害を及ぼすおそれがないことも要件とされて

---

1) このほかにも、破産手続又は特別清算手続、行政庁に係属している手続等の中止命令も可能であるが、省略する。
2) 再生手続開始決定後は、共益債権又は一般優先債権に基づく強制執行等についても中止命令の対象となり得る（法121条3項、122条4項）。
3) 条解民再126頁〔瀬戸英雄・上野尚文〕。

いる（法26条1項ただし書）。速やかに差押えや換価をしなければ換価が困難になったり換価価値が下落したりするおそれがないときには、再生債権に基づく強制執行等の手続の中止命令を発令することができると解される[4]。

なお、当部では、早期に再生手続開始の申立てにつき決定を行っているため（**第1章Ⅱ①**の標準スケジュール参照）、再生債権に基づく強制執行等や再生債務者の財産関係の訴訟の手続の中止命令を発することは稀である。

③ 裁判

当部では、再生債権に基づく強制執行等の手続の中止命令の主文について、例えば、「別紙物件目録記載の不動産に対する○○地方裁判所平成○○年（ヌ）第○○号強制競売手続を、当庁平成○○年（再）第○○号再生手続開始申立事件の申立事件につき決定があるまでの間、中止する。」などと記載している。

④ 効果

中止命令の対象となった手続は、直ちに停止し、凍結され、それ以上進行しない状態となる。もっとも、再生債権に基づく強制執行等については、中止命令のあったことを執行裁判所が当然に知る立場にはないので、再生債務者は、決定書正本を執行裁判所に提出することによって、執行停止の申立てをする（民執法39条1項6号）[5]。

---

[4] 新注釈民再（上）126頁〔深山雅也〕。
[5] 条解民再127頁〔瀬戸英雄・上野尚文〕。

III 再生債権に基づく強制執行等の包括的禁止命令

1 意義

　裁判所は、再生手続開始の申立てがあった場合において、法26条1項の規定による中止の命令によっては再生手続の目的を十分に達成することができないおそれがあると認めるべき特別の事情があるときは、利害関係人の申立てにより又は職権で、再生手続開始の申立てにつき決定があるまでの間、すべての再生債権者に対し、再生債務者の財産に対する再生債権に基づく強制執行等の禁止を命ずることができる（法27条1項）。

2 発令の要件

　再生債権に基づく強制執行等の包括的禁止命令（以下単に「包括的禁止命令」という。）は、利害関係人の申立てにより、又は職権で発令される。利害関係人には、再生債務者、再生債権者、保全管理人、共益債権者、一般優先債権者が含まれる[6]。包括的禁止命令の申立てができるのは、再生手続開始の申立てにつき決定があるまでの間である。
　包括的禁止命令は、再生債権に基づく強制執行等がされるたびに個別の中止命令によって対応していたのでは、債務者の事業等の再生という目的を十分に達成できないおそれがあると認めるべき特別の事情が必要となる。例えば、再生手続開始の申立ての直後に、再生債権に基づく売掛金、預金、現金、在庫商品等の重要な資産に対する強制執行等の申立てが予想され、これらについて再生債権に基づく強制執行等の手続があってから中止命令の申立てをしていると運転資金が行き詰って事業の継続が困難になってしまうような事情があるときが、これに当たると解

---

6) 新注釈民再（上）130頁〔髙木裕康〕。

される[7]。一方、包括的禁止命令は、担保権の実行や国税滞納処分の禁止を命ずることはできないため、多数の質権、抵当権、非典型担保権が実行されるおそれや多数の滞納処分がされるおそれがあったとしても、包括的禁止命令の必要性を根拠づけるものではない。

包括的禁止命令を発令することができるのは、事前に又は同時に、再生債務者の主要な財産に関する保全処分（法30条1項）、監督命令（法54条1項）、又は保全管理命令（法79条1項）をした場合に限られる（法27条1項ただし書）。これは、再生債権者の権利行使を包括的に禁止する一方で、再生債務者による財産処分等を無制限に認めることは、再生債権者の利益が害されるおそれが強くなるためである。

なお、当部では、早期に再生手続開始の申立てにつき決定を行っているため、再生手続開始前に包括的禁止命令を発することは少ない。

3 裁判

包括的禁止命令の主文については、「すべての再生債権者は、再生手続開始の申立てにつき決定があるまでの間、再生債務者の財産に対する再生債権に基づく強制執行、仮差押若しくは仮処分又は再生債権を被担保債権とする留置権（商法又は会社法の規定によるものを除く。）による競売の手続をしてはならない。」、又は「すべての再生債権者は、再生手続開始の申立てにつき決定があるまでの間、再生債務者の財産に対する再生債権に基づく強制執行等をしてはならない。」とすることが考えられる。

4 効果

包括的禁止命令は、再生債務者に対する裁判書が送達された時から、効力を生ずる（法28条2項）。

---

7) 新注釈民再（上）130頁〔髙木裕康〕。

包括的禁止命令が効力を生ずると、すべての再生債権者は、再生手続開始の申立てにつき決定があるまでの間、再生債務者の財産に対し、再生債権に基づく強制執行等を新たにすることができなくなる（法27条1項）。また、発令の時点で既にされている再生債権に基づく強制執行等は、再生手続開始の申立てにつき決定があるまでの間、中止される（同条2項）。

Ⅳ　再生債権に基づく強制執行等の手続の取消命令

　再生債権に基づく強制執行等に対する中止命令又は包括的禁止命令があっても、既に行われた手続の効力はそのまま残る。例えば、再生債権に基づく強制執行等により商品に対して差押えがあった後に中止命令又は包括的禁止命令がされても、換価手続に進まないだけで、差押えの効力はそのまま維持されることになる。この場合、再生債務者は、商品を売却して従来の取引関係を維持することができず、特に代替性のない在庫商品等に対する差押えが継続すると事業の継続に支障が生じることもあり得る。

　再生債務者は、再生手続開始の申立てにつき決定があるまでの間、再生債務者の事業の継続のために特に必要があると認めるときは、裁判所に対し、中止した再生債権に基づく強制執行等の手続の取消しの命令（以下「開始前の取消命令」という。）を申し立てることができる（法26条3項、27条4項）。

　開始前の取消命令は、発令要件がより厳格であるほか、立担保が必要的とされている。

　当部では、早期に再生手続開始の申立てについて決定を行っているところ、再生手続開始決定の後には立担保を要しない取消命令の申立てが可能であるから（法39条2項後段）、開始前の取消命令の申立てはほとんどない。

（千賀卓郎）

第7章

担保権の実行手続の中止命令

I 総説

1 担保権の実行手続の中止命令の概要

　再生手続では、別除権者は再生手続外で別除権を行使することができる（法53条）。しかし、その行使を全く自由に認めた場合、再生のために必要不可欠な財産が失われ、再生債務者の事業の再生が困難となってしまうことにもなりかねず、ひいては再生債権者の一般の利益に反する場合もあり得る。

　再生手続では、当該別除権の対象となっている再生債務者の財産を保全することを目的として、再生債務者が別除権者と別除権協定の締結等について交渉したり、別除権者との交渉が奏功せずに担保権消滅許可請求を申し立てたりする際に、時間的余裕を得るため、担保権の実行手続の中止を求めることができる（法31条)[1]。

　担保権の実行手続の中止命令は、再生債権に基づく強制執行等の中止命令や包括的禁止命令と異なり、再生手続開始決定後に発令することも可能である。

---

1) 新注釈民再（上）146頁〔三森仁〕。

2 発令要件

　担保権の実行手続の中止命令は、再生債権者の一般の利益に適合すること、競売申立人に不当な損害を及ぼすおそれがないこと、被担保債権が共益債権又は一般優先債権ではないことが要件とされている。

　「再生債権者の一般の利益に適合する」とは、再生債務者の事業又は経済生活の再生のために必要な財産を確保あるいは有効利用することにより、再生債権者一般の利益に適合することをいうと解される。具体的には、①事業の再生のためには担保権の目的物が不可欠又は必要であり、その目的物が換価されると、債務者の事業又は経済生活の再建が不可能又は著しく困難となる場合、②その目的物の換価自体はやむを得ないとしても、換価の時期又は方法によって、高額に処分することができる見込みがある場合などが該当する[2]。

　「競売申立人に不当な損害を及ぼすおそれがないものと認められる」とは、再生債務者の事業又は経済生活の再生のために受忍すべき通常の損害を超えた大きな損害が別除権者に生じないことをいうと解される。別除権者の資金繰りが悪化して倒産の危険が生ずるおそれのある場合、担保余力の乏しい物件について価格の著しい低下が見込まれ、担保割れの金額が増加する場合などは、再生債務者側の利益に比して別除権者の損害が著しく大きいといえる[3]。法文では、担保権の実行手続の中止命令の相手方を「競売申立人」と規定しているが、抵当権、質権、特別の先取特権及び商事留置権に加えて、非典型担保を含む別除権全体について担保権の実行手続の中止命令の対象になり得ると解するのが相当である[4]。

　被担保債権が共益債権又は一般優先債権であるときは、それらの債権は随時弁済されるべきものであるから、担保権の実行手続の中止命令を発令することはできない（法31条1項ただし書）。

----

2) 民再実務77頁、新注釈民再（上）157頁〔三森仁〕。
3) 民再実務77頁、新注釈民再（上）158頁〔三森仁〕。
4) 新注釈民再（上）151頁〔三森仁〕。

3 発令手続

　裁判所は、担保権の実行手続の中止命令を発する場合には、別除権者の意見を聴かなければならない（法31条2項）。当部では、典型担保に係る担保権の実行手続の中止命令の申立てがあったときは、相手方に対し、中止命令申立書の副本及び求意見書を特別送達し、10日程度の期間内に意見書を提出するよう求めている。

　裁判所は、担保権の実行手続の中止命令を発するときは、中止すべき相当の期間を定めなければならない（法31条1項）。この期間は、再生債務者等が、別除権者と交渉をして別除権協定を締結するため、あるいは、担保権消滅許可の申立てをするための合理的な期間はどの程度か、別除権者の権利行使を制限することが容認される期間はどの程度かを考慮して定められる。

　担保権の実行手続の中止命令を発したときは、その裁判書を当事者に送達しなければならず、この送達は公告によって代えることはできない（法31条6項）。担保権の実行手続の進行を停止するには、執行裁判所にその中止命令の謄本を提出して停止の手続（民執法183条1項6号）を執る必要がある[5]。非典型担保の実行手続としての引き揚げ行為に対しては、別除権者に対し、中止命令の決定書を提示してその停止を求めることになろう[6]。

　担保権の実行手続の中止命令に対して、相手方（別除権者）は即時抗告をすることができるが、この即時抗告には、執行停止の効力はない（法31条4項・5項）。中止命令により不利益を受ける別除権者に限り即時抗告権を付与されており、再生債務者等が即時抗告をすることはできない。

----

[5] 民再実践マニュアル236頁。
[6] 新注釈民再（上）161頁〔三森仁〕。

4 中止命令発令後の別除権協定締結に向けた交渉

　再生債務者は、担保権の実行手続の中止命令の発令直後から、別除権者との間で、別除権協定締結に向けた交渉を行うことになる。再生債務者は、可能な限り、中止期間内に適切な受戻額による別除権協定を締結することができるように交渉すべきであろう。別除権者が高額な受戻額を主張するなどして協定締結交渉が難航している場合には、再生債務者は、裁判所に対し、中止期間伸長の職権発動を促すことができるが（法31条3項）、伸長の上申を行うに当たっては、監督委員と協議するとともに、別除権者にも中止期間伸長について伝えておくことが望ましい。

5 典型担保に係る中止命令の実例

　当部では、例えば、ゴルフ場を経営する再生債務者が、クラブハウス及びその敷地と駐車場用地に設定された根抵当権について、担保不動産競売手続が続行されて再生債務者がこれらの所有権を喪失すると事業継続が不可能となる旨を主張して、担保権の実行手続の中止命令の申立てをしたところ、当該別除権者の意見を聴いた上で、決定日から3か月間、当該競売手続を中止を命じた事例がある。この事例では、中止期間中に、再生債務者が別除権者との間で別除権協定を締結することができた。

II 集合債権譲渡担保に係る担保権の実行手続の中止命令

1 発令要件についての留意点

　集合債権譲渡担保[7]に係る担保権の実行手続の中止命令では、特に、別除権者に不当な損害を及ぼすおそれの検討が重要と思われる。
　集合債権譲渡担保に係る担保権の実行手続の中止命令が発令されると、

別除権者は、中止期間中、譲渡担保権を実行して再生債務者の取立権限を奪うことも、第三債務者に対する対抗要件を具備することもできない。その一方で、再生手続開始の申立てをした再生債務者は、従前の取引先との取引規模が縮小するなど、事業の継続自体が危機にさらされ、集合債権譲渡担保の目的である売掛金等の債権額も減少するおそれがある。このような状況で、再生債務者が中止期間中に取り立てた金員を費消すると、別除権者としては、担保権の実行手続の中止命令が失効した後に譲渡担保権を実行しても、その時点で存在する目的債権から十分な回収をすることができず、中止期間中に譲渡担保権を実行できなかったことにより不当な損害を被ることになりかねない。

当部では、特段の事情がない限り、担保権の実行手続の中止命令が発令されても、再生債務者に、中止期間中、取り立てた目的債権を自由に費消しないことなどを遵守するよう求めており（後記2(2)参照）、これによって、別除権者に不当な損害が生じる事態を回避している[8]。

2 発令手続等についての留意点

(1) 別除権者の意見聴取の時期

集合債権譲渡担保に係る担保権の実行は、短期間に終了すると考えられるため（後記3参照）、中止命令前に別除権者の意見を聴取してしま

---

[7] 以下の説明では、債務者（設定者）に譲渡担保の目的となる債権（以下「目的債権」という。）の取立権限が委任されており、かつ、債権者（譲渡担保権者）は、動産及び債権の譲渡の対抗要件に関する民法の特例等に関する法律4条1項所定の対抗要件を具備していることを前提とする。また、いわゆる循環型集合債権譲渡担保を念頭において説明する。

[8] 大阪高決平成21年6月3日金判1321号30頁は、集合債権譲渡担保の対象とされた債権のうち診療報酬債権1か月分について担保権の実行手続の中止命令が発せられた事案について、再生債務者が営業を継続する限りは、その後も診療報酬債権が発生し続けてその総額が被担保債権額を大きく上回ると想定され、中止命令の対象外の譲渡担保権を行使することによって被担保債権を回収することができないわけではないとして、担保権の実行手続の中止命令を許容した。このような事案では、後記2(2)の遵守事項を定めなくとも別除権者に不当な損害を及ぼすおそれはないといい得る場合もあろう。

と、別除権者に担保権の実行の機会を与えることとなり、ひいては、再生債務者が担保権の実行手続の中止命令の制度を利用する機会を奪うことになりかねない。そこで、当部では、集合債権譲渡担保に関する担保権の実行手続の中止命令については、別除権者からの意見聴取に先立ち、短期間の中止を命ずることとし、その代わり、担保権の実行手続の中止命令の正本の送達[9]見込日から1～2週間後に別除権者の意見を聴取するための期日を設け、その際の意見聴取の結果、別除権者に不当な損害を及ぼすおそれがあると認められる場合には、担保権の実行手続の中止命令を直ちに取り消すことで、別除権者の利益との調整を図る運用をしている（いわゆる2段階発令方式）[10]。

(2) 中止期間中の債務者の遵守事項

集合債権譲渡担保の目的債権のうち担保権の実行手続の中止命令の発令時に存した債権の額面額に相当する金額については、別除権者において、担保権を実行することで回収することが可能であったと考えられるので、再生債務者が回収額をそのまま費消することを許容すると別除権者に不当な損害を及ぼすおそれがある。そこで、当部では、担保権の実行手続の中止命令の申立てをする再生債務者に対し、中止期間中、次の事項を遵守すべき旨を記載した上申書の提出を求め、これらの事項が正答な理由なく守られなかった場合には、中止命令を取り消すことがあるとの運用をしている。

記

① 再生債務者は、中止期間中に目的債権を取り立てた場合、取り立てた金員につき、当該目的債権の額面額に充つるまでは、他の債権の回収金と分別保管する措置をとり、これを使用しない。別除権協定が成立しないまま中止期間が経過した場合や中止命令が取り消された場合は、分別

----

9) 担保権の実行手続の中止命令が発令されたことは、別除権者に送達することによって告知する（法31条6項参照）。
10) 同様の運用を紹介するものとして、民再手引87頁〔片山健〕。

> 保管された金員を別除権者に引き渡す。
> ② 再生債務者は、中止期間中、7日ごとに、目的債権に関する取立て及び保管の状況並びに別除権者との別除権協定の進捗状況を、監督委員に書面で報告する。

(3) 監督委員の役割

当部では、中止期間中、監督委員は、再生債務者が前記(2)の遵守事項を守っていることを確認するものとしており、監督命令に、「再生債務者は、集合債権譲渡担保の実行中止命令に係る上申書の内容が遵守されていることを、7日ごとに、監督委員に報告しなければならない。」との定めを置く運用をしている。

3 中止命令の内容

譲渡担保に係る担保権の実行は、債務者が受戻権を喪失する時、すなわち、担保権設定者が被担保債権を弁済して目的物を受け戻すことができなくなる時に終了すると解される[11]。集合債権譲渡担保については、別除権者が第三債務者に取立権行使の通知（動産及び債権の譲渡の対抗要件に関する民法の特例等に関する法律所定の債権譲渡登記がされた譲渡担保権の場合は、登記事項証明書の交付を伴う債権譲渡通知も併せて行われるのが通例である。以下「実行通知」という。）を行うことによって、債務者が取立権限を喪失し、第三債務者に対する対抗要件が具備されて、債権が完全に別除権者に移り、債務者が受戻権を喪失するに至ることによって、以後は担保権の実行手続の中止命令を発令することはできないとする見解や、集合債権譲渡担保の目的債権について、実行通知が行われた後も、取立てが完了するまでは担保権の実行手続の中止命令を発令する余地があり得るとする見解などがある[12]。

---

11) 最判昭和62年2月12日民集41巻1号67頁。
12) 小林信明ほか「座談会　倒産法制の展望」金法2000号（2014年）247頁。

現在の当部では、集合債権譲渡担保に係る担保権の実行手続の中止命令においては、基本的に次のような主文（実行通知等を禁止するもの）とするのが通例である。

記

相手方は、平成〇年〇月〇日までの間、別紙譲渡債権目録記載の債権について、申立人を担保権設定者とし、相手方を担保権者とする集合債権譲渡担保契約に基づき、第三債務者に対して申立人名義の債権譲渡通知をし、申立人の代理人として債権譲渡通知をし、若しくは動産及び債権の譲渡の対抗要件に関する民法の特例等に関する法律4条2項所定の通知をし、又は第三債務者の承諾を取得する等の権利行使をしてはならない。

---

4 中止の期間

当部では、集合債権譲渡担保に係る担保権の実行手続の中止命令が別除権者の意見聴取を経ることなく発令されるため、その中止期間については、当初は発令日から1か月程度に限定して発令し、その後に、再生債務者の申立てによって伸長するか否かを検討する運用を行っている。その上で、当初の中止期間中における再生債務者と別除権者との交渉状況を踏まえ、別除権協定締結の見通し、遵守事項の遵守状況、別除権者の経営状態等を考慮し、中止期間の伸長の可否及び程度を検討することがある。

III 集合動産譲渡担保に係る担保権の実行手続の中止命令

1 発令要件についての留意点

集合動産譲渡担保に係る担保権の実行手続の中止命令においても、別

除権者に不当な損害を及ぼすおそれのないように配慮する必要がある。

　当部では、特段の事情がない限り、集合動産譲渡担保に係る担保権の実行手続の中止命令が発令されたときには、再生債務者は、中止期間中、担保目的物である在庫を顧客へ販売した後、随時在庫を補充したり、回収した売掛金相当額を直ちに専用の預金口座に分別保管したりするなど、適切な措置を採ること、その分別保管する金員は、中止期間中は費消しないこと、中止期間中、在庫の状況及び専用預金口座における金員の保管状況並びに別除権者との別除権協定の進捗状況を監督委員に定期的に報告することなどを遵守するよう求めており、このことをもって、別除権者に不当な損害を及ぼすおそれがないと解している。

2　発令手続等についての留意点

　集合動産譲渡担保に係る担保権の実行手続の中止命令の申立てをする再生債務者は、その中止期間中、前記1の遵守事項を守る旨の上申書を裁判所に提出し、その発令を受けた再生債務者は、中止期間中、7日ごとに、監督委員に対し、前記1の遵守事項に関する報告を求めている。

　このほか、別除権者の意見聴取の時期については、集合債権譲渡担保の中止命令の発令手続と同様に、いわゆる2段階発令方式をとることが多い。

3　中止命令の内容

　当部では、集合動産譲渡担保に係る担保権の実行手続の中止命令においては、次のような主文とするのが通例である。

記

　相手方は、平成○年○月○日までの間、別紙物件目録記載の動産について、申立人を担保権設定者とし、相手方を担保権者とする集合動産譲渡担

保契約に基づき、保管場所から搬出し処分し、又は、搬出し処分するための保全処分をする等の権利行使をしてはならない。

4 中止の期間

　当部では、集合動産譲渡担保についても、その中止期間を当初は1か月程度に限定して、再生債務者の申立てによって伸長するか否かを検討する運用を行っている。その上で、当初の中止期間中における再生債務者と別除権者との交渉状況を踏まえ、別除権協定締結の見通し、遵守事項の遵守状況、別除権者の経営状態等を考慮し、中止期間の伸長の可否及び程度を検討することがある。

IV　所有権留保付動産に係る担保権の実行手続の中止命令

　動産売買において買主の代金完済以前に売買物件が買主に引き渡される場合の多くは、売買契約に所有権留保特約が付される。このような所有権留保等の非典型担保も、別除権として扱われる。例えば、再生債務者が所有権留保付自動車で事業を行っているときは、別除権協定を締結することによって事業継続を図ることが必要になることがある。
　発令要件及び発令手続は、集合債権譲渡担保に係る担保権の実行手続の中止命令の場合と同様であるが、前記II 2 (2)のような遵守事項を定めたり上申書の提出を求めたりすることはない。
　当部では、所有権留保付動産（例えば自動車）に関して、①売主が売買契約を解除する旨の意思表示をすること、②売主が買主から目的自動車の引渡しを受けること、③売主が目的自動車を第三者に譲渡すること、④売主が買主に対して目的自動車に係る清算金（評価額と被担保債権の差額）を支払うこと又はその提供をすること、⑤売主が買主に対して目的自動車に係る清算金（評価額と被担保債権の差額）が生じない旨の通知

をすることをいずれも禁止するとの中止命令を発令したものがあった。

V　フルペイアウト方式のファイナンス・リース物件に係る担保権の実行手続の中止命令

　再生手続開始決定前に締結されたフルペイアウト方式のファイナンス・リース契約に基づくリース料債権は、再生手続においては別除権付再生債権と解されている[13]。当該リース物件が再生債務者の事業又は経済生活の再生のために必要な財産であるときには、担保権の実行手続の中止命令によりその確保を行うことを検討することになる。

　発令要件及び発令手続は、所有権留保付動産に係る担保権の実行手続の中止命令の場合と同様である。

　当部では、リース物件に関して、当該リース物件を目的物とするリース契約を解除することを禁止するとの中止命令を発令したものがあった[14]。

（千賀卓郎）

----

[13]　最判平成20年12月16日民集62巻10号2561頁、俣野紘平＝桑田寛史「ファイナンス・リース（総論）」「倒産と担保・保証」実務研究会編『倒産と担保・保証』（商事法務、2014年）602頁。

[14]　ファイナンス・リース物件に係る担保権の実行手続の中止命令を論じたものとして、印藤弘二「ファイナンス・リースに対する民事再生手続上の中止命令の類推適用について」金融財政事情研究会編『現代民事法の実務と理論　下巻――田原睦夫先生古稀・最高裁判事退官記念論文集』（金融財政事情研究会、2013年）562頁がある。

第8章

監督委員、管財人、保全管理人及び調査委員

I　監督委員

1　概要

　裁判所は、再生手続開始の申立てがあった場合において、必要があると認めるときは、利害関係人の申立てにより又は職権で、監督委員による監督を命ずることができる（法54条1項）。

2　当部における監督委員の実務[1]

　当部では、監督委員の関与の在り方について、基本的には、同意権の行使を中心とした監督権限の行使を内容とする消極的関与にとどまっており（「消極的関与型運用」）、これにより再生手続の目的を達成できている事案が多い。特に、再生債務者代理人が再生手続に通じており、業務内容や再生計画に特段の問題がない場合には、裁判所や監督委員は手続を見守る程度の監督権行使で足りることがほとんどである。
　しかし、事案によっては、それ以上に進んで、監督委員が積極的な助

---

1) 中本敏嗣「大阪地裁第6民事部（倒産部）の民事再生事件における監督委員の積極的監督および管理命令の運用」民訴59号（2013年）259頁。

言、指導等の積極的関与をする場合がある（「積極的関与型運用」）。当部では、再生手続開始の申立て前の事前相談段階で、債務者の業種、業績等や申立代理人の経験等を考慮し、懸念がある場合には、倒産事件に精通し経験豊富な弁護士を監督委員に選任し、単なる助言の域を超えて種々の問題点を指摘し、きちんとした再生計画案策定に至らせるように積極的関与を求める事案が少なからずある。また、当部では、再生計画案提出期限の1か月程度前に面談期日を入れ、裁判所や監督委員が早い段階から計画案作成の進捗状況を把握し、その段階の草稿を検討して問題点を指摘している。例えば、再生債務者の債務免除益課税の考え方や再生計画案の弁済率に疑問がある場合には、監督委員が、積極的に自ら又は補助者の公認会計士を通じて調査し、再生債務者に補充や訂正を求め、弁済率の上方修正や下方修正を求めることもある。

3 監督命令の発令手続

(1) 監督委員の選任

　当部では、保全管理命令を発令する事案や同意再生が見込まれる事案を除く全件について、監督委員を選任している。当部では、倒産事件の処理に精通した弁護士を監督委員に選任しており、その際、再生債務者の事業規模の大小、事件の難易、候補者の他事件の破産管財人等への就任状況等を考慮している。

　当部では、再生手続開始の申立書のドラフトや債権者リストが提出される前後から監督委員候補者の人選の検討を行っており、申立て当日には、弁済禁止等の保全処分とともに監督命令を発令するのが通常である（第1章参照）。

(2) 監督命令の内容

ア　概要

　裁判所は、監督命令において、監督委員の同意を得なければ再生債務者がすることができない行為（要同意行為）を指定しなければならない

（法54条2項）。

　裁判所は、監督委員が選任されている場合において、必要があると認めるときは、再生債務者について、監督委員への報告を要する行為（要報告行為）を指定することができ、再生債務者は、要報告行為をしたときは、速やかに、その旨を監督委員に報告しなければならない（規則22条）。

　　イ　当部における監督命令
　当部における監督命令のひな型は、資料8-1①、資料8-1②、資料8-1③のとおりである。実際の監督命令では、事案の性質や再生債務者の事情等を考慮して、要同意行為や要報告行為を付加することがある。
　　㋐　法人の監督命令（資料8-1①）
　資料8-1①は、法人の再生債務者の基本形である。
　資料8-1①の主文3項の要同意行為については、法41条1項所定の要許可行為を基礎として定め、再生計画の認可又は不認可の決定や再生手続廃止の決定があった場合に適宜加除している。要同意行為のうち、「事業の維持再生の支援に関する契約」としては、事業譲渡、それに伴う減増資、DIPファイナンス、会社分割等があり、法形式を問わない。事業譲渡の基本合意を締結する場合も、監督委員の合意を得るのが相当であろう。また、「（事業の維持再生の）支援をする者の選定業務に関する契約の締結」は、いわゆるFA契約を意味する。当部では、再生手続開始の申立て前の段階で、入札手続を経てスポンサー選定作業が進められて落札されていた事案で、「再生手続開始決定前に締結された事業の維持再生の支援に関する契約及び当該支援をする者の選定業務に関する契約における民事再生法49条1項の規定による履行の選択」を要同意事項に付加した例がある。
　なお、当部では、要同意行為から「常務」に属する行為を除外している。常務に該当するか否かは、再生債務者の事業内容や事業規模のほか、再生債務者の資金状況等を考慮して判断するものと考えられ、具体的な場面において監督委員と再生債務者が協議をすることが望ましい。

資料8-1①の主文4項は、法120条2項に基づき、監督委員に共益債権化の承認権限を付与するものである。

資料8-1①の主文5項及び6項は、法125条3項に基づき監督委員に対して報告を求めるものである。後記**4**のとおり、監督命令で定めない事項についても監督委員に意見等を求めることがある。

資料8-1①の主文7項は、規則22条に基づき再生債務者に対して監督委員へ報告すべき事項を定めたものである。

このほか、当部では、集合債権譲渡担保に係る担保権の実行手続の中止命令が発令された場合において、規則22条に基づき、再生債務者が、同中止命令に係る上申書の内容が遵守されていることを、7日ごとに、監督委員へ報告すべき義務を、監督命令で規定したものがある（**第7章Ⅱ参照**）。

　(イ)　自然人の監督命令（資料8-1②及び資料8-1③）

資料8-1②は、事業者である自然人の再生債務者の基本形である。

法人の再生債務者の基本形と比較すると、要同意行為におけるスポンサー契約等の締結や、要報告行為における会社組織変更といった、自然人の再生手続では想定し難い事項を除外している。また、要報告行為から、「常務に当たるもの」に加えて「日常生活に関するもの」も除外している。

資料8-1③は、自然人の非事業者で住宅資金特別条項（法196条4号）が加えられたものである。共益債権化の承認その他事業者特有の事項を要同意行為及び要報告行為から除外するほか、ひな型では、財産の譲受けや契約解除についても要同意行為から除外している。

4 監督委員の職務

(1) 再生手続開始の申立てに関する意見

監督委員は、再生手続開始の決定に先立ち、債権者の意向を含め、必要な情報収集を行う。監督委員は、この情報収集の一環として、再生債務者が開催する債権者説明会に出席するのが通例である。

監督委員は、申立書類を検討する中で不明な点が出てくれば、必要に応じて、申立代理人、再生債務者代表者、主要な従業員らに対し、税務申告上の数字の変動、商業登記簿上の役員構成の変動等について説明を求めることがある[2]。

　監督委員は、法25条が規定する申立棄却事由が認められなければその旨や、債権者説明会における債権者の状況、労働組合等の意見を簡潔に記載した意見書を裁判所に提出する。特に検討を要する事情がなければ、簡潔な意見書が再生手続開始の申立てから1週間以内に提出されるのが通例である。裁判所は、この意見書を踏まえて、再生手続開始の申立てにつき決定をする。

　これに対し、再生債務者の財産管理状況や資金繰りに問題があるなどの事情があるときには、監督委員が再生手続開始の当否について慎重に検討をするため、監督委員の意見書の提出まで時間を要することもある。

(2) 共益債権化の承認

　裁判所は、再生債務者が、再生手続開始の申立て後再生手続開始前に、資金の借入れ、原材料の購入その他再生債務者の事業の継続に欠くことができない行為をする場合には、その行為によって生ずべき相手方の請求権を共益債権とする旨の許可をすることができ、また、監督委員に対し、裁判所の許可に代わる承認をする権限を付与することができる（法120条1項・2項）。当部では、この共益債権化が必要な案件については、全件で、監督委員にその承認権限を付与している。

　共益債権化の承認の詳細については、第4章Ⅴ[2](2)参照。

(3) 同意権

　ア　監督委員は、監督命令において監督委員の要同意行為として指定されたものについて、再生債務者から同意申請がされたときは、当該行為が再生債務者の業務遂行及び財産の管理処分として適正といえるか

---

[2] 民再実践マニュアル286頁。

どうかを確認の上、同意不同意を決定することになる。事案にもよるが、監督委員と管財人との違いを斟酌すると、申請内容が適法であれば、特段の事情のない限り、再生債務者の事業遂行権や財産管理処分権を尊重し、その裁量の逸脱や濫用をチェックすることが期待されているものと考えられる[3]。

　再生債務者は、できる限り、当該行為の前に、監督委員と十分な協議をして、監督委員の同意を得るべきである。相手方との契約を急ぐべき特段の事情がある場合には、監督委員の同意を停止条件として契約を締結して事後的に監督委員に同意申請をすることもあるが、その場合でも、監督委員と事前協議はしておくべきであって、事後的に監督委員から契約内容の修正を指摘される事態は避けるべきである[4]。

　再生債務者が監督委員の同意を得ずに裁判所指定の要同意行為を行ったときには、管理命令が発令されることもあるので、注意を要する。

　　イ　再生債務者は、要同意行為をするについて監督委員から同意を得る際には、書面で行わなければならない（規則21条1項）。この書面には、当該行為をすることが事業再生のために必要かつ相当であることや、資金繰りに支障を生じさせないことなどを、客観的な根拠を示しつつ簡潔に記載するのが相当である。再生債務者は、この同意申請書面について、監督委員が同意すべきか否かを検討する上で必要な資料を添付するのが相当である。

　再生債務者は、監督委員から同意を得たときは、遅滞なく、その旨を裁判所に報告しなければならない（規則21条2項）。再生債務者は、当該行為について監督委員に同意を求めた事情等が裁判所にも分かるように報告をすることが望ましい。この報告書に、監督委員に対する同意申請書を添付する例が多い。ただし、同意を得た旨の報告書は、閲覧等の制限申立ての対象文書に該当しないこと（法17条1項参照）に留意する

---

[3]　民再実践マニュアル177頁、新注釈民再（上）327頁〔石井教文〕。
[4]　民再実践マニュアル176頁。

必要がある[5]。

(4) 調査権

ア 監督委員は、再生債務者、再生債務者の代理人、再生債務者の理事・取締役・執行役・監事・監査役・清算人及びこれらに準ずる者、再生債務者の従業員及びこれらの者であった者に対し、再生債務者の業務及び財産の状況につき報告を求め、再生債務者の帳簿、書類その他の物件を検査することができ、また、再生債務者の子会社、連結子会社に対して、その業務及び財産の状況につき報告を求め、又は、その帳簿、書類その他の物件を検査することができる（法59条）。

イ 監督委員は、再生債務者が自然人である場合には本人、法人である場合には役員から事情を聴取し、経理担当者等の主要な従業員にも報告を求めるのが一般的である。また、一定規模以上の再生事件では、監督委員が公認会計士や監査法人を補助者に選任することが多い[6]。

(5) 否認に関する権限

再生手続開始の決定があった場合には、裁判所は、利害関係人の申立てにより又は職権で、監督委員に対して、特定の行為について否認権を行使する権限を付与することができる（法56条1項）。

否認権行使の詳細は、**第18章**を参照。

(6) 債権調査、財産評定等への関与

再生債務者は、債権届出期間内に届出があった再生債権について、その内容及び議決権についての認否を記載した認否書を作成するとともに（法101条1項）、再生債務者に属する一切の財産につき再生手続開始の時における価額を評定しなければならない（法124条1項）。

---

[5] 民再実践マニュアル177頁。
[6] 新注釈民再（上）344頁〔石井教文〕。

当部では、監督委員に対し、再生債務者が提出した認否書のチェックを依頼している。このチェックは、認否書提出から数日の間に行うことができる程度のものが想定されており、監督委員の経験に基づくアドバイスの範囲にとどまる。また、当部では、監督委員に対し、再生債務者が提出した財産評定について、評価手法等に疑問があれば指摘するよう依頼している[7]。

　財産評定の詳細は**第12章**を、債権調査の詳細は**第15章**を、それぞれ参照。

(7)　再生計画案に対する調査報告

　監督委員は、再生債務者の提出した再生計画案に対し、裁判所に報告書を提出する。監督委員の再生計画案に関する報告書の内容は、①再生計画案に関する不認可事由の有無、②再生手続又は再生計画案の適法性の確認、③再生計画案の遂行の見込みの検討、④清算価値保障原則との関係等が中心となることが多い。

　また、監督委員が公認会計士を補助者として選任したときは、公認会計士から調査報告書が提出されることが多い。この報告書には、(a)再生債務者の経理体制、(b)財産評定の適否、(c)否認対象行為の疑いのある事実の有無、(d)再生計画案の不認可事由の有無との関連で、予想破産配当率、事業計画や資金繰り面から見た計画の履行可能性、タックスプランニングの適否等が記載される[8]。

　再生計画案の詳細は、**第21章**から**第25章**までを参照。

---

[7]　民再実践マニュアル288頁。
[8]　民再実践マニュアル266頁、新注釈民再（上）344頁〔石井教文〕。

II 管財人

1 概要

　裁判所は、法人である再生債務者の財産の管理又は処分が失当であるとき、その他再生債務者の事業の再生のために特に必要があると認めるときは、利害関係人の申立てにより又は職権で、再生手続開始の決定と同時に又はその決定後、再生債務者の業務及び財産に関し、管財人による管理を命ずる処分をすることができる（法64条1項）。自然人たる再生債務者については、管理命令を発令することはできない。

2 当部における管理命令の在り方[9]

　当部では、再生手続がDIP型手続を原則としている点を踏まえ、管理命令発令には基本的に慎重な考え方をとっている。

　監督委員の積極的関与型運用と管理命令発令との関係については、民再法上、管理命令発令が監督委員の選任よりも相当厳格な要件となっていることから、できるだけ、監督委員による積極的関与・監督を通じて、DIP型運用から生じる諸問題に適切に対応し、それによって十分対応できない事案に限って管理命令を発令すべきものと解される。もっとも、法64条所定の要件が存在するにもかかわらず、管理命令を発令しないまま手続を遂行した結果、再生手続廃止となってしまうことは相当ではないと考える。

　管理命令を発令する事例としては、①巨額の粉飾決算、偏頗弁済、使途不明金等があり、著しく不当な資産管理の実態がある場合、②再生債務者の放漫経営があり、従来の経営陣が多数の債権者から信頼されておらず、現経営陣の退陣を求める必要がある場合、③代表者自身が病気・

9）　中本・前掲注1）262頁。

体調不良その他の理由により経営について自信を喪失し、経営意欲や能力に疑義がある場合などがある。また、④再生手続開始決定後に監督命令に対する著しい違反があった場合も、管理命令が発令されることがある。

3 管理命令の発令手続

(1) 再生債務者の審尋

　管理命令を発令する場合においては、急迫の事情があるときを除き、再生債務者を審尋しなければならない（法64条3項）。

　当部では、利害関係人が管理命令の申立てをした場合に加えて、再生債務者が自ら管理命令の申立てをした場合、監督委員から管理型手続とすることが相当であるとの意見があった場合のいずれについても、原則として再生債務者の審尋を実施している。監督委員から管理型手続とすることが相当であるとの意見があった場合には、管理命令発令の必要性等について再生債務者の審尋を行い、再生債務者の意見を十分に聴いた上で、管理命令発令の要否を判断している。

(2) 管財人の選任

　当部では、管理命令を発令する場合には、1人の管財人を選任し、必要に応じて管財人が管財人代理を選任するのが通例である。また、監督委員を選任した後に管理命令を発する場合には、当該監督委員を管財人に選任するのが通例である。

(3) 管理命令の内容

　当部における管理命令のひな型は、**資料8-2**のとおりである。

4 管財人の権限

(1) 業務遂行・財産管理処分権

　管理命令が発せられたときは、再生債務者の業務の遂行並びに財産の管理及び処分をする権利は、管財人に専属する（法66条）。この場合でも、要許可事項として裁判所が指定した行為（法41条1項）をするには、裁判所の許可を得なければならない。

　管財人は、再生債務者の役員や申立代理人に対し、再生債務者の業務や財産の状況について報告を求めることができる（法78条、59条1項）。

(2) 調査権

　管財人は、監督委員と同様の調査権を有する（法78条、59条）。

(3) 郵便物の開披閲覧権

　裁判所は、管財人の職務の遂行のため必要があると認めるときは、再生債務者にあてた郵便物等を管財人に配達すべき旨を嘱託することができる（法73条1項）。

　管財人は、再生債務者にあてた郵便物等を受け取ったときは、これを開いて見ることができる（法74条1項）。対象となる郵便物等に制限はない。これに対応して、再生債務者は、管財人に対し、管財人が受け取った郵便物等の閲覧又は当該郵便物等で再生債務者財産に関しないものの交付を求めることができる（同条2項）。

(4) 再生手続の遂行

　管財人は、再生債務者に代わる再生手続の機関として、再生債権の認否書（法101条）、財産目録及び貸借対照表（法124条2項）、125条1項報告書（法125条1項）、再生計画案（法163条1項）等を作成して提出する。そして、管財人は、再生計画認可決定が確定した時は、再生計画を遂行する権限と職責を負い、再生債務者の義務違反による再生手続廃止の申立て（法193条1項）、認可後の再生手続廃止の申立て（法194条）

等を行うことができる[10]。

(5) 否認権（法135条1項・3項）
詳細は、第18章を参照。

(6) 役員の責任に基づく損害賠償請求権の査定の申立権（法143条1項）
詳細は、第17章Ⅱ①(1)を参照。

(7) 組織法上の行為について
　管理命令が発令されると、再生債務者の業務遂行権及び財産の管理処分権は管財人に専属する。したがって、管理命令発令に伴い、再生債務者の業務執行及び財産管理処分に関する代表取締役等の権限は喪失する。
　これに対し、法人の組織的活動に属する事項、すなわち、定款の変更、組織変更、取締役その他の役員の選任及び解任、株式譲渡の承認、募集株式の発行等については、従前どおり、法人の機関に属すると解される[11]。ただし、法人の活動を財産的活動と組織的活動とに画一的に区分することは必ずしも容易でなく、合併や会社分割など、本来的には組織的活動に属する事項であっても、法人の財産状態に重大な影響を及ぼす事項も少なくない。再生債務者やその代理人としては、管財人と十分な協議をしておくことが求められる[12]。

---

[10] 通再120問174頁〔中井康之〕。
[11] したがって、株式会社である再生債務者が管理命令発令後に重要な一部事業や事業全部の譲渡をする場合、法43条に基づく代替許可を得ない限り、株主総会の特別決議が必要となる。通再120問175頁〔中井康之〕。
[12] 新注釈民再（上）368頁〔籠池信宏〕。

III 保全管理人

　裁判所は、再生手続開始の申立てがあった場合において、法人である再生債務者の財産の管理又は処分が失当であるとき、その他再生債務者の事業の継続のために特に必要があると認めるときは、利害関係人の申立てにより又は職権で、再生手続開始の申立てにつき決定があるまでの間、再生債務者の業務及び財産に関し、保全管理人による管理を命ずる処分をすることができる（法79条1項）。自然人たる再生債務者については、保全管理命令を発令することはできない。

　当部では、再生手続開始の申立てにつき決定するまで短期間で手続を進めている上、特に必要があると認めるときは再生手続の開始の決定と同時に管理命令を発令することができるため、債権者申立ての場合を除き、再生手続開始の申立てにつき決定する前に保全管理命令を発令することは多くない[13]。

　なお、裁判所は、再生手続廃止の決定があった場合において、必要があると認めるときは、破産法91条2項に規定する保全管理命令を発令することができる（法251条）。この詳細は、**第29章II3(2)**を参照。

IV 調査委員

　裁判所は、再生手続開始の申立てがあった場合において、必要があると認めるときは、利害関係人の申立てにより又は職権で、調査委員による調査を命ずる処分をすることができる（法62条1項）。

　当部では、再生手続開始の申立てがあった場合には、ほぼ全件で監督委員を選任している。監督委員と調査委員とは、再生手続開始の申立てに際し、再生手続開始原因及び申立棄却事由の有無について調査を行い、

---

13) 新注釈民再（上）413頁〔印藤弘二〕。

裁判所に報告をすること、その調査のために、再生債務者に対し、再生債務者の業務及び財産の状況について報告を求め、再生債務者の帳簿、書類その他の物件の検査をすることができることという点で共通している。このため、当部では、監督委員とは別に調査委員を選任することはしないのが通例である。

　もっとも、公認会計士等専門家による本格的な調査が必要な場合には、調査命令発令の必要性が認められると考えられ[14]、当部においても、監督委員の補助者である公認会計士を調査委員に選任した事案がある。

（千賀卓郎）

---

14)　新注釈民再（上）352頁〔森川和彦〕。

資料8-1①　監督命令の書式（法人）

平成○年（再）第○号　再生手続開始申立事件

　　　　　　　　　　　決　　　　定

　　　　　大阪市・・・・・・・・・・
　　　　　　再生債務者　株式会社○○
　　　　　　代表者代表取締役　　○○○○

　　　　　　　　　　　主　　　文
1　株式会社○○について監督委員による監督を命ずる。
2　監督委員として，次の者を選任する。
　　　大阪市・・・・・・・・・・
　　　弁護士　　○○○○
3　監督委員の同意を得なければ再生債務者がすることができない行為として，次のものを指定する。
　(1)　再生計画認否の決定までにする場合における次の行為（常務に当たるものを除く。）
　　ア　再生債務者の財産に係る権利の譲渡，担保権の設定，賃貸その他一切の処分（債権の取立てを除く。）
　　イ　無償の債務負担行為又は権利の放棄
　　ウ　財産の譲受け
　　エ　借財，手形割引又は保証
　　オ　民事再生法49条1項の規定による契約の解除
　　カ　訴えの提起及び民事保全，調停，支払督促その他これらに準ずるものの申立て並びにこれらの取下げ
　　キ　和解及び仲裁合意
　　ク　取戻権，共益債権及び一般優先債権の承認
　　ケ　別除権の目的である財産の受戻し
　　コ　事業の維持再生の支援に関する契約及び当該支援をする者の選定業務に関する契約の締結
　(2)　再生計画認可の決定後にする場合における次の行為
　　ア　重要な財産の処分及び譲受け

イ　多額の借財
(3)　再生手続廃止又は再生計画不認可の決定後にする場合における次の行為（常務に当たるものも含む。）
　　ア　再生債務者の財産に係る権利の譲渡，担保権の設定，賃貸その他一切の処分（債権の取立ても含む。）
　　イ　(1)のイからコまでに掲げる行為
4　監督委員に対し，民事再生法120条1項の許可に代わる承認をする権限を付与する。
5　監督委員は，4の承認を行ったときは遅滞なく，書面をもってその旨を当裁判所に報告しなければならない。
6　監督委員は，再生債務者が提出する再生計画案について民事再生法174条2項に掲げる事由の有無を調査し，当該再生計画案提出後2週間以内に，書面をもって当裁判所に報告しなければならない。
7　再生債務者は，次に掲げる行為をしたときは，その旨を速やかに監督委員に報告しなければならない。ただし，(4)に掲げる行為については，再生計画認可の決定後はこの限りでない。
(1)　従業員の給与改定及び賞与等の一時金の支給
(2)　従業員の解雇並びに退職金及び解雇予告手当等の一時金の支給
(3)　再生債務者の会社組織変更に関する行為
(4)　再生計画認否の決定までにする場合における3(1)に掲げる行為のうち，常務に当たるもの

　　　　　平成〇年〇月〇日
　　　　　　大阪地方裁判所第6民事部
　　　　　　　　裁判長裁判官　〇〇〇〇
　　　　　　　　　裁判官　〇〇〇〇
　　　　　　　　　裁判官　〇〇〇〇

資料8-1②　監督命令の書式（自然人・事業者・住宅資金特別条項なし）

平成○年（再）第○号　再生手続開始申立事件

　　　　　　　　　　　決　　　　定

　　　　　　大阪市・・・・・・・・・
　　　　　　　再生債務者　○○こと○○○○

　　　　　　　　　　　主　　　文
1　○○こと○○○○について監督委員による監督を命ずる。
2　監督委員として，次の者を選任する。
　　　　大阪市・・・・・・・・・
　　　　弁護士　○○○○
3　監督委員の同意を得なければ再生債務者がすることができない行為として，次のものを指定する。
　(1) 再生計画認否の決定までにする場合における次の行為（常務に当たるもの及び日常生活に関するものを除く。）
　　ア　再生債務者の財産に係る権利の譲渡，担保権の設定，賃貸その他一切の処分（債権の取立てを除く。）
　　イ　無償の債務負担行為又は権利の放棄
　　ウ　財産の譲受け
　　エ　借財，手形割引又は保証
　　オ　民事再生法49条1項の規定による契約の解除
　　カ　訴えの提起及び民事保全，調停，支払督促その他これらに準ずるものの申立て並びにこれらの取下げ
　　キ　和解及び仲裁合意
　　ク　取戻権，共益債権及び一般優先債権の承認
　　ケ　別除権の目的である財産の受戻し
　(2) 再生計画認可の決定後にする場合における次の行為
　　ア　重要な財産の処分及び譲受け
　　イ　多額の借財
　(3) 再生手続廃止又は再生計画不認可の決定後にする場合における次の行為（常務に当たるもの及び日常生活に関するものも含む。）

ア　再生債務者の財産に係る権利の譲渡，担保権の設定，賃貸その他一切の処分（債権の取立ても含む。）
　　イ　(1)のイからケまでに掲げる行為
4　監督委員に対し，民事再生法120条1項の許可に代わる承認をする権限を付与する。
5　監督委員は，4の承認を行ったときは遅滞なく，書面をもってその旨を当裁判所に報告しなければならない。
6　監督委員は，再生債務者が提出する再生計画案について民事再生法174条2項に掲げる事由の有無を調査し，当該再生計画案提出後2週間以内に，書面をもって当裁判所に報告しなければならない。
7　再生債務者は，次に掲げる行為をしたときは，その旨を速やかに監督委員に報告しなければならない。ただし，(3)に掲げる行為については，再生計画認可の決定後はこの限りでない。
(1)　従業員の給与改定及び賞与等の一時金の支給
(2)　従業員の解雇並びに退職金及び解雇予告手当等の一時金の支給
(3)　再生計画認否の決定までにする場合における3(1)に掲げる行為のうち，常務に当たるもの及び日常生活に関するもの

　　　　　　平成○年○月○日
　　　　　　　大阪地方裁判所第6民事部
　　　　　　　　　裁判長裁判官　　○○○○
　　　　　　　　　　　裁判官　　○○○○
　　　　　　　　　　　裁判官　　○○○○

資料8-1③　監督命令の書式（自然人・非事業者・住宅資金特別条項あり）

平成○年（再）第○号　再生手続開始申立事件

決　　　　定

　　　大阪市・・・・・・・・・・
　　　　再生債務者　○○○○

主　　　　文

1　○○○○について監督委員による監督を命ずる。
2　監督委員として，次の者を選任する。
　　　大阪市・・・・・・・・・・
　　　弁護士　○○○○
3　監督委員の同意を得なければ再生債務者がすることができない行為として，次のものを指定する。
　　再生計画認否の決定までにする場合における次の行為（日常生活に関するものを除く。）
　ア　再生債務者の財産に係る権利の譲渡，担保権の設定，賃貸その他一切の処分（債権の取立てを除く。）
　イ　多額の借財
　ウ　和解及び仲裁合意
　エ　別除権の目的である財産の受戻し
4　監督委員は，再生債務者が提出する再生計画案について民事再生法174条2項及び202条2項に掲げる事由の有無を調査し，当該再生計画案提出後2週間以内に，書面をもって当裁判所に報告しなければならない。
5　再生債務者は，次に掲げる行為をしたときは，その旨を速やかに監督委員に報告しなければならない。ただし，再生計画認可の決定後はこの限りでない。
　　再生計画認否の決定までにする場合における前記3のアないしエに掲げる行為で，日常生活に関するもの

　　　　　平成○年○月○日
　　　　　　大阪地方裁判所第6民事部
　　　　　　　　裁判長裁判官　○○○○
　　　　　　　　　　裁判官　○○○○
　　　　　　　　　　裁判官　○○○○

資料8-2　管理命令の書式

平成○年（再）第○号　再生手続開始申立事件

　　　　　　　　　　決　　　　定

　　　　大阪市・・・・・・・・・
　　　　　再生債務者　株式会社○○
　　　　　代表者代表取締役　○○○○

　　　　　　　　　　主　　　　文

1　株式会社○○について管財人による管理を命ずる。
2　管財人として，次の者を選任する。
　　　　大阪市・・・・・・・・・
　　　　弁護士　○○○○
3　管財人が次に掲げる行為（常務に当たるものを除く。）をするには，当裁判所の許可を得なければならない。
　(1)　再生債務者の財産に係る権利の譲渡，担保権の設定，賃貸その他一切の処分（債権の取立てを除く。）
　(2)　無償の債務負担行為又は権利の放棄
　(3)　財産の譲受け
　(4)　借財，手形割引及び保証
　(5)　民事再生法49条1項の規定による契約の解除
　(6)　訴えの提起及び民事保全，調停，支払督促その他これらに準ずるものの申立て並びにこれらの取下げ
　(7)　和解及び仲裁合意
　(8)　取戻権，共益債権及び一般優先債権の承認
　(9)　別除権の目的である財産の受戻し
　(10)　事業の維持再生の支援に関する契約及び当該支援をする者の選定業務に関する契約の締結
4　管財人は，平成○年○月○日までに，民事再生法124条2項の財産目録及び貸借対照表並びに同法125条1項の報告書を当裁判所に提出しなければならない。

5　管財人は，毎月15日までに，再生債務者の当該月の前月の業務及び財産の管理状況を，書面をもって，当裁判所に報告しなければならない。

　　　　平成○年○月○日
　　　　　　大阪地方裁判所第6民事部
　　　　　　　裁判長裁判官　　○○○○
　　　　　　　　　裁判官　　○○○○
　　　　　　　　　裁判官　　○○○○

第9章

再生債務者の地位、公平誠実義務

I 再生手続における再生債務者の地位

1 業務遂行権・財産管理処分権

　民再法は、いわゆるDIP型手続を原則としている。すなわち、再生債務者（経済的に窮境にある債務者であって、その者について、再生手続開始の申立てがされ、再生手続開始の決定がされ、又は再生計画が遂行されているものをいう。法2条1号）は、再生手続が開始された後も、管理命令が発令される場合を除き（法38条3項、64条1項。管理命令及び管財人については**第8章II**参照）、その業務を遂行し、又はその財産を管理し、若しくは処分する権利を有する（法38条1項）。そして、再生手続においては、その円滑な進行に努める再生債務者の活動は、できる限り、尊重されなければならない（規則1条3項）。

　ただし、再生債務者に業務遂行権及び財産の管理処分権が認められるといっても、再生手続開始後は、原則として、再生計画の定めるところによらなければ再生債権者に対する弁済をすることができない（法85条1項。例外について同条2項・5項、**第10章**参照。再生手続開始の申立て後、再生手続開始前においても、保全処分（法30条1項）により弁済が禁止されるのが一般的であることについて、**第5章**参照。）。また、再生債務者は、裁判所の許可を得なければ事業譲渡等を行うことができない[1]（法42条

1項）だけでなく、裁判所が要許可行為を指定した場合には裁判所の許可を得なければ指定された行為をすることができず（法41条1項各号）、監督命令において指定された行為については監督委員の同意を得なければすることができない[2]（法54条1項・2項、第8章I④(3)参照）。

2 再生債務者の職務

再生債務者は、業務の遂行及び財産の管理処分のほか、負担する債務を確定するための行為（法100条、101条1項、第15章参照）、財産の評定（法124条、第12章参照）、財産状況の報告（法125条、第13章参照）、再生計画案の作成及び提出（法163条1項、第26章参照）、認可された再生計画の遂行（法186条1項、第28章参照）等の職務を行う義務を負う。

もっとも、これらの職務を再生債務者自身が行うことは容易ではないため、これらの職務は、実際には再生債務者の代理人弁護士によって行われることとなる。したがって、再生手続においては、再生債務者の代理人弁護士の役割が重要となる[3]。

---

1) 再生計画により事業譲渡等を行うことについては、明文の規定はないが、当然に許容されると解されている。そして、再生計画により事業譲渡等を行う場合には法42条の適用はないと考える見解が有力である。新注釈民再（上）236頁〔三森仁〕参照。
2) 実際には、法41条1項各号所定の行為が裁判所の要許可行為として指定されることは多くはなく、これらの行為は監督委員の要同意行為（法54条2項）として指定されるのが一般的である（第8章I④(2)参照）。
3) 再生債務者の代理人の立場について、新注釈民再（上）195頁〔三森仁〕、民再実務119頁、民再手引136頁〔古谷慎吾〕参照。また、再生債務者代理人と再生債務者との関係については、日本弁護士連合会倒産法制等検討委員会編『倒産処理と弁護士倫理――破産・再生事件における倫理の遵守と弁護過誤の防止』（金融財政事情研究会、2013年）参照。

II　公平誠実義務

1　公平誠実義務の根拠

　債務者は、再生手続開始前は自らに帰属する実体法上の権利義務の主体として業務遂行権及び財産の管理処分権を行使するのに対し、再生手続開始後は再生手続の機関としてこれらの権能を行使するものと解されており[4]、また、再生手続の開始後、再生債務者は、総債権者の利益保護の要請により、中立的な立場に立ち、債権者に対して公平かつ誠実に業務遂行権及び財産の管理処分権を行使する義務を課されると一般に考えられている[5]。このような考慮に基づき、再生手続が開始された場合には、再生債務者は、債権者に対し、公平かつ誠実に、その業務遂行権及び財産の管理処分権を行使し、再生手続を追行する義務を負うとされ（法38条2項）、また、再生債務者は、再生手続の円滑な進行に努めなければならず（規則1条1項）、再生手続の進行に関する重要な事項を、再生債権者に周知させるように努めなければならない（同条2項）とされている。

　再生債務者の代理人弁護士は、再生手続の開始後、再生手続の機関である再生債務者の代理人として位置付けられる。そのため、再生債務者の代理人は、債権者に対して公平かつ誠実に代理人としての職務を遂行しなければならないと解されている[6]。

---

[4]　伊藤794頁、伊藤眞「再生債務者の地位と責務（中）──再建型手続の基礎理論」金法1686号（2003年）113頁。
[5]　新注釈民再（上）188頁〔三森仁〕参照。
[6]　小林信明「民事再生手続における申立代理人の役割」門口正人＝西岡清一郎＝大竹たかし編『新・裁判実務大系21　会社更生法・民事再生法』（青林書院、2004年）322頁、新注釈民再（上）195頁〔三森仁〕。

2 公平誠実義務の内容

(1) 公平義務

　公平義務とは、同等の地位にある債権者を原則として公平に取り扱う義務をいう。債務者の倒産状態に起因する責任財産の不足によって、同順位の債権者間での公平な取扱いが要請されることに基づく義務である[7]。なお、再生債権に優先する共益債権者や一般優先債権者に対する優先弁済が公平義務に違反しないことは当然である。

　公平義務に違反する行為の例として、裁判所の許可（法85条2項～5項、**第10章**参照）や監督委員による共益債権化の承認（法120条2項、**第8章** I **4**(2)参照）を得ることなく行われた、一部の再生債権者に対する弁済が挙げられる。

(2) 誠実義務

　誠実義務とは、自己又は第三者の利益と債権者の利益とが相反する場合に、自己又は第三者の利益を図って債権者の利益を害することを禁ずる義務をいう、と一般に解されている[8]。誠実義務違反の例として、不相当に過大な報酬を役員等に支払うこと、財産評定において資産の価値を不相当に低く評価すること、事業譲渡の対価を不相当に低く設定すること[9]等が挙げられる。

　なお、誠実義務の内容として、自己又は第三者の利益のために債権者の利益を犠牲にしないという消極的義務にとどまらず、債権者に配分されるべき事業の収益価値を最大化するという積極的義務を意味するものと解すべきであるとの見解[10]もある。もっとも、再生計画案の立案の際には、履行可能性や再生債務者の事業継続可能性、労働者や取引先等の利害関係者への影響等についても考慮する必要があることからすれば、

---

　7)　条解民再197頁〔河野正憲〕参照。
　8)　新注釈民再（上）189頁〔三森仁〕参照。
　9)　民再手引132頁〔古谷慎吾〕。
　10)　伊藤・前掲注4）金法116頁。

仮に再生計画案において再生債権者への弁済額が最大化されていない場合であっても、そのことから直ちに誠実義務違反があると解するのは相当ではなく、誠実義務違反に該当するかどうかは、履行可能性等の上記諸要素を総合的に検討した上で判断されるべきである[11]。

3 公平誠実義務違反の効果

　公平誠実義務違反行為が、同時に法193条1項各号所定の義務違反行為にも該当する場合には、再生手続廃止の決定がされることがある。また、法人である再生債務者の公平誠実義務違反の程度が重大である場合には、管理命令（法64条1項）が発令される可能性がある。

　再生債務者が公平誠実義務に違反し、第三者に損害を与えた場合には、再生債務者が当該第三者に対して損害賠償責任を負う可能性がある（この場合の被害者の損害賠償請求権は開始後債権（法123条1項）となるとする見解が有力である。）。また、再生債務者が債権者を害する目的で義務違反行為をした場合、詐欺再生罪（法255条）として処罰されるおそれもある。

III　再生債務者の第三者性

1 議論の概要

　再生債務者は、管理命令が発令されない限り、再生手続の開始後も業務遂行権及び財産の管理処分権を有する（法38条1項）。他方、再生債務者は、再生手続開始後、総債権者のために公平誠実義務を負い（同条2項）、また、双方未履行の双務契約についての解除又は履行の選択権（法49条1項、**第11章I 1**参照）等を有する。

---

[11] 新注釈民再（上）189頁〔三森仁〕。

このような再生債務者の地位の二面性に関連して、民法等の実体法に第三者保護規定が設けられている場合に、再生手続開始後の再生債務者が「第三者」としての保護を受けることができるかどうかについて、議論がされている。

　例えば、再生手続開始前に再生債務者から不動産を購入した買主が所有権移転登記を具備していない場合に、再生手続開始後、再生債務者が「第三者」（民法177条）として買主の権利（取戻権）を拒むことができるか、という問題である。この点に関しては、再生債務者が再生手続開始後に公平誠実義務（法38条2項）を負うことや、双方未履行双務契約についての履行又は解除の選択権（法49条1項）、相殺制限（法93条）等の規定の存在により再生債務者が総債権者の利益を代表すべき地位を有することがうかがわれることに加え、再生手続開始前に生じた登記原因に基づき再生手続開始後にされた登記等の効力が否定されていること（法45条）、再生手続開始後に個別執行が禁止される再生債権者を保護する必要があること等を根拠として、再生債務者の第三者性を肯定する見解がある。他方、再生債務者が否認権を行使することはできないこと（法135条1項）等を根拠として再生債務者の第三者性を否定する見解もある[12]。再生債務者の第三者性を肯定する見解に立てば、前記の不動産売買の例では、再生債務者は「第三者」（民法177条）に当たるため、対抗要件を具備していない買主の権利を拒むことができることとなる。

　また、再生手続開始前に再生債務者との間で行った取引について、再生手続開始後、取引の相手方が詐欺を理由とする意思表示の取消し（民法96条1項）をした場合にも、再生債務者の第三者性を肯定する見解に立てば、再生債務者が「善意の第三者」（民法96条3項）としての保護を受けられる余地があることとなる。再生債務者の第三者性を肯定する見解は、再生債権者の中に1人でも善意の者があれば再生債務者が「善意の第三者」に該当すると解することとなるだろうが、再生債権者の確

---

[12] 議論を紹介するものとして、新注釈民再（上）190頁〔三森仁〕、条解民再165頁〔園尾隆司〕、民再実務121頁等参照。

定には債権確定手続が必要であるため再生債権者の主観的要素を基準とするのは現実的ではないとの指摘もある[13]。

2 実務の状況

実務上、再生債務者の第三者性を肯定する見解と否定する見解について、どちらか一方の見解に固まっているというわけではない[14]。

最判平成22年6月4日民集64巻4号1107頁は、信販会社が所有権留保付自動車について別除権を行使しようとした事案において、「再生手続が開始した場合において再生債務者の財産について特定の担保権を有する者の別除権の行使が認められるためには、……原則として再生手続開始の時点で当該特定の担保権につき登記、登録等を具備している必要がある」と判示している。この判示は再生債務者の第三者性を肯定する見解と親和的ではあるが、前記最判は「個別の権利行使が禁止される一般債権者と再生手続によらないで別除権を行使することができる債権者との衡平を図るなどの趣旨」をその理由としており、再生債務者の第三者性について言及していない。

3 問題解決の際の留意点

再生債務者が、取引の相手方から、取戻権や別除権の主張、又は通謀虚偽表示による無効や詐欺取消しの主張を受け、再生手続の進行上問題となることは、実務上珍しいことではない。このような場合に、単に再生債務者が「第三者」に当たると主張するだけでは、実際の事件におけ

---

13) 民再実務123頁、新注釈民再（上）193頁〔三森仁〕。
14) 再生債務者の第三者性を肯定した裁判例として、大阪地判平成20年10月31日判タ1300号205頁。他方、その控訴審である大阪高判平成21年5月29日判例集未登載（田頭章一「根抵当権登記と再生債務者の第三者性」中島弘雅＝多比羅誠＝須藤英章編集『民事再生法判例の分析と展開』（経済法令研究会、2011年）34頁参照）は、再生債務者の第三者性に依拠することなく原審の結論を維持した。条解民再195頁〔河野正憲〕。

る具体的な問題を迅速かつ適切に解決することは難しいと思われる。

　再生債務者が前記のような権利関係について適切な処理を図るためには、問題となっている個々の法律の規定の趣旨に加え、当該事案の具体的な事実関係についても十分に検討することが不可欠である。また、再生手続の円滑な進行を図る観点からは、再生債務者の第三者性を主張して争うのではなく、相手方と早期に和解するなどの方法により、再生手続の円滑な進行に対する相手方の協力を求めることについても検討する必要があるし[15]、複雑な権利関係を適切に処理するためには、監督委員とよく協議することが不可欠である。

（栢分宏和）

----

15)　民再実務 125 頁参照。

第10章 再生債権の弁済許可の手続

I 再生債権の弁済禁止とその例外

1 再生債権の弁済禁止

　再生債務者は、再生手続開始決定を受けると、再生債権を弁済することが禁止される（法85条1項）。また、その前段階で、再生債務者は、再生手続開始の申立てからその決定までの間、再生債権につき弁済禁止の保全処分（法30条1項）の発令を受けたときには、再生手続開始決定前であっても、再生債権を弁済することが禁止される[1]。

　法85条1項に違反してされた再生債権の弁済は無効であり、不当利得返還請求の対象となる[2]。再生債務者が同項に違反して再生債権の弁済をすることは、公平誠実義務（法38条2項）に違反するものであり、その違反の程度によっては管理命令（法64条1項）が発令されることがある。

----

1) 少額の再生債権については、弁済禁止の保全処分の対象から除外されることがある（いわゆる「穴あけ」）。もっとも、この場合であっても、再生手続開始決定がされた後は、法85条1項により、すべての再生債権が原則として弁済禁止となる。
2) 新注釈民再（上）449頁〔森恵一〕。

2 共益債権及び一般優先債権の取扱い

弁済が禁止されるのは再生債権であるから、随時弁済されるべき共益債権（法121条1項）及び一般優先債権（法122条1項・2項）は、法85条1項の弁済禁止の対象とはならない。別除権は、再生手続によらずに行使することができるから（法53条2項）、これを通じて別除権付再生債権が満足を受けることも認められる[3]。

3 再生債権の弁済が許可される場合

法85条2項から5項までにおいて、再生手続開始後であっても、再生計画認可の決定が確定する前に再生債権を弁済することができる場合が規定されている[4]。

以下、これらの規定について説明する。

II 法85条2項による弁済許可

1 趣旨

再生債務者を主要な取引先とする中小企業者が、その有する再生債権の弁済を受けなければ、事業の継続に著しい支障を来すおそれがあるときは、裁判所は、再生計画認可の決定が確定する前でも、再生債務者等の申立てにより又は職権で、その全部又は一部の弁済をすることを許可することができる（法85条2項）。これは、再生債務者を主要な取引先とする中小企業者の利益や連鎖倒産の防止といった公益的な要請から認められたものと解される[5]。

---

[3] 条解民再423頁〔杉本和士〕。
[4] 法85条2項又は5項の許可は、法120条の共益債権化の許可と異なり、監督委員の承認や同意によって代えることはできない。

法85条2項による弁済を受けようとする中小企業者自身には、同項の弁済許可の申立権はないが、再生債務者等は、当該中小企業者から裁判所に弁済許可の申立てをすべきことを求められたときは、直ちにその旨を裁判所に報告しなければならず、さらに、申立てをしないこととしたときにも、裁判所が適時に職権行使の必要性を検討することができるよう、遅滞なくその事情を裁判所に報告しなければならない（法85条4項）。

2　弁済額

　裁判所は、法85条2項による弁済の許否や弁済額を判断するに当たっては、再生債務者と当該中小企業者との取引の状況、再生債務者の資産状態、利害関係人の利害その他一切の事情を考慮しなければならない（法85条3項）。この「一切の事情」には、弁済を受けようとする中小企業者の資金繰りがひっ迫している程度や、許可を受けようとする弁済の弁済率が再生計画における予想弁済率を上回るか[6]などが含まれる。本項により許容される弁済額が少額にとどまるときには、当該中小企業者がその弁済を受けないと事業継続に著しい支障を来すとはいい難いのではないかと思われる。

3　活用例

　法85条2項に基づいて少額債権を弁済した例としては、水道工事業

---

[5]　条解民再425頁〔杉本和士〕。
[6]　予想弁済率を上回る弁済率で中小企業者に弁済することは、他の債権者を害するおそれがあることは否定し難い（LP民再209頁〔島岡大雄〕）。しかし、同趣旨の旧会更法112条の2（平成14年法律第154号による改正前のもの。現行会更法47条に当たる。）につき、許可による弁済の弁済率が更生計画の弁済率を上回ることもあり得る旨の指摘もあったところであり（兼子一監修・三ヶ月章ほか著『条解会社更生法（中）』（弘文堂、1973年）391頁）、再生計画における予想弁済率を上回るか否かをどの程度考慮するかは、1つの論点であろう。

を営む再生債務者が、下請業者から、再生債権約1000万円の支払を受けることができないために、従業員への給与や材料費の支払等に窮しており、運転資金のショートが予想されるとの申入れを受け、当該下請業者と協議の上、同項による許可を得て、再生債権額の8％に相当する約80万円を弁済したものがあった[7]。

III　法85条5項前段による弁済許可

1　趣旨

　少額の再生債権を早期に弁済することにより再生手続を円滑に進行することができるときは、裁判所は、再生計画認可の決定が確定する前でも、再生債務者等の申立てにより、その弁済を許可することができる（法85条5項前段）。これは、少額債権の弁済によって債権者の数を減らし、再生手続を円滑かつ迅速に進行できるようにすることを目的とするもので、一定額以下の再生債権であれば債権の属性や種類を問わず一律に弁済対象とする趣旨と解される[8]。

　したがって、多額の再生債権の一部を弁済することを目的として法85条5項前段の許可を求めたりすることや、許可を受けた債権の一部のみの弁済をしたりすることは、いずれもできないと解される。例えば、同項前段に基づき10万円以下の再生債権の弁済が許可されたときに、20万円の再生債権を有する債権者に対して10万円を弁済したり、10万円の再生債権を有する債権者に対して5万円を弁済したりすることは、いずれもできないと解される。もっとも、同項前段の許可を受けた額を超える部分の債権について放棄を受けた上で、その許可を受けた額を弁済することは許容されると解される。上記の設例で、20万円の再生債

---

[7]　この事例では、自主再建型により10年間で再生債権の約10％を弁済する旨の再生計画案が認可された。

[8]　民再手引184頁〔片山健〕。

権を有する債権者から10万円を超える部分の放棄を受けた上で10万円の弁済をすることは、許容されると解される[9]。

2 弁済額

再生債務者は、法85条5項前段による許可の対象となる再生債権の全額を直ちに支払ったとしても、その後の資金繰りに窮することにならないように留意する必要がある[10]。また、再生債務者は、同項前段により、例えば、10万円以下の再生債権について弁済許可を得て実際に弁済したときには、再生計画案において、すべての再生債権者に対し、再生債権のうち10万円までの部分は全額弁済する旨の条項を定めるのが相当と解される（債権者平等原則。法155条1項）[11]。再生債務者は、再生計画認可後の弁済見込み額や資金繰りも考慮しながら、法85条5項前段の弁済許可の申立ての当否を検討すべきである。

3 活用例

法85条5項前段を活用して少額債権を弁済した例としては、以下のものがある。なお、以下の程度の事情は、再生債務者が少額債権弁済許可申請書に記載しておく必要があろう。

---

9) 再生債務者は、再生債権者に対し、このような債権の一部放棄を求める際、「再生計画の認可が確定した場合には、10万円以下の部分について全額弁済された上で、10万円を超える部分について弁済率を乗じた額が弁済されることがある。」旨を十分説明した上で、10万円の早期弁済を希望するかどうかを確認することが望ましい。民再手引187頁〔片山健〕。
10) 当部でも、かつては、法85条5項前段に基づき500万円以下の再生債権を計画外で弁済することを許可した事例があったものの、近時は、再生債務者の資金繰りの関係等から、100万円を超える少額弁済を許可した事例は極めて少ない。
11) 新注釈民再（上）142頁〔髙木裕康〕、通再120問74頁〔錦織秀臣〕。

(1) 建築・不動産仲介会社の例

　本件の再生債務者は、再生債権者数約 830 名、再生債権総額約 550 億円であるのに対し、債権額が 100 万円以下のものは、債権者数約 540 名、総額約 1 億 700 万円であり、賃貸借契約が終了していない敷金返還請求権を除外すると約 6800 万円にとどまっていた。一方、再生債務者の手持ち資金は約 13 億 6000 万円であった。そこで、再生債務者は、法 85 条 5 項前段に基づく裁判所の許可を得て、100 万円以下の再生債権を計画外で弁済した。

(2) 専門学校法人の例

　本件の再生債務者は、再生債権者数約 160 名、再生債権総額約 39 億 2000 万円であるのに対し、債権額が 50 万円以下のものは、債権者数約 110 名、総額約 1230 万円であった。再生債務者の資産状況に照らすと、仮に債権のうち 50 万円を超える部分を放棄する債権者が複数現れたとしても、少額弁済を行うことについて資金繰り上の問題は生じない見込みであった。そこで、再生債務者は、法 85 条 5 項前段に基づく裁判所の許可を得て、50 万円以下の再生債権を計画外で弁済した。

(3) ベビー用品販売会社の例

　本件の再生債務者は、ベビー用品販売等を行っていたところ、資金決済に関する法律所定の前払式支払手段たる商品券を発行しており、再生手続開始の申立てを行う前月末時点の発行額は 1000 万円弱に上っていた。再生債務者は、①前記商品券を保有する者が、再生債務者から物品を購入する場合に、当該商品券をその券面額をもって当該物品の購入の代価の弁済に充て、又は、②前記商品券を保有する者が資金決済に関する法律 20 条 1 項に基づき払戻期間満了までに払戻しを申し出た場合に、再生債務者がその券面額（ただし、10 万円以下に限る。）の弁済をすることについて、前記発行額を上限として行うことの法 85 条 5 項前段に基づく裁判所の許可を得た。

Ⅳ　法85条5項後段による弁済許可

1　趣旨

　少額の再生債権を早期に弁済しなければ再生債務者の事業の継続に著しい支障を来すときは、裁判所は、再生計画認可の決定が確定する前でも、再生債務者等の申立てにより、その弁済をすることを許可することができる（法85条5項後段）。これは、弁済対象となる債権の額が負債総額との関係で相対的に少額にとどまるのであれば、再生計画において他の再生債権より有利な定めをしても衡平を害しないと解されること（法155条1項ただし書参照）、再生会社の事業価値の維持や事業の継続という観点からみて、再生計画の効力が生ずる前に弁済をする必要性が特に高いと認められる場合であれば、例外的な弁済を許容しても利害関係人間の公正、衡平を害するものではないと考えられることなどから、許容されたものと解される[12]。この許可に基づく弁済は、個別の再生債権者について要件を満たす場合に行われ、同じ額の再生債権を有しながら弁済を受けられる再生債権者と受けられない再生債権者が生じることになるため、債権者平等原則の例外を認めるものともいえる[13]。

2　要件

(1)　事業継続支障要件

　法85条5項後段の許可は、当該再生債権を弁済しなければ再生債務者の事業の継続に著しい支障を来すことが要件とされる。例えば、代替

---

[12]　深山卓也編著『一問一答　新会社更生法』（商事法務、2003年）85頁。現行の法85条5項後段の規定は、現行会更法の制定に合わせて新設されたもので、会更法47条5項後段の立法理由は、法85条5項後段の解釈においても参考になるといえる。

[13]　LP民再211頁〔島岡大雄〕。

性のない原材料の仕入先に対して弁済しなければ、当該原材料の納入が止まり、原材料の在庫がなくなって製品を製造できなくなるという関係にあるときには、当該債権者について事業継続支障性が認められると考えられる[14]。この代替性の判断は、事業内容（小売業など、多種類の商品を仕入れるために多方面の仕入先を確保する必要があるか否かなど。）、製造される商品の品質を維持する必要性の程度などに応じて、事案ごとに判断することになろう[15]。

(2) 少額要件

法85条5項後段の許可の対象となる債権は、少額であることが要件とされる。これは、一部の債権者に対する弁済による不平等を一定の範囲内にとどめるためであると考えられる。したがって、ある一定の範囲の再生債権群を弁済許可の対象とする場合には、当該許可の対象となる個別の債権の額に着目するだけではなく、弁済しようとする少額債権の総額の負債総額に対する割合、弁済しようとする少額債権者の数の総債権者数に対する割合、他の債権との絶対額の比較、さらには、資金繰りの状況、弁済の必要性の程度等を総合的に考慮して、許可すべき額の範囲を決定することになると考えられる[16]。

③ 活用例

法85条5項後段を活用して少額債権を弁済した例としては、以下のものがある。

---

14) 全国倒産処理弁護士ネットワーク編『会社更生の実務Q&A 120問』（金融財政事情研究会、2013年）59頁。
15) 伊藤眞「新倒産法制10年の成果と課題～商取引債権保護の光と影」伊藤眞＝須藤英章監修・著『新倒産法制10年を検証する──事業再生実務の深化と課題』（金融財政事情研究会、2011年）28頁。
16) 上田裕康＝杉本純子「再建型倒産手続における商取引債権の優先的取扱い」銀法711号（2010年）44頁。

(1) 土木建築会社の例

本件の再生債務者は、土木建築工事請負業を営んでいたところ、再生債務者の現場で個人の下請業者として稼働する者及び再生債務者に個人の下請業者を派遣する者合計7名に対し、少額債権を早期に弁済しなければこれらの者も窮状に陥り取引自体を継続することができなくなるなどとして、1名当たりの最高額50万円、総額約300万円余りを計画外で弁済した[17]。

(2) 酒類卸売会社の例

本件の再生債務者は、酒類卸売業を営んでいたところ、酒類の自社配送を円滑に行うためには、従前から有料道路の利用料金決済のために利用していたETCカードに係る少額債権を弁済して、爾後も利用できる状態にしておくことが不可欠であるとして、ETCカード会社1社に対し、総額約90万円を計画外で弁済した。

V 少額債権弁済許可による弁済後の手続

再生債務者等は、法85条2項又は5項所定の許可に基づき弁済した場合には、再生計画案提出時に、弁済した再生債権を記載した報告書を提出しなければならない（規則85条1項1号）。

---

[17] 本件では、計画外弁済を受けた者を除く債権者数は約90名で、債権額が50万円に満たない債権者も相当数存在した。

VI　商取引債権全額の弁済と法85条5項

1　法85条5項後段に基づく商取引債権の弁済

　経営者は、商取引債権を全額弁済したいとの意向を示すことが少なくないように思われる。しかし、法85条5項後段を活用して幅広く商取引債権を保護するとなると、結果として、金融債権を商取引債権に劣後させることになる上、債務者の窮境原因となった商取引を温存する結果となるリスクも否定できない[18]。

　そこで、一定の範囲の商取引債権への弁済について法85条5項後段に基づく許可を求める際には、その趣旨や要件を踏まえつつ、①弁済対象となる商取引債権に、再生債務者による事業継続の支障の解消と無関係のものが含まれていないか、②商取引債権の弁済によって、再生債務者の事業価値の保全に資することになるか、③商取引債権の弁済によって、資金ショートが発生して牽連破産リスクが高まることにならないか等について、十分に検討をしておく必要がある[19]。

　弁済許可の申立てをする際の疎明資料については、弁済対象となる商取引債権を弁済しても資金ショートを来さない旨を示す資金繰り表、弁済対象となる商取引債権を弁済しないこととした場合に売上が低下するおそれがある旨を示す収益計画書等が考えられる[20]。

---

18) 松嶋一重「ここがポイント　倒産・再生手続における金融機関の対応　第16回　商取引債権の保護」金法2018号（2015年）67頁。
19) 松嶋・前掲注18) 67頁参照。
20) なお、当部では、法85条5項後段に基づく弁済許可申請の疎明資料として、当該許可に基づいて弁済をした場合としなかった場合との予想弁済率の比較資料の提出を求める運用は、近時では行っていない。このような資料を客観的なデータを基に作成するのは通常困難であろうと考えられるからである。

2　法85条5項前段に基づく商取引債権の弁済

　当部における比較的近時の商取引債権弁済の実例を見ると、前記Ⅲ3のとおり、法85条5項前段を活用して、結果的に商取引債権の早期弁済を行ったものが複数ある。

（千賀卓郎）

第11章 双方未履行の双務契約の取扱い

I 総説

1 再生債務者の選択権

　双務契約について再生債務者及びその相手方が再生手続開始の時において共にまだその履行を完了していないときは、再生債務者等は、契約の解除をし、又は再生債務者の債務を履行して相手方の債務の履行を請求することができる（法49条1項）。つまり、再生債務者は、契約を解除するか、自らの債務を履行して相手方の債務の履行を請求するかについて選択権を有する[1]。

　この規定は、売買契約、賃貸借契約（ただし、再生債務者が賃貸人であり、賃借人が賃借権につき対抗要件を備えている場合を除く。後記II 2 (1)参照）、請負契約、雇用契約等に適用されるが、労働協約には適用されない（法49条3項）。また、継続的給付を目的とする双務契約（法50条1項）、市場の相場がある商品の取引に係る契約（法51条、破産法58条）、交互計算（法51条、破産法59条）については特則が定められている。

---

1) この選択権の行使は、自らの履行を提供するなど黙示のものでも差し支えないと考えられている（条解破産法411頁参照）。契約を解除するかどうかについて検討中の再生債務者は、履行を選択したと疑われるような行動をとらないよう注意する必要がある。

解除又は履行の選択の際、再生債務者は、問題となる各契約について、履行を選択した場合に自らが履行する債務の内容及び受領する反対給付の内容や、解除した場合に相手方に対して負う債務の内容（後記2参照）、相手方との関係性等の諸事情を総合的に考慮し、解除と履行のどちらを選択することが事業再生に資するかについて検討する必要がある[2]。また、契約の相手方との協議が必要となることも多い。

　管財人が選任されている場合に前記の選択権を行使するのは管財人であるが（法2条2号）、以下では、管財人が選任されていない場合について説明する。なお、当部では、再生債務者が法人又は事業者である事案については、通常、監督命令において、法49条1項の規定による契約の解除を監督委員の要同意行為として指定している（第8章Ⅰ3(2)イ参照）。

2　相手方の地位

　再生債務者が履行を選択した場合、公平の観点から、相手方の有する債権は共益債権とされる（法49条4項）。破産法148条1項7号及び会更法61条4項と同趣旨の規定である。

　他方、再生債務者が解除を選択した場合、契約は遡及的に消滅し、相手方の損害賠償請求権は再生債権となる（法49条5項、破産法54条1項）。相手方が一部履行済みの場合、相手方は、再生債務者の受けた反対給付が再生債務者財産中に現存するときはその返還を請求することができ、現存しないときは価額の償還を共益債権として請求することができる（法49条5項、破産法54条2項）。

3　相手方の催告権

　再生債務者の選択権については、特段の時間的制約が定められておら

---

2) 民再実践マニュアル156頁参照。

Ⅰ　総説

ず、相手方の地位が長期間にわたって未確定となるおそれがある。このような事態を回避するため、相手方は、再生債務者に対し、相当の期間を定め、その期間内に契約の解除をするか又は債務の履行を請求するかを確答すべき旨を催告することができ、再生債務者がその期間内に確答をしないときは解除権を放棄したものとみなすこととされている（法49条2項）。会更法61条2項と同趣旨の規定である。

再建型の倒産処理手続においては、清算型の倒産処理手続とは異なり、契約関係を維持することがその目的に適うと考えられていることから、破産法53条2項とは逆の効果が定められている。

4 相手方からの解除

再生手続開始前に債務不履行があり[3]、催告等の解除権発生の要件が満たされている場合には、双務契約の相手方は、再生債務者に対して契約解除権を行使し、原状回復を請求することができると解されている[4]。したがって、再生手続開始前に債務不履行状態にある契約の存続を希望する場合、再生債務者は早急に相手方と協議する必要がある。

また、債務者について再生手続開始の申立てがあったときには債権者が催告をすることなく契約を解除することができる旨の特約（倒産解除特約）がされている場合に、債権者が、再生手続開始後、倒産解除特約に基づいて契約を解除することができるか、という問題がある。この点に関し、最判平成20年12月16日民集62巻10号2561頁は、いわゆるフルペイアウト方式によるファイナンス・リース契約（後記Ⅴ①参照）に関し、ユーザーにつき整理、和議、破産、会社更生などの申立てが

---

[3] 再生手続開始の申立て後、弁済禁止の保全処分がされた場合には、弁済禁止効の及ぶ債権について履行をしなくても、少なくとも再生手続開始決定がされるまでの間は債務不履行とはならない（**第5章Ⅱ②(4)参照**）。

[4] 新注釈民再（上）266頁〔中島弘雅〕、条解民再255頁〔西澤宗英〕。もっとも、再生債務者が「第三者」（民法545条1項ただし書）としての保護を受ける余地があるとする見解もある（**第9章Ⅲ参照**）。

あったときにリース業者が催告をしないで契約を解除することができる旨の特約がされていた事例において、再生手続開始の申立てがこの特約の定める解除事由に含まれると解した上で、「ファイナンス・リース契約におけるリース物件は、リース料が支払われない場合には、リース業者においてリース契約を解除してリース物件の返還を求め、その交換価値によって未払リース料や規定損害金の弁済を受けるという担保としての意義を有するものであるが、同契約において、民事再生手続開始の申立てがあったことを解除事由とする特約による解除を認めることは、このような担保としての意義を有するにとどまるリース物件を、一債権者と債務者との間の事前の合意により、民事再生手続開始前に債務者の責任財産から逸出させ、民事再生手続の中で債務者の事業等におけるリース物件の必要性に応じた対応をする機会を失わせることを認めることにほかならないから、民事再生手続の趣旨、目的に反することは明らかというべきである。」と判示し、前記特約を無効とした。この判示内容によれば、前記判例の射程が及ぶ範囲では、倒産解除特約は、再生手続との関係では無効と解されることとなるだろう。

II　賃貸借契約

1　賃借人について再生手続開始決定がされた場合

　賃借人について再生手続が開始された場合、賃借人は、賃貸借契約を解除するか、又は、自らの債務（賃料債務）を履行して相手方である賃貸人の債務（目的物を使用収益させる債務）の履行を請求するかについて選択権を有する（法49条1項）。
　再生債務者である賃借人が履行を選択した場合、再生手続開始後の賃貸人の賃料支払請求権は共益債権となる（法49条4項）。この場合に、未払の再生手続開始前の賃料支払請求権が共益債権となるかどうかについては、再生手続開始前の使用収益の対価という性質を重視してこれを

否定する説(通説)と、賃貸借契約の一体性に着目してこれを肯定する説とが対立している[5]。

　再生債務者が賃貸借契約の解除を選択した場合、賃貸人は目的物の返還を請求することができる。そして、再生手続開始時から目的物の明渡時までの賃料等の支払請求権は共益債権となる(再生手続開始時から解除時までの賃料につき法119条2号、解除時から明渡時までに生じた賃料相当損害金につき同条6号)。他方、賃貸人の損害賠償請求権は再生債権となる(法49条5項、破産法54条1項)。また、不動産の賃貸借について不動産賃貸の先取特権が成立する部分の再生債権が別除権付再生債権(民法311条1号、312条、法53条1項)となることがある。なお、賃借人が破産し、破産手続開始決定後に破産管財人が破産法53条1項により賃貸借契約を解除した場合において、明渡しの際の原状回復請求権が破産債権となるかどうかや、賃貸借契約に定められた違約金条項が適用されるかどうかについては見解が分かれているところ、これらの議論は、これらの法律関係が再生手続においてどのように取り扱われるかを考える上でも参考となる[6]。

2　賃貸人について再生手続開始決定がされた場合[7]

(1)　賃貸人の選択権

　賃貸人について再生手続が開始された場合、賃借人が賃借権につき登記、登録その他の第三者に対抗することができる要件(借地権について

---

5)　伊藤876頁、363頁、条解破産法443頁。
6)　条解破産法444頁、田原睦夫＝山本和彦監修・全国倒産処理弁護士ネットワーク編集『注釈破産法(上)』(金融財政事情研究会、2015年)386頁〔辺見紀男〕、はい6民236頁、運用と書式115頁、東京地裁破産再生実務研究会編著『破産・民事再生の実務〔第3版〕破産編』(金融財政事情研究会、2014年)234頁参照。
7)　この場合、賃借人との関係に加えて、賃貸目的物に担保権が設定されているような事例では、賃料債権に対する物上代位がされることによって収益の確保が妨げられるのを防止するため、担保権者との協議を行う必要がある。民再実践マニュアル164頁参照。

の借地上の建物の登記（借地借家法10条1項）、建物賃貸借についての建物の引渡し（同法31条1項）を含む。）を備えているときは、法49条1項及び2項の規定が適用されず、再生債務者である賃貸人は、同条に基づいて賃貸借契約を解除することができない（法51条、破産法56条1項）。そのため、事業戦略として店舗用建物を別の用途に用いるために店舗の閉鎖が必要となるような場合等には、賃借人との合意による解約を検討する必要がある[8]。賃貸借契約が存続する場合、賃借人が有する目的物の使用収益を求める権利は共益債権となる（法51条、破産法56条2項）。なお、再生債務者が、建物を賃借し、これを転貸して転借人に引き渡している場合、転借人が対抗要件を具備しているため、転貸借契約について法51条、破産法56条1項の規定が適用されることになるが、この場合に、再生債務者が賃貸借契約（再生債務者が賃借人である契約）を解除して契約関係から離脱することができるかどうかについては議論がある[9]。

これに対し、賃借人が登記、登録その他の対抗要件を備えていないときは、法49条1項及び2項の規定が適用され、再生債務者である賃貸人は賃貸借契約の解除を選択することもできる。再生債務者が解除を選択した場合、賃借人の損害賠償請求権は再生債権となる（法49条5項、破産法54条1項）。他方、再生債務者が履行の請求を選択した場合には、賃借人が有する目的物の使用収益を求める権利が共益債権となる（法49条4項）とともに、賃借人は賃料支払義務を負うこととなる。

(2) 賃料債務との相殺

再生債権（法84条1項）を有する者が再生手続開始当時に再生債務者に対して債務を負担している場合、再生債権と前記債務とが債権届出期間（法94条1項）の満了前に相殺適状にあるときは、再生債権者は、そ

---

[8] 民再実践マニュアル163頁参照。
[9] 破産手続に関する議論であるが参考になるものとして、沖野眞已ほか「パネルディスカッション 破産事件における管理・換価困難案件の処理をめぐる諸問題——とくに法人破産事件について考える」債管151号37頁がある。

の債権届出期間内に限り、相殺することができる（法92条1項前段）。再生債権と賃料債務との相殺については、その特則として、賃借人は、再生手続開始後にその弁済期が到来すべき賃料債務（債権届出期間満了後に弁済期が到来すべきものを含む。）について、再生手続開始の時における賃料の6か月分に相当する額を限度として、相殺をすることができるとされた（同条2項）[10]。もっとも、相殺の意思表示は、一般の相殺の場合と同様、債権届出期間内にする必要がある。相殺が可能となる範囲の上限が賃料の6か月分に相当する額とされたのは、賃貸目的物件からの収益の確保が事業再生の実現にとって重要となり得るものであることが考慮されたためである[11]。

(3) 敷金返還請求権の取扱い

　敷金契約（賃借人が差し入れ金銭の名称が「保証金」等であったとしても、その金銭が賃貸人の賃借人に対する一切の債権を担保する性質を有する場合には、法92条3項にいう「敷金」に該当する[12]。）は、賃貸借契約と密接に関連するものの、あくまで別個の契約であるから、賃借人が敷金を差し入れていた場合に、賃貸人について再生手続が開始されたときは、賃借人の敷金返還請求権は再生債権となるのが原則である。しかし、賃借人が、再生手続開始後に弁済期の到来する賃料債務について、再生手続開始後その弁済期に弁済したときは、賃借人が有する敷金返還請求権は、再生手続開始の時における賃料の6か月分に相当する額の範囲内におけるその弁済額を限度として、共益債権となるとされた（同項）。

　これは、賃料債務の弁済の受領により再生債務者の資金繰りが確保され、事業の再生にとって利点があることと、敷金返還請求権を有する賃

---

10) 自働債権は、債権届出期間の満了前に弁済期が到来する金銭債権である必要がある。条解民再484頁〔山本克己〕参照。
11) 賃貸人が破産した場合に、賃借人が破産法67条2項に基づいて賃料債務を受働債権とする相殺をするときには、このような制限はない。小川秀樹編著『一問一答　新しい破産法』（商事法務、2004年）384頁、条解民再484頁〔山本克己〕、新注釈民再（上）506頁〔中西正〕参照。
12) 条解民再486頁〔山本克己〕。

借人に対する保護の必要性とが考慮された規定である[13]。また、法92条3項は賃料債務の弁済を要件とするものであり、賃借人に賃料債務の支払を拒絶する権利を認めるものではないので、賃借人が賃料不払を続ける場合には、再生債務者は、賃貸借契約の債務不履行解除を検討することも必要となる[14]。なお、賃借人が、敷金返還請求権のほかに直ちに請求することのできる権利（売掛債権、融資に基づく債権等）を有しており、その債権と賃料債務とを相殺した場合には、敷金返還請求権が共益債権となる範囲は、賃料の6か月分に相当する額から相殺により支払を免れる賃料債務の額を控除した額となる（法92条3項かっこ書）。

(4) 再生計画による敷金返還請求権の権利変更

敷金返還請求権は、賃貸借終了後、目的物の明渡しがされた時において、それまでに生じた敷金の被担保債権一切を控除し、なお残額があることを条件として、その残額について発生するものである[15]。また、敷金返還請求権も原則として再生債権となるべきものであるから、再生計画による権利変更を受け得ることとなる。そのため、再生計画の認可決定確定時において賃貸借契約が終了しておらず、目的物の明渡しもされていない場合に、敷金返還請求権のどの部分について権利変更の効果が生じるのか、という問題が生ずる。この問題に対しては、①敷金返還請求権の額面額から被担保債権額及び共益債権となる額を控除した残額について権利変更の効果が生じるとする見解、②敷金返還請求権の額面額から共益債権となる額を控除した残額について権利変更が生じ、その後被担保債権額が控除されるとする見解、③まず敷金返還請求権の額面額について権利変更の効果が生じ、権利変更後の債権額から被担保債権額が控除された後で共益債権化が生ずるとする見解等があり得る[16]。

再生債務者は、敷金返還請求権の権利変更を内容とする再生計画案を

---

13) 小川編著・前掲注11) 386頁。
14) 民再実践マニュアル165頁参照。
15) 最判昭和44年7月17日民集23巻8号1610頁、最判昭和48年2月2日民集27巻1号80頁。

作成する際、賃借人の有する敷金返還請求権がいかなる範囲で権利変更され、また、いかなる範囲で共益債権化するのかについて、十分に検討する必要がある。

　なお、当部は、敷金返還請求権の共益債権化（法92条3項）と再生計画による敷金返還請求権の権利変更との関係について、現在、特定の見解を採用しているわけではない。前記①の見解に立って作成された再生計画及び前記②の見解に立って作成された再生計画については、いずれも過去に認可された例がある。

　(5)　なお、法51条、破産法56条1項の規定は「賃借権その他の使用及び収益を目的とする権利を設定する契約」を適用対象とするものであるから、例えば、知的財産権の使用を目的とするライセンス契約において、ライセンサーに再生手続開始決定がされた場合には、この規定の適用が問題となり得る[17]。

III　請負契約

1　注文者に再生手続開始決定がされた場合

　注文者が破産手続開始の決定を受けた場合については民法に特則がある（民法642条）が、再生手続に関してはこのような特則が存在しない。したがって、注文者について再生手続が開始された場合、再生債務者である注文者は請負契約について解除又は履行の選択権を有する。
　再生債務者である注文者が解除を選択した場合、請負人は解除によって生じた損害賠償請求権を再生債権として行使することができる（法49

---

16)　蓑毛良和「再生計画による敷金返還請求権の権利変更の範囲について」実務と理論95頁、通再120問120頁〔服部敬〕、民再実務144頁、LP民再161頁〔五十嵐章裕〕。

17)　小川編著・前掲注11）86頁、条解破産法439頁参照。

条5項、破産法54条1項)[18]。また、既にされた仕事の結果が請負人の所有に属するときは、それに対して請負人は取戻権を主張することができる(法49条5項、破産法54条2項)[19]。

　再生債務者が履行を選択した場合には、請負人は仕事を完成する義務を負い、請負人の有する請求権は共益債権とされる(法49条4項)。再生手続開始前の仕事の割合に応じた報酬請求権が共益債権となるかどうかについては、請負人の義務が不可分であるとの理由により共益債権性を肯定する見解と、可分的評価が可能であるなどの理由により共益債権性を否定する見解とが対立している[20]。

② 請負人に再生手続開始決定がされた場合

　請負人について再生手続が開始された場合にも法49条が適用される。再生債務者である請負人が解除を選択した場合、注文者は既に給付した物の返還を請求することができ、その物が現存しないときは価額償還請求権を共益債権として行使することができる(法49条5項、破産法54条2項)。破産手続に関するものであるが、最判昭和62年11月26日民集41巻8号1585頁は、請負人が破産手続開始前に注文者から前払金を受領していた場合に、破産管財人が現行破産法53条1項に基づいて請負契約を解除したときは、注文者は前払金から工事出来高分を控除した残額について、現行破産法54条2項に基づき財団債権としてその返還を求めることができる旨判示した。前記最判昭和62年11月26日は前払金差額返還請求権の再生手続における取扱いを考える上でも参考となるため、再生債務者である請負人は、解除又は履行を選択する際、前払金

---

[18] 不動産保存の先取特権又は不動産工事の先取特権が成立する部分の再生債権が別除権付再生債権(民法325条1号・2号、326条、327条、法53条1項)となることがある。

[19] これに対し、既にされた仕事の結果が注文者の所有に属するときは、商事留置権の成立する部分の債権が別除権付再生債権(商法521条本文、法53条1項)となることがある。

[20] 条解破産法419頁、民再実務147頁参照。

差額返還請求権についても留意する必要がある。

他方、再生債務者が履行を選択した場合には、再生債務者は仕事を完成する義務を負い、注文者は請負代金を支払う義務を負うこととなる。請負人について再生手続開始決定がされた場合、請負代金は再生債務者である請負人の収入源となることから、再生債務者である請負人は、履行を選択し、工事を完成するよう努めるのが通常であろう。

IV　雇用契約

1　労働者に再生手続開始決定がされた場合

労働契約も双務契約であり、その期間中に再生手続開始決定がされれば双方未履行の双務契約に該当する。もっとも、労働者には自己の意思に基づいて雇用契約の解約等を選択することが本来的に保障されているなどの理由から、労働者に再生手続が開始された場合には法49条1項を適用する実益は乏しいとするのが一般的な見解である[21]。

なお、労働者について再生手続が開始されたことを理由として使用者が労働者を解雇することは、原則として解雇権の濫用（労働契約法16条）に当たり許されない。

2　使用者に再生手続開始決定がされた場合

(1) 使用者が解除を選択した場合

使用者が破産手続開始の決定を受けた場合については民法に特則がある（民法631条）が、再生手続に関してはこのような特則がないため、

---

21) 伊藤881頁、392頁、民再実務150頁、LP民再166頁〔五十嵐章裕〕参照。なお、労働者の破産の場合には破産法53条以下の規定が適用されないと解されている。条解破産法422頁、東京地裁破産再生実務研究会編著・前掲注6）255頁参照。

労働契約の期間中に使用者に再生手続開始決定がされた場合にも法49条が適用され、再生債務者である使用者は労働契約について解除又は履行の選択権を有する（法49条1項）。

　もっとも、再生債務者である使用者が法49条1項に基づいて労働契約を解除する場合であっても、労働者保護の必要性は通常の解雇の場合と異ならないため、労働法上の規律（労働基準法19条、20条、労働契約法16条等）の適用がある。なお、会社更生手続に関するものではあるが、株式会社について更生手続開始決定がされた後、同社の管財人が従業員に対して解雇する旨の意思表示（本件解雇）をした事案において、東京地判平成24年3月29日労判1055号58頁は、「会社更生法上、労働契約は双方未履行双務契約として、管財人が解除又は履行を選択し得る（同法61条1項）が、管財人は、労働契約上の使用者としての地位を承継している以上、管財人の上記の解除権は、解雇と性格づけられる。客観的に合理的な理由を欠き、社会通念上相当であると認められない解雇は、権利濫用となる（労働契約法16条）のであるから、この権利濫用法理は、管財人が行った本件解雇についても、当然に適用されることになる。」旨を判示している。

　また、法49条1項及び2項の規定は労働協約には適用されない（法49条3項）ため、再生債務者が労働協約を法49条1項に基づいて解除することはできないから、再生債務者は労働協約の解雇に関する規定にも拘束されることとなる。

　再生債務者による解除が認められる場合には労働契約が終了し、労働者の給料の請求権は、再生手続開始前の労働の対価に相当する部分は一般の先取特権（民法306条2号、308条）が成立するため一般優先債権（法122条1項）となり、再生手続開始後の労働の対価に相当する部分は共益債権（法119条2号。開始決定後の解雇予告手当に係る労働者の請求権もこれに当たる。）となって、いずれも再生手続によらないで随時弁済される（法121条1項、122条2項）[22]。使用者について再生手続が開始された後に退職した労働者の退職金請求権が全額共益債権となるかどうかについては、これを肯定する見解と、再生手続開始後の労働の対価に相

当する部分のみが法119条2号により共益債権となり、それ以外は一般優先債権となるとの見解が対立している。再生手続上は共益債権と一般優先債権の取扱いに大きな差異がないため、問題は大きくないが、破産手続に移行した場合には法252条6項の規定との関係で問題が生ずる[23]。

(2) 使用者が履行を選択した場合

再生債務者が労働契約の履行を選択した場合、労働契約が継続し、労働者の給料の請求権は、再生手続開始前の労働の対価に相当する部分が一般優先債権（法122条1項）となり、再生手続開始後の労働の対価に相当する部分が共益債権（法119条2号）となる。なお、雇用契約も継続的給付を目的とする双務契約であるが、法50条1項及び2項の規定が適用されない（法50条3項）ため、労働者は、再生手続開始前の給料未払を理由として開始後の就労を拒むことができる（同条1項参照）。

V 双方未履行双務契約性について争いがある契約類型の例

1 ファイナンス・リース契約

ファイナンス・リース契約（ユーザーが、使用する物件を選択し、リース業者が所有者から購入した当該物件を借り受け、購入代金相当額に費用、金融利益等を加算したものをリース料としてリース業者に分割払する旨の契約）のリース期間中にユーザーに再生手続開始決定がされた場合、法49条が適用されるかどうかについては議論がある。

---

22) 再生手続から破産手続に移行した場合には、共益債権が財団債権となり（法252条6項）、一般優先債権が優先的破産債権となる（破産法98条1項）が、給料請求権は再生手続開始前3か月間分についても財団債権となる（法252条5項）。

23) 民再実務150頁、331頁、LP民再411頁〔島岡大雄〕参照。

この点に関連して、最判平成7年4月14日民集49巻4号1063頁は、リース期間満了時において物件に残存価値はないものとみて、リース業者がリース期間中に物件の取得費その他の投下資本の全額を回収できるようにリース料が算定された、いわゆるフルペイアウト方式によるファイナンス・リース契約のユーザーにつき更生手続開始決定がされた事案において、いわゆるフルペイアウト方式によるファイナンス・リース契約においては、「リース料債務は契約の成立と同時にその全額について発生し、リース料の支払が毎月一定額によることと約定されていても、それはユーザーに対して期限の利益を与えるものにすぎず、各月のリース物件の使用と各月のリース料の支払とは対価関係に立つものではない。」と判示し、リース業者がユーザーに対してリース料の支払債務と牽連関係に立つ未履行債務を負担していないことを理由として、双方未履行の双務契約に関する規定の適用を否定した。前記最判平成7年4月14日によれば、いわゆるフルペイアウト方式によるファイナンス・リース契約のユーザーについてリース期間中に再生手続開始決定がされた場合についても、法49条の適用が否定されることとなるだろう。

② 所有権留保売買

　所有権留保売買に関しては、代金完済時に初めて登記又は登録が買主に移転する内容の契約について双方未履行双務契約性を肯定する見解があり得るものの、所有権留保売買一般について双方未履行双務契約性を否定する考え方が支配的である[24]。

---

24) 条解破産法416頁参照。

VI 継続的給付を目的とする双務契約についての特則

1 履行拒絶権の制限

　再生債務者に対して継続的給付の義務を負う双務契約の相手方は、再生手続開始の申立て前の給付に係る再生債権について弁済がないことを理由として、再生手続の開始後に自らの義務の履行を拒むことができない（法50条1項）。このような契約が再生債務者の事業再生にとって重要であることを考慮した規定である。

　法50条の適用対象となる契約は、継続的関係にある双務契約のうち、当事者の一方が反復的に給付義務を負い、もう一方が、給付ごとに、あるいは一定期間ごとにその対価を支払う義務を負う契約であって、相手方の給付義務が法令又は契約によって義務付けられているものであると解されている[25]。電気、ガス、水道等の供給契約や継続的な請負契約等が例として挙げられるが、賃貸借契約は、賃貸人の義務が反復的な給付とはいえず、前の期の賃料の支払がないことを理由としてそれ以後の期の給付を拒絶するという関係にないため、これに含まれないと一般に解されている[26]。

2 相手方の地位

　継続的給付契約の相手方が再生手続開始の申立て後再生手続開始前にした給付に係る請求権は、本来、再生債権となるべきものである（法84条1項）。しかし、相手方の利益を保護するとともに、再生債務者の事業再生にとって必要な継続的給付が不必要に途絶えることを防ぐため、

---

[25] 新注釈民再（上）274頁〔中島弘雅〕、条解民再258頁〔西澤宗英〕。
[26] 新注釈民再（上）274頁〔中島弘雅〕、条解民再258頁〔西澤宗英〕。

再生手続開始の申立て後の給付に係る相手方の請求権は、裁判所の許可（法120条1項）や監督委員の承認（同条2項）を得るまでもなく共益債権とされている（法50条2項）[27]。

(栢分宏和)

---

27) なお、法50条2項と同趣旨の規定である破産法55条2項に関しては、破産管財人が契約を解除した場合にも申立て後の給付に係る請求権が財団債権となるかどうかについて、これを肯定する見解と否定する見解とがある。はい6民242頁、東京地裁破産再生実務研究会編著・前掲注6) 32頁。

第12章 財産評定

I 意義・趣旨・機能

1 意義・趣旨

　再生手続は、再生債務者がその債務を減免・猶予した再生計画を遂行することを通じ、その事業・経済生活の再生を図るものである。再生計画が認可されて効力を生ずるためには、再生債権者において、少なくとも破産手続による配当に相当する利益（清算価値）を確保できるものであることが必要とされており、提出された再生計画案がこれを充たすことが、付議要件とされ、認可要件とされている（清算価値保障原則。法169条1項3号、174条2項4号）。

　また、再生計画案が認可されるためには、再生債権者の法定の多数決要件を充たす同意を得て可決されなければならない（法172条の3第1項）。再生債務者に破産手続が開始された場合に予想される配当と再生計画案による弁済の比較は、再生債権者にとって、当該再生計画案に同意するか否かを決するための重要な一要素である。

　このような再生手続の基本構造に照らすと、再生債務者の財産状況に関する正確な情報が提供されることが、再生手続の進行の基礎として必要なものであることが理解される。

　民再法は、このような趣旨から、再生手続が開始された再生債務者

（管財人が選任されている場合は、管財人）に対し、再生手続開始後、遅滞なく、再生債務者に属する一切の財産について、その再生手続開始の時における価額を評定し、その完了後直ちに財産目録及び貸借対照表を作成して裁判所に提出することを義務付けた（法124条1項・2項）。再生手続が開始される再生債務者は、支払不能が目前に迫っていることが多く、再生手続開始の申立てに至るまでの窮境の中で事業を遂行するうちに、粉飾決算等によりその帳簿が正確な財産状況を反映しないものとなるなどしている例もままみられるところであり、財産評定は、再生債務者の財産状況の実態を明らかにするプロセスとして重要な意義を有している。

このようにして提出された財産評定の結果は、後記**2**において述べるとおり、再生債務者自身や裁判所の各種判断の資料となり、また、再生債権者による事件記録の閲覧謄写（法16条1項・2項、規則56条3項、62条）、再生債務者の営業所・事務所における備置きやその他の手段を利用した開示（規則64条1項・2項）により利害関係人に提供され、その意思決定の材料とされることとなる。

2 機能

財産評定の結果は、次のとおり、再生手続に関与する主体の判断の基礎となる資料として機能する。

(1) 再生債務者

財産評定を行うことにより、再生手続開始決定時点における予想清算配当率を明らかにすることができ、これにより、再生計画において弁済しなければならない最低限の金額を知ることができる[1]。再生債務者は、この結果をみて、その事業遂行の状況と照らし合わせ、再生計画案を立

---

1) 清算価値保障原則をいつの時点の財産状況を基礎に判断すべきかについては、後記Ⅲ**1**(2)を参照。

案できるか否か（ひいてはその後の再生手続を継続するか否か）、再生計画案をどのような内容とするか、事業譲渡を予定している事案ならば譲渡価額をどの程度とすることが妥当か、別除権者との交渉をどのように進めるのが相当かといった事項を検討・判断することができる。また、清算型の再生計画（再生債務者の事業をスポンサーに譲渡し、譲渡代金及び残余財産で再生債権の一部を弁済する再生計画。履行完了後、再生債務者を清算することが予定される。）案が作成される事案において、再生債務者が事業譲渡について裁判所の許可を求めた場合（法42条）、監督委員が、公認会計士の補助のもと、財産評定において得られた譲渡対象財産の価額と譲渡価額を比較検討し、その相当性について意見を述べることも多い。

(2) 裁判所
ア 各種許可における債務超過の判断
　事業譲渡の代替許可（法43条1項）並びに再生計画において自己株式等の取得・株式の併合・減資等を定める条項の許可（法166条1項・2項、154条3項）及び募集株式を引き受ける者の募集を定める条項の許可（法166条の2第1項～第3項、154条4項）においては、再生債務者の債務超過が許可の要件とされている。財産評定の結果は、裁判所がこの要件を判断するに当たっての基礎資料となる。

イ 清算価値保障原則の違反の有無の判断
　前記①のとおり、再生計画案が清算価値保障原則を充足していることは、その付議の要件であり、認可の要件である。財産評定の結果は、裁判所がこれらの決定に際し、その要件を判断するための基礎資料となる。

(3) 再生債権者
　再生債権者が再生計画を受け入れるか否かを決するに当たっての重要な関心事の1つは、再生債務者について破産手続が行われた場合の配当と、再生計画により受けられる弁済との比較である。財産評定の結果は、

再生債権者が再生手続内で確実に手にすることのできる資料であり、再生債権者は、財産評定の結果に再生債務者の事業・収益の状況等を勘案して、再生計画案に対する賛否を決する。

II　財産評定の主体・時期

1　財産評定の主体

(1)　財産評定を行う主体は、再生手続において公平誠実義務（法38条2項）を負う再生債務者（管財人が選任されている場合は管財人）である。

清算価値保障原則との関係では、財産評定の結果としての予想清算配当率が低い方が、再生計画案において要求される最低弁済額が小さくなることとなるが、再生債務者が財産を不当に低い価額で評価することは、上記の公平誠実義務に違反することとなり[2]、再生債権者の信頼を失わせて再生計画案の可決を危うくし、また、再生手続が法律の規定に違反したものとして再生手続の廃止事由ともなり得る（法191条1号又は2号、169条1項3号、174条2項1号）。

(2)　裁判所は、必要があると認めるときは、利害関係人の申立てにより又は職権で、評価人による再生債務者の財産の評価を命ずることができる（法124条3項）。再生債務者による財産評定の内容が不明確であるなど、信頼を置くことができないときに、再生債務者の不当な財産評定に対する再生債権者からの対抗手段として利用される例や、別除権協定に備えて評価人による評価を行う例などが考えられる[3]。もっとも、当部では、財産評定に関し評価人が選任された例は、近時は見当たらない。

---

2)　民再実践マニュアル184頁。
3)　民再手引174頁〔鈴木義和〕、新注釈民再（上）694頁〔服部敬〕。

2 財産評定の実施時期

　再生債務者等は、再生手続開始後、遅滞なく、財産評定を行わなければならない。

　当部では、再生手続開始の決定において、財産評定の結果である財産目録及び貸借対照表の提出時期を、再生手続開始決定から1か月後とするのが通例である（第1章Ⅱ1参照）[4]。前記Ⅰ2のとおり、財産目録及び貸借対照表は、再生手続が進行する上で関与者全員にとって検討・判断の基礎となる重要な資料であることから、その内容は、それらの作成時点において可能な限り正確を期すべきである。

Ⅲ　財産評定の内容

1 対象となる財産及び基準時

(1) 基準時

　財産評定の基準時は、「再生手続開始の時」である（法124条1項）。

(2) 清算価値保障原則との関係

　ア　再生計画は、再生債権者に対し、再生債務者について破産手続が行われた場合の配当を上回る弁済を保障するものでなければならない。この清算価値保障原則を、いつの時点の再生債務者の財産状況をもとに判断すべきかについては、①再生手続開始決定時を基準とすべきとする

---

[4]　再生手続開始後、再生債務者の財産状況を報告するための債権者集会が招集される場合は、原則として、再生手続開始の決定の日から2か月以内に行わなければならず（法126条1項、125条1項2号、規則60条1項）、これが招集されない場合には、業務及び財産に関する経過及び現状等に関する報告書（法125条1項）を再生手続開始の決定の日から2か月以内に提出しなければならない（規則57条1項）から、財産評定は遅くともこの時点までには終えている必要があることになる。条解民再648頁〔松下淳一〕等。

見解、②認可決定時を基準とする見解、③原則として再生手続開始決定時を基準とすべきであるが、認可決定時の予想清算配当率が再生手続開始決定時の予想清算配当率を下回る場合には、資産目減りの原因が不法なものである場合を除き、認可決定時の予想清算配当率を基準に清算価値保障の有無を判断することが許されるとする折衷説[5]、④再生手続開始、付議、認可その他種々の判断をする各時点において、作成され又は作成されようとしている再生計画案が、それぞれの時点の予想清算配当率を上回っていれば適法とすべきとする判断時基準説[6]に見解が分かれている。

　再生手続は、重厚な会社更生手続と比較し、迅速な進行が想定されており、民再法は、手続の軽易化・迅速化を図るため、財産評定を再生手続開始決定直後の1回限りとしていて、通常、再生手続開始決定時と認可決定時とで財産状況に大幅な変更があることは想定しておらず、再生手続が進行した後に改めて再生債務者の財産状況について評定を行うことは、制度上予定されていない。当部では、このような制度設計に照らし、清算価値保障原則を判断する基準時を、原則として再生手続開始の時と解している。

　イ　もっとも、付議又は認可の可否を決すべき時点において、清算価値が再生手続開始の時よりも増加しているような場合は、再生計画案が財産評定の結果に照らして清算価値保障原則を充足すると判断される場合でも、再生債務者の公平誠実義務ないし再生債権者の納得を得るという観点から、工夫が必要になる場合がある。詳細は、**第25章Ⅲ[2]**参照。

　また、付議又は認可の可否を決すべき時点において、清算価値が再生手続開始の時よりも減少しているような場合に、再生手続開始時を基準

---

5) 園尾隆司「東京地裁における民事再生実務の新展開と法的諸問題」債管92号（2001年）19頁。
6) 中井康之「財産評定をめぐる2、3の問題──財産評定の評価基準と清算価値保証原則の基準時」債管105号（2004年）96頁。

とする清算価値保障原則の例外が認められるかは、1つの問題であろう。

(3) 積極財産

再生債務者に属する積極財産すべてが対象となる。別除権の目的となっている財産やリース物件も対象となる。破産手続において換価の対象とならない財産（本来的自由財産）については予想清算配当率の計算からは除くこととなるが、再生債権者に同意を得ることが再生計画案認可の前提をなしているという再生手続の性格上、財産状況の透明化の観点から、財産目録への計上は行い（再生手続には破産法のような自由財産の制度はない[7]。）、予想清算配当率の計算においてその旨注記の上で控除するのが相当である。

(4) 消極財産

再生手続開始決定時における消極財産、すなわちすべての負債が対象となる。財産評定を実施する時点では、債権調査が終了していないのが通常と考えられるが、負債の額は予想清算配当率の算定に影響することから、債権調査の結果により大幅な変動が生じることがないよう工夫する必要がある[8]。

(5) 簿外資産・負債

簿外資産・負債も、財産評定の対象である。

2 評価基準

(1) 財産を処分するものとしての価額

ア　財産評定は、財産を処分するものとしてしなければならない（規則56条1項本文）。財産評定は、清算価値保障原則、すなわち破産手

[7) 条解民再647頁〔松下淳一〕。
[8) 須藤英章監修・企業再建弁護士グループ編集『民事再生QA 500〔第3版〕プラス300』（信山社、2012年）347頁〔三森仁〕。

続が開始されたならばどの程度の配当が想定されるかという観点から、再生債務者の財務状況を明らかにしようとするものであるから、具体的な個々の財産についても、破産手続において当該財産を処分するとした場合に売却ないし換価が見込まれる価額で評価することとなる[9]。

　イ　また、財産評定は、原則として破産すなわち再生債務者の廃業を前提に、財産を処分するものとしてその価額を評定するものであるが、必要がある場合には、全部又は一部の財産について、再生債務者の事業を継続するものとして評定することができる（規則56条1項ただし書）。再生手続の過程で、再生債務者の事業が譲渡されることは少なくなく（法42条）、その場合の事業承継の対価を検討する際の参考とするため、個々の財産について、早期処分を前提とした個別の価格ではなく、事業を継続することを前提としてその価額を評価すること、いわゆる継続企業価値を求めることができるものとしたものである。

　もっとも、継続企業価値の算定には時間とコストがかかることが指摘されており[10]、手続の軽易・迅速を旨とする再生手続においても、財産評定の中で継続企業価値を求めることは必要的とはされていない。当部においても、事業譲渡が行われる例は相当数あるが、財産評定において継続企業価値が算出される例は、近時は見当たらない。

(2) 会計方針の注記

　財産評定の結果を記載した財産目録及び貸借対照表には、その作成に関して用いた財産の評価の方法その他の会計方針を注記する（規則56

---

9)　不動産の鑑定方法につき、「民事再生法に係る不動産鑑定評価上の留意事項について（解説）」判タ1043号（2000年）104頁。

10)　条解民再644頁〔松下淳一〕、新注釈民再（上）688頁〔服部敬〕。また、中井康之「更生手続における財産評定」山本克己＝山本和彦＝瀬戸英雄編『新会社更生法の理論と実務』（判例タイムズ社、2003年）145頁においては、旧会更法（平成14年法律第154号による改正前の会更法）における財産評定において採用されていた継続企業価値基準の問題点として、企業の全体価値を個々の資産に割り付ける際の明確な基準がなかったことなどが挙げられている。

条2項)。破産手続における処分を前提として価額を評定する財産評定においては、早期の換価を念頭に置いた価額を求めることになるため、一定程度減価して評価しなければならない財産も存在するが、予想清算配当率の基礎となる配当原資の額を求める作業であることから、当該財産の評価に際し、どのような理由で簿価ないし額面からどれだけの控除をするのかについては明確な説明が必要であり、この記載が財産評定の信頼性を基礎付けるものでもある。当部においても、再生債務者は、各財産の価額を帳簿価額から評価額に変更する理由を個別に説明することに努めている。

③ 予想清算配当率の記載

　積極・消極各財産の評定が終了して財産目録及び貸借対照表を作成・提出する際には、併せて予想清算配当率の記載を求めている。予想清算配当率は、資産総額から、破産において見込まれる相殺、財団債権及び優先的破産債権、別除権予定額並びに破産清算費用（概算）を控除した数字を、破産債権となる債権の額で除することにより求められる。
　なお、消極財産のうち、破産手続において財団債権として扱われる債務を破産債権に含めて計算することのないよう注意する（例えば、建築業等の請負業者が受領している前払金につき、破産手続開始決定後に請負契約が解除された場合に発生する返還債務は財団債権となる（破産法54条2項、最判昭和62年11月26日民集41巻8号1585頁)。)。

④ 書式等

　日本公認会計士協会近畿会経営委員会は、「民事再生法における財産評定参考書式」（平成21年3月改訂）を作成・公表している[11]。財産目録及び貸借対照表のひな形及びワークシートからなっており、当部の再

---

11) https://www.jicpa-knk.ne.jp/download/download04.html 参照。

生事件において提出される財産目録及び貸借対照表も、このひな形ないしこれに近い形で作成されているものが多い。

5 修正等

　財産評定は、再生債務者の財産状況について、再生債権者、裁判所その他の関係者がまとまった正確な情報を得る唯一の機会である。財産評定が終了して財産目録及び貸借対照表が提出された後、これらに反映されるべきであったのに反映されていない事情が明らかになり、予想清算配当率に影響するに至ったときは、その情報提供機能の重要性に鑑み、財産目録及び貸借対照表の修正を行う必要がある。再生計画案の提出が迫っているなど時間に余裕がないときは、再生計画案補足説明書の中で、清算価値の修正について説明を行うなどし、情報の提供に遺漏がないよう注意する必要があるが、いずれにしても再生債権者の信頼・納得を得るだけの説明を行うことが肝要である。

IV　財産評定に係る情報の提供

1 副本の提出

　財産評定の結果を記載した財産目録及び貸借対照表を提出するには、副本も提出しなければならない（規則56条3項）。財産目録及び貸借対照表は、裁判所において再生債権者の閲覧謄写に供される（法16条1項・2項）が、当部では、その際、この副本を用いている（規則62条）。

2 再生債務者の主たる営業所等における必要的情報提供

　再生債務者等は、再生手続開始の決定の取消し、再生手続廃止又は再生計画認可若しくは不認可の決定が確定するまで、財産評定の結果を記

載した財産目録及び貸借対照表に記録されている情報の内容を表示したものを、再生債権者が再生債務者の主たる営業所又は事務所(以下「営業所等」という。)において閲覧することができる状態に置く措置を執らなければならない(規則64条1項)。再生債務者の財産状況は、再生債権者の意思決定の基礎となる情報であるところから、裁判所における閲覧謄写に加え、再生債務者の主たる営業所等においても、これらの情報を入手することができるようにすることとし、再生債務者等においてこのような措置を義務付けたものである。

③ ②以外の適宜の措置による任意的情報提供

　再生債務者等は、主たる営業所等以外の営業所等においても、財産評定の結果を表示したものを備え置いて再生債権者の閲覧に供することができるほか、他の適宜な方法によって同様の措置を執ることができる(規則64条2項)。再生債権者の数や所在地、再生債務者の業務の状況によっては、財産評定の結果に係る情報の公開を十分に行うためには、前記②の主たる営業所等における備置き・供閲に加え、他の営業所等における情報の開示やその他の手段をも併用することが望ましい場合があることを考慮したものである。「その他の手段」には、財産評定の結果を内容とする電子データを電子メールにより送信することや、インターネットを経由して閲覧できる状態に置くことなどが含まれる[12]。

(笹井三佳)

---

12)　条解民再規則137頁。

第13章

125条1項報告書等

I　125条1項報告書

1　総説

(1)　概要

　再生債務者は、再生手続開始後遅滞なく、再生手続開始に至った事情、再生債務者の業務及び財産に関する経過及び現状など、法125条1項各号に挙げられた事項を記載した報告書を、裁判所に提出しなければならないこととされている（法125条1項）。この報告書は、一般に、「125条1項報告書」[1]などと呼ばれている。

　なお、125条1項報告書は、管財人が選任されている場合には管財人が提出義務を負うこととされているが（「再生債務者等」の定義規定である法2条2号参照）、以下では、管財人が選任されていない事案について説明することとする。

(2)　運用

　再生債務者の財産状況など、法125条1項各号に挙げられた事項の要

---

1) 「125条報告書」と呼ばれることが多いが、法125条2項・3項も裁判所に対して報告すべき場合を定めているため、ここでは「125条1項報告書」という呼称によることとする。

旨については、財産状況報告集会において報告されなくてはならないとされている（法126条1項）。しかし、債権者集会の招集は必要的とはされていないため（法114条）、手続をできるだけ簡素にするために、財産状況報告集会を招集しない運用が一般的であると思われ、当部も同様の運用をしている[2]。

　このように、財産状況報告集会が招集されない場合、法125条1項各号に挙げられた事項についての情報開示は、主として125条1項報告書により行われる。すなわち、125条1項報告書は、再生手続開始決定の日から2か月以内に提出されるべきこととされ（規則57条1項。財産状況報告集会の原則的な開催時期と同様である。規則60条1項）、提出後には閲覧謄写の対象とされている（法16条1項・2項。なお、規則57条2項、56条3項、62条、64条参照）。また、再生債務者は、125条1項報告書の要旨の周知のため、要旨を記載した書面の送付、債権者説明会の開催等をすることとされており（規則63条。なお、規則61条参照）、当部では、これらを実施した場合にはその旨を報告するように求めている。なお、125条1項報告書の要旨の周知のために債権者説明会を開催する例は、実務上多くない。

　このように125条1項報告書により、再生債権者等の利害関係人は再生債務者についての情報を得ることができ、また、裁判所にとってもこれらの情報は必要である。再生債務者は、公平誠実義務（法38条2項）にのっとって、125条1項報告書を適切に作成すべきである。

2　記載すべき事項（法125条1項各号）

(1)　再生手続開始に至った事情（法125条1項1号）

　業績が悪化した原因、執られた対策、その対策が奏功しなかった理由、再生手続開始の申立てに至る経緯（私的整理ないし事業再生ADRが試み

---

[2]　東京地方裁判所においても、財産状況報告集会は招集しない運用がされている。民再実務241頁。

られた場合には、それが奏功しなかった経緯等）などの具体的事情が挙げられる。

　長期にわたる経過を詳細に記載する必要まではないが、業績が悪化した原因を中心に、再生債務者の事業の問題点が分かるように記載されることが望ましい。

(2)　業務及び財産に関する経過及び現状（法125条1項2号）

　業務に関する経過及び現状としては、事業内容（事業の規模や分野、取引先、売上高や収益、資金繰り等）のこれまでの変動状況及び現状などが挙げられる。また、財産に関する経過及び現状としては、財務状況、主たる財産の使用、収益及び処分の経過、現状及び見通しなどが挙げられ、125条1項報告書と同様に提出すべきこととされている財産目録及び貸借対照表（法124条2項）とあいまって再生債務者の財務状況が分かるようにされる必要があろう。

　なお、裁判所は、相当と認めるときは、125条1項報告書に過去3年分の貸借対照表等を添付させるものとすると定められている（規則58条）。当部では、原則として、過去3年分の貸借対照表等の添付を求め、粉飾がある場合には粉飾部分を修正したものを提出するように求めることとしているが、他の資料から財産状況が十分に理解できる場合など、事案に応じて、その提出をあえて求めていない例もある[3]。

(3)　法人の役員の財産に対する保全処分（法142条1項）又は損害賠償請求権の査定の裁判（法143条1項）を必要とする事情の有無（法125条1項3号）

　役員に対する損害賠償請求権の有無、その原因及び額、役員の資産状況などが挙げられる。

　倒産に伴う混乱の中で資料の散逸等を防止し、役員による財産隠匿の

---

[3]　なお、再生手続開始申立書には、過去3年以内に法令の規定に基づいて作成された再生債務者の貸借対照表及び損益計算書を添付すべきこととされている（規則14条1項5号）。

おそれを低減させるためには、役員に対する損害賠償請求権については早期に調査及び報告がされるべきであり、このような観点から125条1項報告書の記載事項とされているものと解される。もっとも、この調査には慎重さを必要とする場合が多く、相当な時間を要する場合が少なくないと考えられる。そのため、実際には、125条1項報告書が提出されるまでに調査が十分に進まず、調査中である旨が報告される場合も少なくないであろう。いずれにせよ、再生債務者としては、公平誠実義務（法38条2項）にのっとり、役員の責任に関して問題点を把握した場合には、できる限り早期に裁判所に一報を入れる必要があると考えられる。

(4) その他再生手続に関し必要な事項（法125条1項4号）

債権者、別除権者及び取引先等の意向やそれらの者との交渉の状況、スポンサーの有無やその選定及び交渉の状況などが挙げられる。再生債務者の特徴を踏まえて、再生手続に影響が生ずると解される事項を、必要に応じ、記載すべきこととなろう。

3 当部における実情

125条1項報告書は、再生手続開始後遅滞なく提出されるべきところ（法125条1項）、当部では、再生手続開始決定の1か月後を提出期限と定めるのが標準であり（**第1章Ⅱ1**参照）、再生債権の届出期間等と並んで、再生手続開始決定の中でその提出期限を定めている（**資料2-1参照**）。

当部において提出されている125条1項報告書は、再生債務者の事業規模や事業内容によって、相当に様々である。

125条1項報告書には、再生手続に影響を与える事項や、再生債権者等が再生計画案の当否を判断するに当たって必要な事項について、過不足なく開示がされていることが重要である。もっとも、125条1項報告書は、再生計画案の方針がまだ十分に定まっていない場合もある再生手続開始後の早期の段階で提出されるため、十分に記載することができないこともあるが、そのような場合には、後に提出される再生計画案及び

再生計画案補足説明書の中で適切に補われれば足りると解されよう。このようなことから、当部では、事案にもよるが、125条1項報告書の内容について詳細な検討をして、不十分な点を補うように積極的に指導監督をしているという実情にはない。125条1項報告書は、再生債務者が、取り急ぎ早期に、再生債権者等にその時点での状況を説明するという機能を有していると考えられる。

II 月次報告書

1 趣旨

　再生債務者は、125条1項報告書のほかに、裁判所の定めるところにより、再生債務者の業務及び財産の管理状況その他裁判所の命ずる事項を裁判所に報告しなければならないこととされている（法125条2項）[4]。
　当部では、通常、再生手続開始決定において、再生債務者に対して、毎月、一定の時期までに、当該月の前月の業務及び財産の管理状況を、書面をもって、裁判所に報告しなければならないと定めている[5]。これに従って提出される報告書を、一般に「月次報告書」と呼んでいる[6]。
　月次報告書では、損益計算を示す資料や、資金繰りの実績及び予定を示す資料等の添付等を添付した上で、事業の状況等を報告することが望ましい。通常は、事業の状況等の概要が簡潔に示されることにより、再

---

[4] 125条1項報告書と同様に、管財人が選任されている場合には管財人が提出義務を負うこととされている（法2条2号）。

[5] 例えば、毎月15日までに提出すべきことを、再生手続開始決定の主文の中で定めており、提出期限については、事案に応じて、毎月20日までと定めるなど、柔軟に対応している（資料2-1参照）。なお、東京地方裁判所をはじめ、多くの裁判所において、同様の報告が命じられていると思われる（民再手引119頁〔扇野はる代〕）。

[6] 法125条2項及び3項による報告に係る文書等は、支障部分の閲覧等の制限の対象とされている（法17条1項2号）。

生計画案の方針の当否が確認することができる程度に報告されていればよいと考えられる。主として、資金繰りに異常がみられないかや、計画されていた業績が達成されているかなどの観点から、月次報告書を検討している事例が多く、これらの点については明確な報告がされることが望ましいと考えられる。

なお、再生手続に大きな影響を与える事情等（スポンサーの選定に関する事情や資金繰りに影響が生ずるような事情など）が生じた場合には、当然のことながら、再生債務者は、このような月次報告書による報告を待つことなく、より速やかに、裁判所及び監督委員等に報告すべきである。

2 再生計画認可後

当部では、再生計画が認可されるときは、通常、その認可決定において、この月次報告書の提出義務について取り消すとともに、①監督委員が、再生債務者から、2か月ごとの業務及び財産の管理状況について、報告を受けるようにしなければならないことと、②監督委員が、再生債務者の業務及び財産の管理状況について、裁判所の求めに応じ、書面をもって報告しなければならないことを定めている[7]。

なお、重要な事情が生じたときは、再生債務者は、この2か月ごとの報告を待たずに、速やかに監督委員に報告をすべきであるし、監督委員は、裁判所の求めを待たずに、速やかに裁判所に報告すべきである。

III 監督委員の報告義務

監督委員は、裁判所の定めるところにより、再生債務者の業務及び財産の管理状況その他裁判所の命ずる事項を裁判所に報告しなければなら

---

7) 資料28-1参照。

ないこととされている（法125条3項）。

　当部では、監督命令において、再生債務者が提出する再生計画案について不認可事由（法174条2項）の有無の調査についての報告、開始前の借入金等の共益債権化の許可に代わる承認（法120条1項・2項）について報告すべきことを定めている[8]。また、再生計画認可後には、再生計画による弁済期が到来するごとに、再生計画の履行状況についての報告を求めるなどしている[9]。

（川畑正文）

----

[8] 資料8-1①、資料8-1②、資料8-1③参照。
[9] 資料28-1参照。

第14章 再生債権の届出

I 届出の意義

1 再生債権者

(1) 再生債権者は、その有する再生債権をもって、再生手続に参加することができるが（法86条1項）、参加するためには、再生裁判所に対し、再生手続開始決定において定められた債権届出期間（法34条1項）内に、届出事項を届け出なければならない（法94条）。再生債権者がこの届出を怠った場合、原則として、再生債権は免責される（法178条1項柱書）。一方、再生債権に該当しない別除権、共益債権、一般優先債権は法178条による免責の対象とならない[1]。また、債権届出をしなかった再生債権者は、他の再生債権に対する異議権（法102条1項、103条4項参照）、再生計画案の提出権（法163条2項参照）、再生計画案決議の議決権（法170条1項・2項、171条1項参照）を有しない[2]。

(2) 再生債権届出書の書式（資料14-1参照）は、知れている再生債権者に再生手続開始通知書（この通知書には債権届出期間が記載されてい

---

1) 新注釈民再（下）123頁〔矢吹徹雄〕。
2) 条解民再535頁〔池田靖〕。

る。法35条1項2号・3項）と一緒に送付している。

　数百、数千人の預託金返還請求権を有する再生債権者が存在するゴルフ場などの再生手続事案については、手続に詳しくない再生債権者が容易に権利行使をできるように、再生手続開始通知書や再生債権届出書の書式や記載内容を変更、調整している事例もある。

2　一般優先債権者・共益債権者

　一般優先債権や共益債権を有する債権者は再生債権を届け出る必要なく[3]、再生手続によらないで、随時弁済を受けることができる（法121条、122条）。なお、一般優先債権や共益債権は、再生計画による権利変更の対象とならず[4]（弁済すべきものとして記載する必要はある（法154条1項2号）。）、また、議決権を有しない（法87条参照）。

II　債権届出の方式・方法

1　債権届出の方式

　再生債権の届出は、書面により再生裁判所に対して行う（法94条、規則2条2項・1項）。届出をするときは、再生債権届出書のほか（裁判所用）、その写しを提出しなければならない（再生債務者等用）（規則32条）。当部では、再生債務者等が認否の準備を円滑に行うことができるように、債権届出期間中、定期的に、再生債権届出書を再生債務者等に交付することとしている。

----

3) 共益債権等に当たるかにつき疑問がある債権については、予備的に再生債権として届け出ることを検討すべき場合があろう。**第26章II3(1)**、民再実践マニュアル241頁参照。
4) 一問一答民再17頁、実務解説一問一答472頁〔土岐敦司〕。

2 資格証明書、委任状

　再生債権者が法人や成年被後見人であるなど、届出をする者の代表権等を証明すべき場合には、その資格を証明する書面（代表者事項証明書、現在事項証明書、成年後見登記事項証明書など）の原本の添付を要する（規則11条、民訴規18条、15条）。

　また、再生債権者が代理人をもって債権届出をする場合には、再生債権届出書にその代理人の代理権を証する書面（委任状）を添付しなければならない（規則31条4項）。

3 証拠書類

　裁判所に提出する再生債権届出書には、証拠書類の写しを添付する必要はない。しかし、再生債務者等は、認否書の作成のために必要があるときは、届出をした再生債権者に対し、証拠書類の送付を求めることができるため（規則37条）、再生債権者は再生債務者等から証拠書類の送付を求められた場合には、速やかに対応できるように準備しておく必要がある。

4 添付資料

　(1)　届出に係る再生債権が執行力ある債務名義又は終局判決のあるものであるときは、再生債権届出書にその旨を記載し、執行力ある債務名義又は判決書の写しを添付しなければならない（規則31条1項4号・3項）。「執行力ある債務名義」は仮執行宣言付支払督促、公正証書等であって、執行文の写しが必要であるが、「終局判決」については、給付判決に限らず債務存在確認判決なども含まれ、執行文の写しは必要でないと解されている[5]。

------

　5)　新注釈民再（上）550頁〔林圭介〕、伊藤953頁、627頁。

(2) 再生債権者に相続が発生している場合には、①遺産分割などが終了している場合、相続した債権者（相続人）の名義による届出が必要となり（氏名欄に「亡〇〇相続人□□」と記載する。）、②遺産分割などが未了の場合、相続人全員の連名による届出や相続人を代表する者による届出などが必要となる。また、これらの場合には、相続関係等を証明する書面（戸籍謄本等）が必要となることがある。

III　届出事項（法94条、規則31条1項・2項）

再生債権届出書には、①債権の内容及び原因、②約定劣後再生債権であるときはその旨、③議決権の額のほか（法94条1項）、④再生債権者及び代理人の氏名又は名称及び住所、⑤書面を送付する方法によって通知又は期日の呼出しを受けるべき場所、⑥法84条2項各号に掲げる請求権（再生手続開始後の利息の請求権など、議決権を有しない債権である（法87条2項）。）を含むときは、その旨、⑦執行力ある債務名義又は終局判決のある債権であるときは、その旨、⑧再生債権に関し再生手続開始当時訴訟が係属するときは、その訴訟が係属する裁判所、当事者の氏名又は名称及び事件の表示（規則31条1項各号）、⑨再生債権者の郵便番号、電話番号（ファクシミリの番号を含む。）等を記載しなければならない（同条2項）。

1　債権の内容及び原因

「債権の内容及び原因」は、他の債権と識別して届出債権の特定性を明らかにするに足りるだけの記載を要する。

金銭債権であれば、債権額、弁済期、利率等を記載する。また、数個の再生債権があるときは、それぞれ発生原因が異なるため、個々に記載する必要がある。例えば、貸付けが複数回に分けてされている場合、貸付総額を記載するのではなく、貸付けごとに、債権額、契約日、弁済期

などを記載する。

(1) 約定利息金・遅延損害金

元金に付随する約定利息金や遅延損害金などについて、元金、期間及び利率などを特定して記載する。特に再生手続開始決定前、再生手続開始決定後に発生する約定利息金・遅延損害金のいずれも届出をする場合、同じ約定利息金・遅延損害金であっても、再生手続開始決定前後で法律上の取扱いが異なるため、明確に区別して記載する必要がある。

(2) 外貨建て債権

債権額に関しては、日本円に換算せず、そのままの通貨で「債権額」欄に記載する。ただし、議決権額に関しては、再生手続開始時における評価額により算定するため（法87条1項3号ニ）、再生手続開始決定時の為替相場で換算し、議決権額を再生債権届出書の「法87条1項3号債権の場合はその評価額」欄に記載する。

(3) 手形金

約束手形、為替手形の所持人は、手形目録にある手形番号、金額及び支払期日などを記載する。複数の手形を所持している場合、各手形について手形目録に記載する。手形目録に記載しきれない場合には、適宜の別紙を利用すればよい。

(4) 連帯債務、連帯保証債務等の債権者

数人が全部の義務を負担し、その全員又は一部の者に再生手続が開始された場合、再生債権者は各再生手続開始時において有する債権の全額についてそれぞれの再生手続に参加することができる（法86条2項、破産法104条）。例えば、数人の全部義務者（連帯債務者）のうち、2人が同時に再生手続開始決定を受けた場合、再生債権者は再生手続開始時において有する債権の全額をもって2つの再生手続に債権届出をすることができる。

例えば、再生手続開始前に再生債権者が連帯債務者から100万円の債権のうち30万円の弁済を受けた場合、両者に対する再生債権額は70万円となる。

他方、再生手続開始後に他の全部義務者から弁済等があっても、それが債権全額[6]を満足させるものでない限り、再生債権額に影響を与えず、全額をもって債権届出をすることができる。例えば、連帯債務者丙に対し再生手続開始時に70万円の債権を有していた甲が、その後に連帯債務者乙の再生手続において20万円の弁済を受けたとしても、連帯債務者丙に対する再生手続においては、開始時に有する70万円を前提として権利行使することができる。

(5) 将来の求償権を有する全部義務者

全部義務者で将来の求償権を有する者は、その全額で再生手続に参加することができる。例えば、再生債務者A（主たる債務者）に対して1000万円の債権を有する再生債権者が、再生手続開始前に連帯保証人Bから300万円の弁済を受け、再生手続開始後にさらに他の連帯保証人Cから200万円の弁済を受けた場合、再生債権者は再生手続開始時の債権額である700万円で債権届出をすることができる。

Bは再生手続開始前に既に事後求償権を取得していることから、300万円で手続参加をすることができる。

B、Cが有する将来の求償権については、再生債権者が債権届出をしていない場合、それぞれ700万円の債権届出をすることができる。なお、再生債権者が債権届出をしている場合には、700万円の債権届出をすることができない（ただし、実務上は、1個の債権に対し、重複して届出がさ

---

[6] この「全額」の意味について、元本、利息及び損害金を1つの債権とみるか、別口の債権とみるかについては、近時、倒産実務上の論点となっている（岡正晶＝林道晴＝松下淳一監修『倒産法の最新論点ソリューション』（弘文堂、2013年）112頁以下〔松下満俊〕）。保証の事例で主債務と保証債務（民法447条1項）を別異に解すべきかなど、困難な論点もあるため、再生債務者は、処理に迷う場合には、監督委員及び再生裁判所と協議をすることとなろう。

れた場合、認否の段階で対応することになる。詳細は**第15章**を参照)。

(6) 社債に関する債権届出
ア 社債管理者が設置されている場合
(ア) 社債管理者による届出

社債管理者は、「社債に係る債権の実現を保全するために必要な一切の裁判上又は裁判外の行為」として、総社債権者のために再生債権の届出を行うことができ(会社法705条1項)、社債権者集会の特別決議による同意を得て、再生計画案に対する議決権の行使など再生手続に関する手続に属する行為をすることができるとされている[7](会社法724条2項、706条1項2号)。

(イ) 個々の社債権者による届出

個々の社債権者も、自ら再生債権の届出をして、再生計画案に対して議決権を行使することが可能であるが、再生計画案に対する議決権行使についての社債権者集会の決議が成立した場合には、個々の社債権者が議決権の行使を行ったとしても、社債管理者による議決権行使が優先することになる(会社法734条2項、法169条の2第3項1号参照)[8]。

イ 社債管理者が設置されていない場合
個々の社債権者が自ら再生債権の届出を行う。

2 議決権額

再生手続では、破産手続と異なり、手続が開始されても再生債権者の権利の金銭化、現在化はされないが、債権者集会等で行使する議決権額

---

7) 実務解説一問一答480頁〔片山英二・小島亜希子〕、奥島孝康=落合誠一=浜田道代編『新基本法コンメンタール会社法3〔第2版〕』(日本評論社、2015年)170頁、173頁〔森まどか〕。
8) 実務解説一問一答480頁〔片山英二・小島亜希子〕、奥島=落合=浜田編・前掲注7) 171頁、174頁〔森まどか〕。

を算定するために、再生債権を均質化する必要がある[9]。そこで、民再法は、再生債権者は、原則として、債権額に応じて議決権を有するとし（法87条1項4号）、一定の債権については、権利の均質化をするための計算方法を定めている（同項1号～3号）。

(1) 議決権が認められる債権（法87条1項）

議決権の額について、当部では、再生債権届出書に「議決権額については、届出債権額……をもってその届出とします。」という文言を記載しており、届出債権額と同額の議決権額の届出がされたものと扱っている。そのため、再生債権届出書には議決権額を記載する欄を設けていない。

また、その他の債権額が算定困難な債権について、主なものは次のとおりである。

ア 外貨建て債権

外国通貨で額を定めた金銭債権については、再生手続開始決定時における外国為替市場の為替相場を考慮し議決権額を定めるため（法87条1項3号ニ参照）、それによって算定した額を「法87条1項3号債権の場合はその評価額」欄に記載する。

なお、認否の際の参考とするため、余白に為替レートを記載しておくことが望ましい。

イ 条件付債権

条件付債権には、停止条件付と解除条件付がある。いずれも条件成就の可能性等を考慮し、再生手続開始決定時の評価額で議決権を定めることになる（法87条1項3号ホ）。

---

[9] 一問一答民再116頁。

ウ　再生債務者に対して行うことがある将来の請求権

　連帯保証人や連帯債務者等が、開始後に債権者に弁済する場合に備え、将来の求償権を届け出る場合、求償権が現実化する蓋然性を踏まえて評価することになる（法87条1項3号へ）。

　しかし、当該債権者が自ら債権届出をしている場合には、再生債務者等は、実質的に同一の債権について重複して議決権を認めることにならないよう、連帯保証人等が将来の求償権につき債権届出をしても、その全額につき異議を出すことになり、その議決権額が問題となることはない[10]。

(2)　議決権が認められない債権

　再生手続開始後の利息の請求権（法87条2項、84条2項1号）、再生手続開始後の不履行による損害賠償及び違約金の請求権（法87条2項、84条2項2号）、再生債務者が再生手続開始時においてその財産をもって約定劣後再生債権に優先する債権に係る債務を完済することができない状態にある場合の当該約定劣後再生債権（法87条3項）などについては、議決権が認められていない。

③　再生債権者及び代理人の氏名又は名称及び住所

(1)　「届出債権者」欄

　ア　法人の場合は法人名と代表者名を記載し、押印する。個人の場合は氏名を記載し、押印する。個人事業主については、氏名だけでなく、屋号も記載しておくのが相当である。

　なお、使用した印鑑は、届出事項の変更等のために後に使用することがあるため、注意を要する。

　イ　債権管理回収業者が再生債権を金融機関等から譲り受けた場合、

---

10)　新注釈民再（上）467頁〔中井康之〕。

譲受人を「届出債権者」欄に記載し、譲受人の資格を証明する書面を提出する必要がある。

　債権管理回収業者が再生債権の管理及び回収の業務を金融機関等から委託を受けた場合、「届出債権者」欄に受託者の会社名等、又は委託者と受託者の両方の会社名等を記載し、それぞれの資格を証明する書面と金融機関等から債権回収会社に債権の管理及び回収の業務を委託していることを証明する書面を添付する必要がある。

(2)　「住所」欄

　法人の場合は主たる事務所の所在地等（会社の場合には本店所在地）を、個人の場合は住所を記載する。本店所在地や住所とは異なる場所に裁判所等からの書類の送付を希望する場合、「送達場所」欄にその場所を記載する。

(3)　「代理人」欄

　代理人（法定代理人、任意代理人）に手続を委任する場合に記載する。この場合、委任状の添付が必要となる。

Ⅳ　債権届出期間（法94条1項）

　債権届出期間は、再生手続開始決定と同時に定められる（法34条1項）。

　再生債権の届出は、債権届出期間内にしなければならず、債権届出期間経過後の届出は、一定の場合にのみ許容される。

　債権届出期間は、特別の事情がある場合を除き、再生手続開始決定の日から2週間以上4か月以下（知れている再生債権者で日本国内に住所、居所、営業所又は事務所がないものがある場合には、4週間以上4か月以下）の範囲内で定められる（規則18条1項1号）。官報による再生手続開始決定の公告（法35条1項、10条1項）が掲載されるまでの時間（通常、2

週間程度）や再生債権者の準備等を考えると、債権届出期間は、再生手続開始決定から短くとも3週間程度は必要となろう。当部では、通常、債権届出期間の終期を再生手続開始決定の5週間程度後に定めている（第1章Ⅱ①参照）。

① 債権届出期間経過後、一般調査期間開始前の債権届出

　再生債権者がその責めに帰すことができない事由によって債権届出期間内に届出をすることができなかった場合には、その事由が消滅した後1か月以内に限り、その届出の追完をすることができる（法95条1項）。再生債権届出書を追完する場合には、再生債権届出書に債権届出期間内に届出をすることができなかった事由及びその事由が消滅した時期も記載しなければならない（規則34条1項）。

　当部の運用としては、一般調査期間開始前で再生債務者等に異議がない場合は、債権届出期間経過後に届出のあった債権の内容等とそれに対する認否を認否書に記載することを認め、一般調査期間の調査対象としている（法101条2項）。この場合には、再生債務者等は、債権届出期間経過後に届出がされた債権の内容等と認否を追加した認否書訂正申立書を一般調査期間の開始までに提出することとなる。

② 一般調査期間開始後の債権届出

　この場合には、届出再生債権者の異議を述べる期間が既に始まっているため、一般調査期間開始後に届出がされた債権は一般調査の対象から除かれる。

　ただし、届出の追完等の要件を満たすときは（法95条）、特別調査期間を定め、当該再生債権の調査を行う。

V 届出の追完等

1 債権届出の追完

　再生債権者が債権届出期間内に届出をすることができなかった場合であっても、法95条1項の要件を充足するときには、債権届出の追完をすることができる。届出の追完をするときは、再生債権届出書には、通常の届出事項を記載するとともに、債権届出期間内に届出をすることができなかった事由及びその事由が消滅した時期を記載しなければならない（規則34条1項）。追完期間（その事由が消滅した後1か月以内）については、伸長又は短縮することができない（法95条1項・2項）。
　前述（Ⅳ）したように、債権届出の追完が問題となるのは、一般調査期間開始後に届出がされたものについてである。
　届出の追完が認められる場合には、特別調査期間が定められ、債権調査を行う（詳細は第15章Ⅴ①を参照）。これに対し、届出の追完が認められない場合には、債権届出を却下し、特別調査期間を定めない。

2 債権届出期間経過後に生じた再生債権

　債権届出期間経過後に生じた再生債権は、その権利が発生した後1か月の不変期間内に届け出なければならない（法95条3項）。再生債権届出書には、通常の事項のほか、当該再生債権が生じた時期も記載しなければならない（規則34条2項）。

3 他の再生債権者の利益を害する変更

　この場合は、実質的には新たな債権届出であるから（後記Ⅶ②参照）、債権届出期間経過後は前述（①）の届出の追完の要件を満たす必要がある（法95条5項）。

4 届出の追完等の時的限界

これらの届出の追完等が適法と認められる場合には、裁判所は特別調査期間を定めなければならない（法103条1項）。ただし、届出の追完等は、再生計画案の対象とする再生債権の範囲を定める趣旨から、再生計画案の付議決定後はすることができない（法95条4項・5項）。

VI 債権届出の効果

1 債権届出があった場合

再生債権者は、届出により再生手続に参加でき、他の届出再生債権者の再生債権の内容又は議決権について異議を述べ（法102条1項、103条4項、170条1項）、債権者集会等で議決権を行使し（法169条以下）、再生計画に定めるところにより弁済等を受けることができる等、手続上の様々な権利を行使できる。また、実体法上の効果として、時効中断の効力が生じる（民法152条）。

2 債権届出がなかった場合

(1) 届出のない再生債権者は、原則として、議決権などの権利行使をすることができない。また、届出のない再生債権者は、債権調査の際に、他の届出再生債権に対する異議を述べることができない（一般調査期間について法102条1項、特別調査期間について法103条4項）。

ただし、債権届出をしない再生債権者であっても、営業等の譲渡に関する意見聴取の対象となる（法42条2項）など、議決権の行使に関する場面と異なる場面において再生手続に関与することはできる。

(2) 届出がなければ、以下の場合などを除き、再生債務者は原則と

して再生債権について免責される（法178条1項本文）。

　ア　知れたる債権として認否書に記載された再生債権（自認債権。法101条3項）を有する者は、その債権が確定していれば、再生計画の定めによって認められた権利を行使することができる（法179条2項、157条1項）。

　イ　届出のない再生債権で再生債務者等が知っているにもかかわらず認否書に記載しなかった債権も、再生計画による権利変更の対象となるが、再生計画による弁済期間が満了する時までの間は、その弁済を受けることなどができない（法181条1項3号・2項）。

　ウ　再生債権者に帰責事由がなく、債権届出期間内に届出をすることができず、かつ、その事由が付議決定前に消滅しなかった再生債権や、付議決定の後に生じた再生債権は、再生計画に定められた権利変更の一般的基準に従って、変更される（法181条1項1号・2号）。

VII　届出事項の変更

[1]　他の再生債権者の利益を害しない変更

　届出があった再生債権の消滅その他届け出た事項について他の再生債権者の利益を害しない変更が生じたときは（例えば、再生債権の全部又は一部の取り下げ、再生債権の放棄、少額債権の弁済（法85条2項等）を受けたことや再生債権者の住所の変更等）、当該届出をした再生債権者は、遅滞なく、その旨を裁判所に届け出なければならない（規則33条1項）。このことは、債権届出期間の経過の前後にかかわらない。そして、その届出書には、再生債権の消滅又は届出事項の変更の内容及び原因を記載しなければならない（規則33条4項）。証拠書類の提出は、再生債権者

が変更届出をしており、自ら届出再生債権の消滅等を認めているため、不要である。

　例えば、一部弁済を受けたことなどにより再生債権の一部取下げをする場合には、再生債権者は、一部取下書と記載した書面に、一部取下げをする債権を特定し（数個の再生債権の届出をしている場合には、総額を記載するのみではなく、債権額、契約日、弁済期などを記載して、取り下げる部分を特定する。）、取り下げる額と取下げ後の残額を記載し、再生債権届出書に使用した同じ印鑑で押印し、提出する。議決権額についての変動も記載する必要があるが、当部では、その記載がない場合、取下げのあった債権額と同額の議決権額の取下げがあったものと扱っている。

　なお、届出事項の変更は、届出をした再生債権者だけでなく、一定の場合には再生債務者等も行うことができるが、その場合には証拠書類の写しを添付しなければならない（規則33条2項・3項・5項）。

② 他の再生債権者の利益を害する変更

　再生債権の債権額の増額、利息や遅延損害金の起算日の繰上げなど、他の再生債権者の利益を害する変更の場合、実質的には新たな債権届出といえるから、債権届出期間内であれば自由に許されるが、債権届出期間経過後は前述（V①）した債権届出の追完と同様の要件を満たす必要がある（法95条5項）。

　具体的には、届出事項変更の届出書には、通常の届出事項のほか、変更の内容及び原因並びに債権届出期間にその旨の届出をすることができなかった事由及びその事由が消滅した時期を記載しなければならず（規則34条3項）、再生債権者の帰責事由の不存在について明らかにする必要がある。ただし、一般調査期間開始前の変更であれば、柔軟な対応も可能である（前記Ⅳ①参照）。

　なお、このような変更は、再生計画案を決議に付する旨の決定がされた後はすることができない（法95条5項・4項）。

3 変更届出の方式

　届出事項変更を届け出る場合、届出の変更も実質的には再生債権の届出といえるから、再生債権の変更届出書とその写しを裁判所に提出しなければならない（規則33条6項、32条1項）。この場合、再生債権届出書に使用した印鑑で押印する。

Ⅷ　届出名義の変更

　例えば、届出後に相続、合併、債権譲渡、弁済による代位などの原因によって再生債権の移転（再生債権の帰属主体の変更）が生じた場合には、届出名義の変更の手続が問題となる。すなわち、届出をした再生債権を取得した者、又は届出をしていないが再生債務者等により認否書に記載された再生債権（いわゆる自認債権）を取得した者は、債権届出期間が経過した後でも、届出名義の変更を受けることができる（法96条）。

　届出名義の変更を受けようとする者は、自己の氏名又は名称及び住所や、取得した権利並びに取得の年月日及び原因などを記載した名義変更届を、証拠書類の写しを添付して、写しとともに裁判所に届け出なければならない（規則35条）。

　当部では、例えば債権譲渡の場合、譲渡の対象となった債権を特定し（債権額、契約日等）、譲渡人の譲渡額及びその残債権額、譲受人の譲受額及びその債権額、債権譲渡の日等を記載し、譲渡人（旧債権者）と譲受人（新債権者）の連名の記名押印のある名義変更届出書（承継届出書）の提出するように依頼している。弁済による代位の場合も同様である。また、届出名義の変更は、再生計画認可決定確定までは可能と扱っている。

Ⅸ　別除権付再生債権者

1　別除権

　民再法上、再生債務者の財産につき、特別の先取特権、質権、抵当権、又は商法若しくは会社法の規定による留置権を有する者は、別除権を有するとされている（法53条1項）。
　別除権は、再生手続によらないで、行使することができる（法53条2項）。

2　別除権者の手続参加

　(1)　別除権者は、別除権の行使によって弁済を受けることができない部分（不足額）についてのみ、再生債権者として、再生手続上の権利（議決権など）を行使することができる（法88条）。そして、そのためには、別除権付再生債権者も、一般の再生債権者と同様に、債権届出期間内に再生債権の届出をすることが必要であり、その際には、別除権の目的である財産及び予定不足額を届け出なければならない（法94条2項）。
　他方で、別除権付再生債権者は、別除権の行使によって弁済を受けることができない部分（不足額）が確定した場合に限り、その債権の部分を基準として、再生計画に従った弁済を受けることができるにすぎない（法182条、160条）。
　このように、予定不足額は、別除権付再生債権者の議決権額を定めるために届け出られるものであり、再生債権届出書には予定不足額として具体的な数字を記載することが望ましい。なお、被担保債権である再生債権の内容自体は、通常の調査、確定手続により定まる。

　(2)　当部の再生債権届出書には「議決権額については、予定不足額をもってその届出とする」旨が記載されているため、債権調査において

異議がなければ、「別除権がある場合はその予定不足額」欄に記載された予定不足額で議決権額は確定する（法104条1項）。

　他方、議決権額につき、債権調査において異議があり、かつ、債権者集会の期日において異議があった場合には、最終的に裁判所が議決権額を定める（法170条2項3号、171条1項2号）。

　実務上、パソコン、自動車、複合機等についてのリース債権者が、別除権を有していると思われるにもかかわらず、別除権者の届出事項を記載していない届出が散見される。また、フルペイアウト方式によるファイナンス・リース契約のリース料債権について物件代金の残債務への充当未了の場合、当部においては、別除権付再生債権と扱っているため、それに合わせた記載事項の届出が必要になる。これらの点については、留意が必要である（第15章Ⅲ6(2)参照）。

(3)　なお、前記(1)のとおり、別除権付再生債権者は、不足額が確定した場合に限り、その債権の部分を基準として、再生計画に従った弁済を受けることができるところ（法182条、160条）、不足額が確定するのは、担保権が消滅した場合（①担保権が行使されたことにより回収できない金額が確定した場合、②担保権の受戻しにより担保権が消滅した場合、③担保権消滅制度により担保権が消滅した場合、④担保権が放棄された場合）と、別除権者と再生債務者等との合意による場合がある[11]（第19章Ⅱ3参照）。別除権付再生債権者は、不足額が確定した場合、不足額が確定したことを示す証拠書類とともに、不足額確定報告書を提出する。

　再生計画案を作成する段階で不足額が確定していない場合には、再生計画に再生債権者としての権利行使に関する適確な措置を定める必要がある（法160条1項。第23章Ⅳ2参照）。

---

11)　条解民再458頁〔山本浩美〕。

X　相殺権

　再生債権者が再生手続開始当時に再生債務者に対して債務を負担する場合において、債権届出期間の満了前に債権債務が相殺適状になったときは、再生債権者は、再生計画の定めるところによらないで、相殺をすることができるが、その相殺権の行使は債権届出期間内に限定されている（法92条1項）。

　これは、相殺適状が生ずべき時的限界と相殺権行使の時的限界を債権届出期間満了時とするものである[12]。これに対し、破産法の場合は、いずれの行使時期についても制限はなく、破産手続中はいつでも行使できるとされているため[13]、再生債権者が誤解してしまう事態が生じかねないところであり、注意が必要であろう。

（乾彰文）

---

12) 新注釈民再（上）500頁〔中西正〕。
13) 条解破産法536頁。

資料14-1　再生債権届出書

【注意】この届出書は2通提出してください。
平成○年（再）第○号
再生債務者　　○○○○

	裁　判　所 受付番号

再 生 債 権 届 出 書

　上記事件について再生手続に参加するため，以下のとおり再生債権の届出をします。
　なお，議決権額については，届出債権額（別除権付き債権については予定不足額，法87条1項1号または2号により議決権が定められている債権についてはその規定による額）をもってその届出とします。

　　　　　平成　　年　　月　　日
　　　　　　　　〒
　　　　　住所(本店)
　　　　　送達場所　〒
　　　　　　　　　届出債権者（商　号）
　　　　　　　　　　　　　　（代表者）　　　　　　　　　　　　　　　　㊞
　　　　　　　　　　電　話　　－　　　－　　　　　　　　　　（内線　　）
　　　　　　　　　　ＦＡＸ　　－　　　－
　　　　　　　　　　担当者名
　　　　　　　　〒
　　　　　住　　所
　　　　　送達場所　〒
　　　　　　　　　代理人　　　　　　　　　　　　　　　　　　　㊞
　　　　　　　　　　電　話　　－　　　－　　　　　　　　　　（内線　　）
　　　　　　　　　　ＦＡＸ　　－　　　－
　　　大阪地方裁判所第6民事部　御中

債権の種類	債権額（円）	債権の内容及び原因	別除権がある場合はその予定不足額，法87条1項3号債権の場合はその評価額
約束手形金		裏面手形目録記載の約束手形の所持人である	
為替手形金		裏面手形目録記載の為替手形の所持人である	
売　掛　金		平成　年　月　日から平成　年　月　日までの間に債務者に売り渡した　　　の代金 □　別紙のとおり	
貸　付　金		平成　年　月　日債務者に対し，金　　円を弁済期平成　年　月　日，利息年　　％，遅延損害金年　　％の約定で貸し付けた貸付金残元金 □　別紙のとおり	
代　金		平成　年　月　日から平成　年　月　日までの間の　　　による　　　代金	
約定利息金		元金　　円に対する平成　年　月　日から開始決定の前日まで年　　％の割合による金員 □　及び開始決定日から年　　％の割合による金員 □　別紙のとおり	
遅延損害金		元金　　円に対する平成　年　月　日から開始決定の前日まで年　　％の割合による金員 □　開始決定日から完済まで年　　％の割合による金員 □　別紙のとおり	
別除権の種類及びその目的である財産	□抵当権（順位　　番）　□根抵当権（極度額　　　円，順位　　番）　□その他（　　　　　）		
再生債権に関し再生手続開始当時係属する訴訟及びその対象となる債権	裁判所，平成　年（　）第　　号 事件名 原告　　　　　被告 対象となる債権	執行力ある債務名義又は終局判決の有無及びその対象となる債権	有・無 対象となる債権

（注）欄に記載しきれない場合は，裏面（その他の記載欄）に記載してください。

手　形　目　録							
手形番号							
金額(円)							
支払期日							
支　払　地							
支払場所	銀行 支店						
振　出　日							
振　出　人							
受　取　人							
為替手形 引　受　人							
裏　書　人							
その他							

第15章 再生債権の調査

I 再生債権の調査の意義等

1 再生債権の調査の意義、概要

(1) 再生債権者が、その有する再生債権に基づいて議決権を行使し又は再生計画に従って弁済を受けるためには、当該再生債権の内容や議決権額が再生手続上確定されていなければならない。再生債権の調査は、再生債権の内容や議決権額の確定を目的として、再生債務者等が作成した認否書と届出再生債権者の書面による異議に基づき、裁判所が、再生債権の内容及び原因、議決権額、別除権の予定不足額その他規則36条2項で定める事項を調査する手続である（法100条、99条2項参照）。破産債権の調査とは異なり、調査の対象に議決権額が含まれている点が特徴的である。

(2) 再生債権の調査については、破産債権の調査とは異なり、口頭による期日型方式が認められていないため、専ら書面による期間型方式により進行する。すなわち、再生債権の内容や議決権額につき、再生債務者等が債権調査期間前に認否書を裁判所に提出し、届出再生債権者が同期間内に書面で異議を述べることができることとされている（法100条～102条参照）。そして、再生債務者等が認め、かつ、届出再生債権者

から異議がなかった再生債権の内容又は議決権額は債権調査期間終了により直ちに確定するが（法104条1項）、再生債務者等が認めず、又は届出再生債権者から異議があった場合には、再生債権の内容は債権確定手続を経て確定され（法105条～112条の2参照）、その議決権額は再生計画案の決議段階で確定される（法170条2項2号・3号、法171条1項2号）。

2 調査対象となる債権

(1) 届出債権

債権届出期間内に届出があった再生債権は、債権調査の対象となる。また、債権届出期間経過後に法95条により届出の追完等がされた再生債権も、債権調査の対象となる。これらの届出債権につき債権調査で確定される事項は、各債権の内容及び議決権額（法95条5項により変更の届出がされた債権については、変更後の内容及び議決権額）である。

(2) 自認債権

再生債権者から届出がなかった再生債権であっても、再生債務者等がその存在を認識しその内容を認否書に記載したもの（自認債権。法101条3項）は、債権調査の対象となる。自認債権には議決権が認められていないため（法170条2項、171条1項参照）、自認債権につき債権調査で確定される事項は、各再生債権の内容に限られる。

3 一般調査と特別調査

再生手続開始決定と同時に指定される債権調査期間を一般調査期間といい（法101条5項括弧書、34条1項）、再生債権は一般調査期間で一括して調査されるのが原則である。もっとも、法95条による届出の追完等があった場合には、追完等に係る再生債権を調査するために特別調査期間が指定されることがある（法103条1項）。一般調査と特別調査の手

続は概ね同様であるが、一般調査は再生債務者等の費用で実施されるのに対し、特別調査は当該再生債権者の費用で実施される（法103条2項参照）。

II　再生債権についての認否

1　認否の方法

(1)　認否書

再生債務者等は、認否書を作成及び提出することにより再生債権の認否を行う。具体的には、届出債権の内容及び議決権についての認否並びに自認債権の内容等を記載した認否書を作成し、正副各1通を一般調査期間前の裁判所の定める提出期限までに裁判所に提出する（法101条1項～5項、規則38条2項・3項）。当部では、裁判所から提供する認否書作成用データを利用して認否書を作成し、認否書とともに当該データも裁判所に提出する扱いとしている。

(2)　証拠書類

破産債権の届出とは異なり、再生債権の届出に際しては証拠書類の送付は要せず、認否書の作成のため必要があるときは、再生債務者等から届出債権者に対して直接に証拠書類の送付を求めることができるとされているにとどまる（規則37条）。再生債務者等は、基本的には手元の資料に照らして認否を行えば足りるが、必要に応じて証拠書類の送付を求めることも視野に入れつつ認否を検討すべきである[1]。

(3)　再生債権の内容の認否

再生債務者等は、当該届出債権の存否を確認し、具体的な債権額や履

----

1) 条解民再規則93頁参照。

行内容につき認否の判断を行う。特に、相殺通知がされている債権については、相殺結果が届出に反映されているかを確認し、また、相殺権や相殺禁止事由（法92条～93条の2）も確認する必要がある。

　再生手続では、破産債権とは異なり、再生債権は再生手続開始時において金銭化・現在化されない。そのため、例えば、非金銭債権や期限付債権の届出及び認否は従前の内容や性質のままで行う。

(4)　議決権額の認否

　再生債務者等は、再生債権の内容の認否を前提に、届出議決権額が法定議決権額と一致しているかを確認したうえで、議決権額についての認否を行う。議決権額は再生債権の種類ごとに法定されている（法87条1項各号）（第14章Ⅲ2参照）。

(5)　認否書の提出期限

　当部では、再生手続開始決定において一般調査のための認否書の提出期限を定めており（法101条5項参照。資料2-1参照）、再生債務者等が認否に要する期間を考慮して、債権届出期間満了日から約3週間後とされるのが通常である（第1章Ⅱ1参照）。再生債務者等は、前記提出期限を順守しなければならない（法193条1項3号）。認否書の誤記・違算等を防止するためにも、認否書は余裕をもって作成し、十分に点検したうえで裁判所に提出することが望ましい。

(6)　監督委員への点検依頼

　当部では、監督委員に認否書の点検を依頼しているので、再生債務者は、裁判所に認否書を提出するとともに、監督委員に認否書を直送し、再生債権届出書綴りその他認否の基礎となる資料一式を速やかに監督委員に貸し出すこととしている。ただし、監督委員による点検はあくまで補充的なものであり、認否書の作成は、再生債務者が、自己の責任において行うものである。

2 認否書の記載事項

(1) 債権届出期間内に届出があった再生債権について

債権届出期間内に届出があった再生債権について、認否書には、その内容及び議決権についての認否を記載しなければならない（法101条1項）。なお、債権の内容又は議決権の一方又は両方についての認否の記載が脱漏したときは、脱漏した事項は再生債務者等において認めたものとみなされる（同条6項前段）。

再生債務者等が届出債権につき認めない旨を認否書に記載するときは、認めない理由の要旨を付記することができる（規則38条1項）。この付記は義務的ではないが、当部では、認めないとされた届出債権すべてにつき付記を求めている。

(2) 届出の追完等がされた再生債権について

法95条により債権届出期間後に届出の追完等がされた再生債権は特別調査の対象となるのが原則だが（法103条1項本文）、その内容及び議決権額についての認否を一般調査のための認否書に記載することが認められており（法101条2項、規則38条1項）、この記載がされた再生債権は例外的に一般調査の対象となる（法103条1項ただし書）。届出の追完等がされた再生債権でも、債権者の権利行使を確保すべく、一般調査のための認否書提出時までに届出の追完等がされた場合には、その認否等を同認否書に記載し、認否書提出後であれば認否書訂正申立書を提出し、一般調査の対象とすることが望ましい。

なお、認めない理由の付記については、前記(1)と同様である。

(3) 自認債権について

再生債務者等は、届出がされていないがその存在を自認している再生債権の内容を、認否書に記載しなければならず（法101条3項）、同認否書に記載されなかった場合には、当該再生債権は失権せず、再生計画で定められた弁済期間内の弁済等が禁じられるが、同期間経過後は再生計

画の一般的基準に従って変更された内容で弁済等がされることになる（法178条1項、181条1項3号・2項）。

　自認債権については、債権届出の過程を欠くことから、届出事項に相当する事項の記載が規則上要求されている（規則38条2項）。なお、自認債権には議決権が認められないことから、議決権額に関する記載をする必要はない。

3　認否書作成における一般的留意点

　当部では届出債権の認否書として資料15-1の書式を使用しているので、同書式を用いて認否書を作成することを前提に説明する。自認債権の認否書としては資料15-2の書式を用いているが、届出債権の認否書に準じて作成すれば足りる。なお、本項及び後記Ⅲの【受付番号○】の表記は資料15-1の受付番号に対応している。

(1)　記載の順序等

　原則として、債権届出の受付番号順に記載する。複数の債権の届出名義人が同一の場合には次のように記載する。

ア　1通の債権届出書で届出がされた場合

　それぞれの債権に枝番を付して整理する。再生債務者等がこれらすべての議決権額を認める場合は、議決権額を1つの欄に一括記載できる。例えば、「その他」欄に「議決権額につき枝番1から3まで一括して記載」と記載する【受付番号2】。

イ　別々の債権届出書で届出がされた場合

　1人の債権者が時期を異にして複数の債権を別々に届け出た場合や、当初は別々の債権者により届け出られた債権が名義変更届出により1人の債権者に帰属した場合である。認否書には受付番号順に記載していくのが原則的であるが、この場合には、いわゆる名寄せを行い、一括記載

することが相当である【受付番号1・10】。

(2) 届出債権者の氏名等の記載

届出債権者の氏名又は名称は、債権届出書の記載に従って記載する。債権者名の誤記が散見されるので、登記事項証明書も確認したうえで、次の点に留意の上、正確に記載する。

ア 個人事業主

債権帰属主体を明確にする必要があるため、屋号だけでなく個人名も表示しておくことが相当である。具体的には、「A商店（屋号）ことA野太郎（個人名）」などと記載する【受付番号1・10】。

イ 債権管理回収業者

債権管理回収業者（以下「サービサー」という。）が再生債権を譲り受けた場合は、当該サービサーが債権帰属主体であるため、当該サービサーの名称のみを記載すれば足りる。他方、債権管理回収委託を受けたサービサーから債権届出がされた場合は、当該サービサーの名称に加え、債権帰属主体である委託者の名称も認否書に表示する。具体的には、「B債権回収株式会社（委託者：C商事株式会社）」などと、委託者の名称を括弧書で付記する【受付番号2】。

(3) 届出事項の記載

認否の対象を特定するために、届出事項を記載する。金融機関等から再生債権が複数届け出られているにもかかわらず、その一部が脱漏している認否書が散見される。特に、開始後の遅延損害金等債権の「額未定」の届出について脱漏していることが多い。

ア 「届出債権」欄

届出債権の種類、内容、別除権の有無及び議決権額を「届出債権」欄に記載する。これらの届出事項は、再生債権届出書の記載に従って正確

に記載する（再生債権届出書の記載に疑義があれば、補正させる必要がある。）。

　　イ　「その他」欄
　「届出債権」欄には記載できないが認否書に記載しておくことが相当な届出事項があれば、「その他」欄に記載する。例えば、債権届出書に執行力ある債務名義又は終局判決のある債権である旨（法94条1項、規則31条1項4号）が記載されている場合には、「その他」欄に「有名義」と記載する【受付番号1】。

　　ウ　届出事項の変更があった場合
　認否書提出前に適法な届出事項の変更があった場合、変更後の内容のみ記載すれば足り、変更前の内容や届出事項の変更があった旨の記載は要しない。
　届出全部が取り下げられた場合は、当該債権は欠番とし、認否書には表示しない【受付番号3】。届出事項の変更が適切に反映されていない例も散見されるので、再生債務者等においては、反映の漏れがないよう留意する。

(4)　認否の結果の記載
　　ア　結論の記載
　「認否の結果」欄に、届出債権額及び議決権額のそれぞれにつき、再生債務者等において認める額と認めない額を記載する（法101条1項・2項）。

　　イ　認めない理由の要旨の付記
　認めない部分があるときは、その理由の要旨を付記する（規則38条1項）。当部では、認否書の欄外注2に掲げられた、1番（債権不存在）、2番（手形要件不備）、3番（その他欄記載のとおり）から選択した番号を「認めない理由の要旨」欄に記入する扱いである。3番を記入した場合

は、「その他」欄に認めない理由の要旨を記載する【受付番号4、5、6】。

なお、前記のほかに、認否について記載しておくことが相当と思われる事項があれば、適宜、「その他」欄に記載する。

III　債権の類型ごとの留意点

代表的な債権の類型ごとの留意点は、次のとおりである。

1　共益債権、一般優先債権【受付番号7、8、9】

本来は共益債権又は一般優先債権に該当する債権が、再生債権として届け出られた場合、再生債務者等としては認めない認否をし、法121条や122条等に従って取り扱うことになる。認否書の「認めない理由の要旨」欄に3番（その他欄記載のとおり）を選択して記入し、「その他」欄に、「共益債権（一般優先債権）として認める。」、「○は〜につき共益債権（一般優先債権）として認める。」などと記載する。

2　手形債権【受付番号5】

届出債権者が手形の所持人であることを確認した上で、認否を行う必要がある[2]。届出債権者が所持人であることを確認できないために当該手形債権を認めない旨の認否をする場合には、「認めない理由の要旨」欄に、2番（手形要件不備）を記入する。

---

2)　民再実践マニュアル239頁参照。

3 利息金請求権、遅延損害金請求権【受付番号2】

(1) 認否

利息金請求権や遅延損害金請求権等は、その発生時期が再生手続の開始の前後のいずれであるかによって再生手続上の扱いが異なるため（法87条2項、155条1項ただし書等）、再生債務者等としては、各請求権の発生時期と再生手続の開始時期を確認したうえで、認否を行う必要がある。

(2) 認否書の記載

ア 開始前・開始後の区別

再生手続開始前に生じたものと開始後に生じたものとを区別して記載し、それぞれに枝番を付す。また、「届出債権」の「種類」欄には、「(開始決定前)」、「(開始決定後)」などと、括弧書で付記する。

イ 債権の内容についての記載

再生手続開始後の利息金請求権や遅延損害金請求権の債権額は、支払済みまで確定しないため、額未定で届け出られることが多い。「届出債権」欄や「認否の結果」欄には額未定と記載しつつ、その内容として、始期や利率を表示する。具体的には、「額未定（元金〇円に対する開始決定日から支払済みまで年〇パーセントの割合による金員）」などと記載する。

ウ 議決権額についての記載

再生手続開始後の利息金請求権や遅延損害金請求権には議決権が認められていないので（法87条2項）、議決権額欄はすべて空欄にする。

4 外貨建て債権【受付番号11】

(1) 認否

再生債権の内容は再生手続開始により均質化されないので、外貨建て

債権の内容の届出及び認否は、外貨単位のまま行われる。これに対し、議決権額の届出及び認否は、再生手続開始時の評価額で行われ（法87条1項3号ニ）、その評価は外国為替市場の為替レートによる。

(2) 認否書の記載

「届出債権」の「内容」欄は外貨単位で記載するのに対し、「議決権額」欄は日本円で記載する。また、「その他」欄には、議決権認否の評価根拠を明確にするため、開始決定日の為替レートを「開始決定日のレート〇〇円」などと記載する。

5 敷金返還請求権【受付番号12】

(1) 債権の内容の認否

ア　敷金返還請求権は賃借物件の明渡しを条件として具体的に発生する停止条件付債権であり（最判昭和48年2月2日民集27巻1号80頁）、その内容の認否は停止条件付のまま行う。すなわち、債権額については預け入れられた金額（敷引特約があるときは敷引後の額）の限度で認めつつ、停止条件付債権であって再生計画による権利変更の基礎となるべき具体的債権額は未定である旨の認否を行うのが一般的である。

前記趣旨を明確にするために、認否書の「その他」欄には、「敷金が認否書記載のとおり預け入れられていることは認めるが、敷金返還請求権は明渡しを条件とする停止条件付債権なので、金額は未定である。」などと記載する。

イ　また、敷金返還請求権の債権額については、法92条3項による共益債権化の対象となる再生手続開始時における賃料の6か月分に相当する分（以下「共益債権化対象部分」という。）の全部又は一部が現実に共益債権化しているか否かにかかわらず、一律にその全部を含めて認めた上で、再生計画における個別条項等で考慮するのが、当部の一般的取扱いである[3]。

上記の趣旨を明確にするために、認否書の「その他」欄には、前記アの記載に続けて、「なお、認めた債権額には民事再生法92条3項所定の共益債権部分を含む。」などと記載する。

(2) 議決権額の認否

　条件付再生債権の議決権額の認否は再生手続開始時における評価額で行われるところ（法87条1項3号ホ）、敷金返還請求権の場合には、仮に再生手続開始時に解約がされ明け渡されれば要したであろう原状回復費用や未払賃料を控除して評価する。

　もっとも、法92条3項による共益債権化対象部分を認めると、他の届出債権者から異議のなき限り同部分を含めた全額で議決権額が確定し、再生債権としての現実の評価額を超えた議決権の行使を認める結果となりかねない。そこで、当部では、議決権額については、共益債権化対象部分の全部又は一部が現実に共益債権化しているか否かにかかわらず、一律にその全部を認めないでおき、再生計画案決議集会時までに、認める旨への認否変更を行うことにより適宜対応する扱いとしている。

6 別除権付再生債権

　別除権付再生債権者は、その別除権の行使によって弁済を受けることができない債権の部分についてのみ、再生債権者としてその権利を行使できるとされているため（法88条、不足額責任主義）、別除権付再生債権の認否に当たっては格別の配慮を要する。

(1) 債権の内容の認否

　別除権なき再生債権の場合と異なるところはない。認否の対象は、予定不足額ではなく、あくまで被担保債権全額である。

---

3) なお、事業再生研究機構編『新版　再生計画事例集』（商事法務、2006年）60頁以下参照。

(2) 議決権額の認否
　ア　議決権額を被担保債権の全額とする届出
　別除権付再生債権者の法定議決権額は、被担保債権額である（法87条1項4号）。したがって、別除権付再生債権者は議決権額として被担保債権全額を届け出ることが可能であり、その場合には、再生債務者等や他の届出債権者による異議等がない限り、議決権額は被担保債権全額に確定することになる。

　再生計画案の決議時までに不足額が確定すれば、再生計画による弁済額算定の基礎となる額のみならず、議決権額も、法88条の規定により当然に確定不足額に減縮されると解されるため、両者に乖離は生じないが、再生計画案の決議時までに不足額が確定しなかった場合には、被担保債権全額を議決権額として届け出る余地がある一方で、再生計画による弁済額の基礎となる額は法88条の規定や160条に基づく適確措置条項により、確定不足額に減縮されるため、両者に乖離が生じる事態となる。このような事態は理論上は問題ないが、両者に乖離が生じない方が望ましいであろう。そこで、議決権額として被担保債権全額が届け出られた場合には、再生債務者等は、予定不足額を議決権額として届け出るよう届出債権者と調整を図るべきである。これが一般調査期間開始までに奏功しないときは、届出議決権額を認めない旨の認否を行ったうえで、引き続き交渉に努めることが望ましい。再生計画案決議集会当日までに交渉が奏功したときは、認否の変更又は届出の取下げで対応可能であるが、奏功しないときは、議決権額の確定は、再生計画案決議段階における裁判所の判断に委ねられる（法170条2項3号参照）。

　イ　議決権額を予定不足額とする届出
　前述のとおり、当部では、債権届出書の書式に「届出議決権額を予定不足額とする」旨の文言を入れ、届出債権者において同文言を削除していない限り、予定不足額を届出議決権額として扱っている。このように予定不足額を届出議決権額とする届出がされていれば、少なくとも確定議決権額は予定不足額となるから、再生計画による弁済額の基礎となる

額と確定議決権額が著しく乖離する事態は回避できる。

　それでも、予定不足額と確定不足額とが乖離するおそれがある場合（具体的には、担保目的物の評価額につき届出債権者と再生債務者等との間で認識の相違がみられる場合）には、再生債務者等は届出債権者と評価額につき交渉を行い、一般調査期間開始までに交渉が奏功しないときは、以下のように対応する。

　　(ア)　債権者において認識している予定不足額（届出議決権額）が再生債務者等において認識している予定不足額を上回っている場合

　例えば、別除権付再生債権の債権額を500万円、議決権額（予定不足額）を400万円とする届出があったが、再生債務者等は300万円を不足額として認識している場合である。このような場合は、前記アと同様に、届出議決権額を認めない旨の認否を行ったうえで、引き続き交渉に努める。再生計画案決議集会当日までに交渉が奏功したときは認否の変更又は届出議決権額の取下げで対応するが、奏功しなかったときは、再生計画案決議段階における裁判所の判断に委ねることになる（法170条2項3号参照）。

　　(イ)　債権者において認識している予定不足額（届出議決権額）が再生債務者等において認識している予定不足額を下回っている場合

　例えば、別除権付再生債権の債権額を500万円、議決権額（予定不足額）を300万円とする届出があったが、再生債務者等は400万円を不足額として認識している場合である。このような場合に、再生債務者において、届出議決権額を超えた額を認める認否が可能かについては争いがあるが、当部では、処分権主義的な考え方から、届出議決権額を超えて認める旨の認否はできないと解しているので、再生債務者等は、届出議決権額を認める旨の認否を行う（前記の例では、300万円を認める。）。後日に別除権協定の締結があったときは、協定による議決権額を認めることになる。

　　ウ　予定不足額の記載がない届出

　「届出議決権額を予定不足額とする」旨が記載された債権届出書に予

定不足額が記載されていない場合である。この場合、再生債務者等は当該届出債権者に対して予定不足額を補充するよう促すべきであるが、当該届出債権者がこれに応じなかったときに、届出議決権額をどのように扱うかが問題となる。

このようなときは、予定不足額を記載しない届出は法94条2項の要求を充たしていないものとして、届出予定不足額、ひいては届出議決権額を0円と扱うことも考えられるが、当部では、被担保債権全額を届出議決権額として届け出たものと扱ったうえで、届出議決権額について全部又は一部を認めない旨の認否を行うこととしている。この場合、最終的には、議決権額の確定は、再生計画案決議段階における裁判所の判断に委ねられる（法170条2項3号参照）。

エ　予定不足額につき額未定とする届出【受付番号13】

	認める議決権額	認めない議決権額	
①	100万円	額未定	……○
②	0円	額未定	……○
③	200万円	額未定	……○
④	額未定	額未定	……×

前記ウと同様に、再生債務者等は、まずは当該届出債権者に対して予定不足額を補充するよう促すべきだが、当該届出債権者が応じなかったときは、認否書の届出議決権額欄には、「額未定」と記載し、その趣旨が明らかになるよう「その他」欄に「予定不足額未定」などと記載する。

そして、当部では、議決票に議決権額を記載して発行する関係で議決権額につき額未定と認める認否は認めておらず、認める議決権額には具体的な数字を記載する。例えば、被担保債権額200万円の別除権付再生債権の予定不足額につき額未定と届け出られた場合であれば、上表の①から③のような認否は許されるが、④のような認否は許されない（すなわち、被担保債権額の範囲内で、認める具体的な議決権額を認否書に記載する。）。議決権額を認めない旨の認否をした場合には、最終的には、議決

権額の確定は再生計画案決議段階における裁判所の判断に委ねられる（法170条2項3号参照）。

(3) 認否書の記載

別除権付再生債権として届出があれば、別除権の有無欄に「有」と記載する。

ア　予定不足額について認識の相違がある場合【受付番号14】

届出議決権額（予定不足額）につき、担保目的物の評価額の相違を理由に認めない認否をすることになる。「その他」欄に、理由の要旨として、「担保物評価額相違」などと記載する。

イ　別除権の有無について認識の相違がある場合【受付番号15、16】

別除権付再生債権として届け出られた債権につき、再生債務者等が別除権の付いていない一般再生債権者と認識している場合は、「届出債権」の「議決権額」欄を債権額全額、「別除権の有無」欄を「有」とした上で、一般再生債権として認否を行う。認否の趣旨を明らかにするために、「その他」欄に「一般再生債権として認否」と記載する。

これに対し、別除権の付いていない一般再生債権として届出があっても、再生債務者等が別除権付再生債権者として認識している場合は、「届出債権」の「議決権額」欄は債権額全額とした上で、相当と認める予定不足額の限度で議決権額を認める旨の認否を行う。認否の趣旨を明らかにするために、「その他」欄に「別除権付再生債権として認否」と付記する。リース料債権者が、別除権につき届出書に記載せずにリース料債権を届け出る例が散見されるので、再生債務者等は留意する必要がある。

7　将来の求償権等【受付番号17、18】

　全部の履行をする義務を負う者が数人あり、その全員又はそのうちの数人若しくは1人につき再生手続開始があった場合には、原債権者による原債権全額の届出（法86条2項、破産法104条1項・2項）と将来の求償権者による求償権の届出（法86条2項、破産法104条3項）が競合する可能性があり、認否に当たっては、両者を二重に認めることのないように注意する必要がある（以下、本項では、便宜上、法86条2項の摘示を省略する。）。

(1)　認否時点で全額[4]の代位弁済が完了していない場合

　原債権者が届け出た原債権を認め、将来の求償権については原債権が行使されていることを理由として認めない認否をする（破産法104条3項ただし書）。債権調査開始後に全額の代位弁済が完了したときは、他の全部義務者は、原債権者との連名による名義変更届を提出することにより、原債権の届出名義の変更を受け、原債権を再生手続において行使することができる（同条4項、法96条）。

　なお、原債権者の都合等により連名による名義変更届が提出されない場合は、再生債務者等において将来の求償権につき認める旨への認否変更を行うことで対応することが考えられるが、その場合には、認否変更前に原債権者から債権届出の取下書の提出を受けておく必要があることに留意する。原債権の認否を債権調査開始後に認めない旨に変更することは許されないので（後記Ⅶ1(2)参照）、原債権と将来の求償権の二重行使を回避するためには、原債権者にあらかじめ原債権を取り下げてもらうほかないからである。

---

4)　第14章Ⅲ1(4)注6)参照。

(2) 認否時点で全額の代位弁済が完了している場合
　ア　原債権者が原債権を届け出ていない場合
　将来の求償権の届出後に原債権全額の代位弁済が完了した場合は、債権の種類を求償権として、これを認める旨の認否をする。

　イ　原債権者が原債権を届け出ている場合
　原債権につき連名による名義変更届出が提出された場合は、他の全部義務者が原債権と将来の求償権の両方を届け出ていることになるところ、両者の二重行使は許されないので、再生債務者等は、原債権又は将来の求償権のいずれか一方を認め、他方を認めない旨の認否をすることになる。
　他方、原債権につき前記名義変更届出が提出されなかった場合には、原債権者名義のままの原債権を認めずに、将来の求償権を認める旨の認否をすることになるが、原債権者に対して債権届出の全部取下書の提出を求めることが望ましい。

(3) 認否書の記載
　原債権行使を理由として将来の求償権を認めない場合（前記(1)の場合や前記(2)イの場合）は、認めない理由の要旨として、「その他」欄に「原債権者権利行使（受付番号○）」と記載する。

Ⅳ　一般調査

1　再生債権者表の作成

　裁判所書記官は、一般調査期間の開始後遅滞なく、届出債権及び自認債権について、再生債権者表を作成する（法99条1項、規則36条1項）。この再生債権者表には、各再生債権の内容（約定劣後再生債権であるかの別を含む。）、原因、議決権額、別除権付再生債権であれば予定不足額、

再生債権者の氏名又は名称及び住所、法84条2項各号に掲げる請求権を含むときはその旨、執行力ある債務名義又は終局判決のある債権であるときはその旨を記載する（法99条2項、規則36条2項）。

なお、当部では、再生債務者等から提出された認否書の記載を引用する方法により再生債権者表を作成している。

2 届出再生債権者による異議申述

届出再生債権者は、一般調査期間内に、認否書記載の再生債権の内容や議決権額等に対し、書面で異議を述べることができる（法102条1項）。この書面には、異議を述べる事項及び異議の理由を記載しなければならず（規則39条1項）、提出の際には、副本を添付しなければならない（同条2項、38条3項）。

届出再生債権者が異議を述べたときは、裁判所書記官から、異議を述べられた債権者に対してその旨が通知される（規則44条）。

3 再生債権者への情報開示

(1) 副本による閲覧謄写

裁判所に提出された文書等の閲覧又は謄写（法16条1項・2項）は原本によってさせるのが原則であるが、再生債務者等から提出された認否書又は認否変更書並びに届出再生債権者から提出された異議書面又は異議撤回書は、提出された副本によって閲覧又は謄写させることができる（規則42条）。これは、上記各書面については、閲覧謄写申請が競合する場合も十分に想定されるため、かかる場合に届出債権者に閲覧謄写の機会を増やしてその便宜を図る趣旨であり[5]、副本の添付が要求されているのはこのためである（規則38条3項、39条2項、41条3項）。

---

5) 条解民再規則101頁〜102頁。

(2) 認否書の開示等

再生債務者等は、一般調査期間内は、認否書又は認否変更書に記録されている情報（以下「認否情報」という。）の内容を表示したものを、再生債権者が再生債務者の主たる営業所又は事務所（以下「営業所等」という。）において閲覧することができる状態に置く措置を執らなければならない（営業所等を有しない場合は不要である。規則43条1項）。再生債務者等は、主たる営業所等以外の営業所等においても、同様の措置を執ることや、認否情報の内容を周知させるための適当な措置（例えば、電子メールやインターネットを利用した認否情報の提供等[6]）を執ることができる（同条2項）。そして、再生債権者は、上記措置が執られた各営業所等において、再生債務者等に対し、認否情報のうち自己の再生債権に関する部分の内容を記録した書面の交付を求めることができる（同条3項）。

(3) 認否結果の通知

前記(1)、(2)のとおり、民再法上は再生債権者に対して認否の結果を確認する機会は保障されているが、実務上、再生債権者が認否書の閲覧や開示等を求める例は多くはない。そこで、当部では、運用上、再生債権査定の申立権を保障するため、一部でも認めない旨の認否をした再生債権については、再生債務者等に、認否結果通知書を当該届出再生債権者に送付する等して認否の結果を通知するよう促している。

V 特別調査

1 特別調査期間の指定

法95条により届出の追完等がされた再生債権については、その内容

---

[6] 条解民再規則103頁。

及び議決権額の両方についての認否が一般調査期間前に作成提出されるべき認否書に記載されなかった場合には、裁判所は、決定により特別調査期間を定める（法103条1項）。当部では、特別調査期間の始期を決定日から約4週間後、その期間を2、3日程度としている。特別調査期間を定めた場合、裁判所は、その決定書を再生債務者等及び届出再生債権者に送達しなければならないが（同条5項、102条3項）、当部では、官報公告をもって上記送達に代えるとともに（法10条3項）、再生債務者等及び当該再生債権者に対しては決定内容を普通郵便等で通知している（法103条5項、102条4項、43条4項参照）。

2 特別調査費用の予納手続

(1) 特別調査費用

特別調査期間に関する費用（以下「特別調査費用」という。）は、当該再生債権者が負担する（法103条2項）。特別調査費用として一般的に必要となるのは、特別調査期間を定める決定の送達費用であるところ、当部では、当該再生債権者に対して、送達代用公告費用（保管金）と普通郵便費用（郵便切手）の予納を求めている。

(2) 予納手続

裁判所が特別調査期間を定めた場合、裁判所書記官は、相当期間を定めて当該再生債権者に対して特別調査費用の予納を促し、当該再生債権者がこれに応じなければ、予納命令処分をする（法103条の2第1項、規則44条の2）。この予納命令処分は当該再生債権者による異議申立ての対象となり、異議申立期間は当該再生債権者の受告知日（効力発生日、法103条の2第2項）から1週間である（同条第3項）。

それでもなお予納がない場合は、裁判所は届出の追完等を却下する決定を行う（法103条の2第5項）。この却下決定は、即時抗告の対象となる（同条第6項）。

③ 認否書の作成及び提出

　一般調査期間指定後の手続と同様である。すなわち、特別調査期間指定後、再生債務者等は、特別調査の対象となる再生債権の内容及び議決権額についての認否を記載した認否書を作成し、特別調査期間前の裁判所の定める認否書提出期限までに認否書（正副2通）を裁判所に提出しなければならない（法103条3項前段、規則38条3項）。当部では、認否書提出期限は、特別調査期間始期の10日前程度に定めており、この期限は順守されなければならない（法193条1項3号）。

　認否書作成に当たっての留意事項は一般調査と共通する（前記II及びIII参照）。なお、届出債権の内容又は議決権額の一方又は両方についての認否の記載が脱漏すると、認否が脱漏した事項は、再生債務者等において認めたものとみなされる（法103条3項後段、101条6項前段）。

④ 再生債権者表への追記等

　裁判所書記官は、特別調査の対象となる届出追完等債権の内容及び議決権額等を、再生債権者表に追記する（法99条2項、規則36条2項参照）。当部では、前記③の認否書を引用して追記している。

　なお、届出債権者による異議や届出債権者に対する情報開示については、一般調査期間におけるのと基本的に同様である（法103条4項、規則38条、39条、42条～44条等参照）。

VI　債権調査の終了

　再生債権の調査は一般調査期間又は特別調査期間の経過により終了し、その結果は、裁判所書記官によって再生債権者表に記載される（法104

条2項)。

1 異議等のなかった事項

再生債務者等が認め、かつ、債権調査期間内に届出再生債権者の異議がなかったときは、その再生債権の内容又は議決権額(自認債権にあっては、その内容)は確定する(法104条1項)。確定した再生債権については、再生債権者表の記載は、再生債権者の全員に対して確定判決と同一の効力を有する(同条3項)。

2 異議等のあった事項

再生債務者等が認めず、又は債権調査期間内に届出再生債権者が異議を述べた場合には、当該再生債権の内容又は議決権額は確定しない。未確定の再生債権の内容は、査定の裁判等の確定手続を経て確定され(法105条～112条の2)、未確定の議決権額は再生計画案の決議段階で確定される(法170条2項2号・3号、171条1項2号)。

VII 認否の変更等

1 認否の変更

(1) 認める旨への変更

再生債務者等は、認否書提出後においても、再生債権の内容又は議決権額についての認否を認める旨に変更することができる(規則41条)。

ア 認否の変更の方法

認否の変更は、再生債務者等がその変更内容を記載した書面(認否変更書)を裁判所に提出する方法により行い(規則41条1項)、提出の際

には副本も添付する（同条3項、38条3項）。また、再生債務者等は、当該再生債権を有する再生債権者に対し、その旨を通知しなければならない（規則41条1項）。

イ　時的限界

認める旨への認否の変更が可能な時期については、当該再生債権についての査定の裁判確定後や、査定の裁判を受けて債権確定訴訟が提起された後は、前記認否変更をすることはできない。これに対し、再生債権査定申立期間経過後に前記認否変更が可能かという点については争いがあるが、当部では、査定申立期間の経過のみでは当該再生債権の不存在が確定するわけではないと考えて、再生計画案の変更が許される期間内は、前記認否変更の余地があるとする見解に沿った運用をしている[7][8]。

(2) 認めない旨への変更

認めない旨への認否の変更については、規則41条にも言及がなく、実質的にみても、対象債権者に対して不測の不利益を与えることになるため、認められないと解されている[9]。

2　異議の撤回

異議の撤回の方法等については、認否を認める旨に変更する場合と同様である（規則41条2項・3項）。

また、異議の撤回が可能な時的限界についても、認否を認める旨に変更する場合と同様に解して良いと考えられる[10]。

---

[7]　新注釈民再〔上〕574頁〔久末裕子〕。

[8]　もっとも、特定の再生債権の認否を認める旨に変更することが他の再生債権者に不利な影響を与えるとして、再生計画案の変更が認められない可能性がある点には留意されたい（法172条の4参照）。

[9]　新注釈民再〔上〕576頁〔久末裕子〕。

[10]　前掲注7)及び注8)参照。

3 自認債権の変更届出

(1) 自認債権者による変更届出

　自認債権（法101条3項）の消滅その他認否書に記載された事項について他の再生債権者の利益を害しない変更が生じた場合には、当該自認債権者は、遅滞なくその旨を裁判所に届け出なければならない（規則33条8項・1項）。自認債権変更届出書には、変更の内容及び原因を記載し、写し1部（再生債務者等への送付用）を添付する（同条8項・4項・6項、32条）。また、当部では証拠書類の添付を求めている。届出があった場合には、裁判所書記官により、当該届出の内容及び原因が再生債権者表に記載される（規則33条8項・7項）。

(2) 再生債務者等による変更届出（自認債権の撤回）

　前記(1)の場合には、再生債務者等も、その旨を届け出ることができる（規則33条8項・2項本文）。前記(1)のとおり、自認債権者は変更届出義務を負うが、実務上は、再生債務者等から届出がされるのが一般的である。自認債権はそもそも届出がされていないものであることから、届出にあたり、当該自認債権者から異議のないことは要件とされていない（同条8項は同条2項本文のみを準用している。）。また、当部では、証拠書類の添付を求めている。
　届出書の記載内容、届出があった場合の再生債権者表への記載内容については、自認債権者による変更届出の場合と同様である（規則33条8項・4項・7項）。

VIII　再生債権の内容の確定手続

1 再生債権の内容の査定申立て（法105条）

　債権調査において再生債権の内容について再生債務者等が認めず又は

届出再生債権者が異議を述べた場合には、その異議等のある再生債権を有する再生債権者は、その内容の確定のために、異議等を述べた再生債務者等及び届出再生債権者（以下、「異議者等」という。）の全員を相手方として、裁判所に査定の申立てをすることができる（法105条1項本文）。なお、議決権額に対して異議等が述べられた場合は、再生計画案の決議段階における裁判所の判断により確定されるので（法170条2項2号・3号、171条1項2号）、議決権額の確定を求める査定申立ては認められない。

(1) 査定申立てによらない場合
　ア　異議等のある再生債権に関し再生手続開始当時訴訟が係属する場合

　この場合には、異議者等の全員を相手方とする訴訟の受継申立ての方法によらなければならず、査定を申し立てることはできない（法105条1項ただし書、107条1項）。この場合の手続は、後記③を参照。

　イ　異議等のある再生債権に執行力のある債務名義又は終局判決がある場合

　この場合には、異議者等が再生債務者のすることができる訴訟手続によって異議を主張することになるので（法109条1項・2項）、異議を述べられた再生債権者から査定を申し立てることはできない（法105条1項ただし書）。この場合の手続は、後記④を参照。

(2) 査定の申立手続
　査定の申立ては、異議等のある再生債権に係る調査期間の末日から1か月の不変期間内にしなければならない（法105条2項）。申立手数料の納付は不要であるが、査定申立てについての決定書の送達費用を予納する必要がある。なお、申立人は、相手方に対し、申立書を直送しなければならない（規則45条4項）。

(3) 査定申立書の記載事項及び添付資料
　ア　査定申立書には、当事者の氏名又は名称及び住所並びに代理人の氏名及び住所、申立ての趣旨及び理由を記載する（規則45条1項）。申立ての理由については、申立てを理由づける事実を具体的に記載し、かつ、立証を要する事由ごとに証拠を記載しなければならない（同条2項）。査定手続において、申立人が主張できるのは、異議等のある再生債権の内容及び原因につき再生債権者表に記載された事項に限られる（法108条）。

　イ　立証を要する事由につき、証拠書類の写しを添付する（規則45条3項）。また、代理人による申立てであれば委任状を、債権者が法人であれば資格証明書も提出する（ただし、債権調査等で既に提出されている場合は、改めて提出する必要はない。）。

(4) 審尋
　裁判所は、査定の申立てを不適法として却下する場合を除き、査定の裁判（査定決定）をしなければならず（法105条3項）、その場合には、異議者等を審尋しなければならない（同条5項）。当部では、基本的には、書面審尋を実施する扱いである。具体的には、適法な査定申立てがあれば、裁判所は再生債務者等に対して2週間程度内に反論書面や書証の提出を求めた上で、必要に応じて審尋期日を指定している。

(5) 査定申立てについての裁判等
　ア　手続外で協議が成立すれば、申立人が査定申立てを取り下げ、相手方が全部又は一部を認める認否の変更又は異議の撤回をすることにより、迅速に債権の存否及び額を確定させることができる。また、審尋期日において和解が成立する例もあり、相当数の査定申立事件が手続外又は手続内で合意による解決がされている。
　査定の裁判をする場合には、異議等のある再生債権の存否及びその内容を定める査定決定を行う（法105条4項）。当該再生債権が存在しない

と判断される場合には、主文に「0円であると査定する」旨を記載することになる。
　裁判所は、決定書を当事者に送達しなければならない（法105条6項。代用公告によることはできない。）。

　　イ　査定決定又は査定申立却下決定に不服がある者は、出訴期間内（送達を受けた日から1か月内）であれば、異議の訴えを提起できる（法106条。後記2参照）。査定決定等に対する異議の訴えがこの出訴期間内に提起されなかったとき、又は却下されたときは、当該裁判は、再生債権者の全員に対して、確定判決と同一の効力を有し（法111条2項）、裁判所書記官は、申立てにより、当該裁判の内容を再生債権者表に記載しなければならない（法110条）。

2　査定決定等に対する異議の訴え（法106条）

(1)　訴えの提起
　　ア　査定決定又は査定申立却下決定に不服がある者は、その送達を受けた日から1か月の不変期間内に、これらの決定に対する異議の訴えを提起することができる（法106条1項）。異議等のある再生債権を有する再生債権者が原告として訴えを提起するときは、異議者等の全員を被告とし、異議者等が原告として訴えを提起するときは、異議等のある再生債権を有する再生債権者を被告としなければならない（同条4項）。

　　イ　この訴えは再生裁判所の専属管轄であるところ（法106条2項、6条）、大阪地方裁判所では、当部ではなく民事通常部が担当し、訴額は、再生計画によって受ける利益の予定額を標準として、民事通常部の受訴裁判所が決定する（規則46条）。

(2)　提訴後の訴訟手続
　　ア　異議の訴えの口頭弁論は、出訴期間を経過した後でなければ開

始することができない（法106条5項）。同一の再生債権に関して異議の訴えが数個同時に係属した場合には口頭弁論及び裁判の併合が必要的とされているためである（同条6項）。また、再生債権者が異議等のある再生債権の内容及び原因について主張することができるのは、再生債権者表に記載された事項に限られる（法108条）。

　イ　異議の訴えにおいては、訴えを不適法として却下する場合を除き、査定決定又は査定申立却下決定を認可し又は変更する判決がされる（法106条7項）。この判決はすべての再生債権者に対し効力を有し（法111条1項）、裁判所書記官は、申立てにより、訴訟の結果を再生債権者表に記載しなければならない（法110条）。

3　異議等のある再生債権に関する訴訟の受継（法107条）

(1)　受継申立て

　異議等のある再生債権に関し再生手続開始当時に訴訟が係属する場合（この訴訟は、再生手続開始決定により中断している。法40条1項）において、再生債権者がその内容の確定を求めようとするときは、査定申立てではなく、異議者等の全員を相手方として、異議等のある再生債権に係る調査期間の末日から1か月の不変期間内に、当該訴えの受継の申立てをしなければならない（法107条1項・2項、105条2項）。

(2)　受継後の訴訟手続

　受継後の訴訟において、再生債権者が異議等のある再生債権の内容及び原因について主張することができる事項が限定されること（法108条）、判決がすべての再生債権者に対し効力を有すること（法111条1項）、訴訟の結果が再生債権者表に記載されること（法110条）については、査定決定等に対する異議の訴えの場合と同じである（前記2参照）。

4 執行力ある債務名義のある債権等に対する異議の主張（法109条）

(1) 異議の主張等

　異議等のある再生債権のうち執行力ある債務名義又は終局判決のあるものについては、異議者等は、再生債務者がすることのできる訴訟手続によってのみ、異議を主張できる（法109条1項）。当該訴訟手続が再生手続開始当時係属する場合において、異議者等が異議を主張しようとするときは、当該再生債権を有する再生債権者を相手方として訴訟手続を受継しなければならない（同条2項）。異議の主張又は受継は、異議等のある再生債権に係る調査期間末日から1か月の不変期間内にしなければならず（同条3項、105条2項）、同期間内にされなかった場合には、異議者等が再生債権者であるときは異議はなかったものとみなされ、異議者等が再生債務者等であるときは再生債務者等においてその再生債権を認めたものとみなされる（法109条4項）。

(2) 提訴又は受継後の訴訟手続

　異議者等の提起した訴訟又は異議者等の受継した訴訟において、口頭弁論が前記(1)の期間の経過後に開始されること（法109条3項、106条5項）、同一の再生債権に関して訴えが数個係属するときは弁論等が併合されること（法109条3項、106条6項）、再生債権者が異議等のある再生債権の内容及び原因について主張することができる事項が限定されること（法109条3項、108条）、判決がすべての再生債権者に対し効力を有すること（法111条1項）、訴訟の結果が再生債権者表に記載されること（法110条）については、査定決定等に対する異議の訴えの場合と同じである（前記2参照）。

（宮澤貴史）

資料 15-1　再生債権認否書（届出債権用）

事件番号：平成○年（再）第○号
再生債務者：○○○○

再生債権認否書

民事再生法101条1項及び2項に規定する債権

受付番号	受付番号枝番	債権者名	届出債権 種類	届出債権 内容	届出債権 議決権額	別除権の有無 注1	認否の結果 認める 債権額	認否の結果 認める 議決権額	認否の結果 認めない 債権額	認否の結果 認めない 議決権額	認めない理由の要旨 注2	その他
1		A商店ことA野太郎	売掛金	50,000,000	50,000,000		50,000,000	50,000,000	0	0		有名義
10	1		貸付金	100,000	100,000		100,000	100,000	0	0		議決権額につき枝番1から3まで一括して記載
	2		約定利息金	1,200,000	1,230,556		1,200,000	1,230,556	0	0		
	3		遅延損害金（開始決定前）	16,569	0		13,987	0	0	0		
2	4	B債権回収㈱（委託者：C商事㈱）	遅延損害金（開始決定後）	額未定（元金1,200,000円に対する開始決定日から支払済みまでの年14.6パーセントの割合による金員）	0		額未定（元金1,200,000円に対する開始決定日から支払済みまでの年14.6パーセントの割合による金員）	0	0	0	1	
4		D山次郎	貸付金	60,000,000	60,000,000		0	0	60,000,000	60,000,000	2	資格証明書なし
5		E金属㈱	手形金	200,000	200,000		0	0	200,000	200,000	3	
6		㈱F運輸	運送代金	52,500	52,500		0	0	52,500	52,500	3	開始決定後の家賃は共益債権として認める。
7		G住宅管理㈱	賃料	500,000	500,000		400,000	400,000	100,000	100,000	3	
8		H電話㈱	電話料金	100,000	100,000		30,000	30,000	70,000	70,000	3	7万円は再生申立日の月以降分につき共益債権として認める。
9		I市役所	下水道料金	200,000	200,000		0	0	200,000	200,000	3	一般優先債権として認める。
11		J Co.ltd	売掛金	米＄20,000	2,400,000		米＄20,000	2,400,000	0	0		開始決定日のレート○○円
12		K山三郎	敷金	700,000	700,000		0	220,000	0	480,000	3	敷金の認否書記載のことは認めるが、敷金返還請求権は明渡しを条件とする未定停止条件付債権なので、金額は民事再生法92条3項所定の共益債権部分を含む。
13		㈱Lリース	リース債権	1,000,000	額未定	有	1,000,000	額未定	0	0	3	予定不足額未定
14		㈱Mリース	リース債権	7,000,000	6,000,000	有	0	0	1,000,000	1,000,000	3	担保物評価額相違
15		㈱Nマネック㈱	貸付金	38,000,000	38,000,000	有	38,000,000	38,000,000	0	0		一般再生債権として認否
16		Oリース㈱	残リース料	3,000,000	1,000,000	有	3,000,000	1,000,000	0	2,000,000	3	別除権付再生債権として認否
17		P信用保証協会	将来の求償権	37,975,000	37,975,000		37,975,000	37,975,000	0	0		原債権者債権行使（受付番号18）
18		㈱Q銀行	貸金債権	37,975,000	37,975,000		37,975,000	37,975,000	0	0		
合計				238,033,056及び米＄20,000	238,433,056		139,435,556	136,355,556	98,597,500	102,077,500		

注1　届出債権者の住所、再生債権の原因は、その他欄に記載のない限り債権届出書と同じである。　注2　認めない理由の要旨　1（債権不存在）　2（手形要件不備）　3（その他欄記載のとおり）

資料 15-2 再生債権認否書（自認債権用）

事件番号：平成○年（再）第○号
再生債務者：○○○○

再 生 債 権 認 否 書（自認）

民事再生法101条3項に規定する債権（自認債権）

番号	枝番	債権者			種類及び原因	債権の内容及び原因		その他
		氏名	代表者名	住所		内容（債権額）	別除権の有無並びに有する場合はその目的物及び予定不足額	
1		Jリース㈱	山田太郎	大阪市北区西天満○-○-○	リース料債権	200,000	別除権有、目的物コピー機、予定不足額 150,000	
2	1	K金属㈱	甲野二郎	大阪市△区△△ 1-2-3	売掛金	30,000		
	2				貸付金	100,000		
3		D山次郎		神戸市△区△△ 3-4-5	売掛金	50,000		受付番号4と同一債権者
合計						380,000		

第16章

スポンサーによる事業承継
—— 計画外事業譲渡、会社分割

I　スポンサーと事業承継スキーム

1　スポンサーの関与

　再生手続において、スポンサーが関与することは少なくない。再生手続という法的倒産手続ともなると、信用不安により事業価値の劣化が生ずるため、資金供給等により信用不安に歯止めをかけ、事業価値の劣化を食い止める必要がある事業もあるからである。

　ところで、実務上、スポンサーの意味は多義的に用いられている[1]。再生手続の遂行過程で事業を承継し、その対価として資金供給をする者を意味する場合が多いが、融資、信用供与又は出資をする者、さらに、取引の維持や事業提携を通じて再生債務者の事業再生に協力する者も広く含む意味で用いられることもある。

　以下、本章では、事業を承継し、その対価として資金供給をする者を、スポンサーと呼ぶこととする。

---

1) 髙井章光ほか「2015年度東京三弁護士会倒産法部合同シンポジウム　倒産とM&A〔第1部〕パネルディスカッション　スポンサー選定手続の妥当性（上）」NBL 1085号（2016年）12頁〔蓑毛良和発言〕。

2 事業承継スキームの内容

　事業再生の方針（再生スキーム・支援スキーム）[2]が事業承継を伴うものである場合、通常、再生債務者自身は事業継続を断念し、優良事業は承継の対象とされて別法人に移り、不採算事業は再生債務者の下で清算される。このような事業承継スキームにおいては、再生計画案それ自体は、事業承継の対価を弁済原資として早期に一括弁済をする「事業譲渡（清算）型」（加えて、譲渡の対象とならなかった資産等の換価が終了した後に追加弁済をする旨を定めるケースもある。）と呼ばれるものとなる[3]。

　スポンサーに再生債務者の事業を承継させる方法としては、事業譲渡と会社分割の2つの方法がある。事業譲渡と会社分割は、いずれも、従前の取引先の維持、従業員の雇用維持、ノウハウやのれんの承継などを通じて事業価値の劣化を最小限におさえることができ、また、免除益課税対策を取りやすい[4]という共通のメリットがある。

　事業譲渡による方法には、再生計画認可を停止条件とした事業譲渡契約を締結し、再生計画にその内容を記載して、債権者集会の決議に付すもの（計画内事業譲渡）と、再生計画の内容とはしないが、裁判所の許可を得て事業譲渡を実行する方法（計画外事業譲渡）の2種類がある。また、会社分割の方法も、再生計画にその内容を記載する場合と、記載しない場合がある。

　本章では、これらのうち、計画外事業譲渡と会社分割について説明する[5]。

----

2)　山本和彦＝山本研編・民事再生研究会著『民事再生法の実証的研究』（商事法務、2014年）161頁は、倒産処理スキームを、①自主再建型、②資金調達型（事業譲渡・会社分割・合併を含まない。）、③事業譲渡型（資金調達を含む。）、④再編型（資金調達を含む。）、⑤清算型（事業を廃止する事件で、事業譲渡後の清算を含まない。）の5類型に分類する。

3)　本書では、事業主体（法人）が変わるものを事業承継スキームと位置づけ、いわゆる100％減増資の場合は株主の交替があるにとどまり事業主体の変更はないものとして収益弁済型の一種と位置付けている。**第21章Ⅱ2(1)参照。**

4)　通再120問249頁〔佐長功〕。

3 事業譲渡と会社分割の選択の視点

　会社分割による権利義務の承継の性質は、一般承継（包括承継）である[6]。そのため、会社分割では、財産、債務、契約上の地位等の承継について、原則として、個別の承継手続や相手方の同意は不要であり[7]、行政庁の許認可も承継される場合が多く、事業譲渡に比して、資産移転に伴う税負担も軽いというメリットがある。また、一般承継であるのに、再生債務者の偶発債務や簿外債務の承継が遮断できるというメリットもある[8]。そこで、株式会社であれば、近時は、会社分割が用いられることが増えつつある。

　他方で、事業譲渡には、事業譲渡に関する株主総会の決議による承認に代わる裁判所の許可（法43条、代替許可）を利用できるというメリットがある。例えば、株主が多数である、遺産紛争で多数の株式の帰属が争われている、唯一の株主が病気や失踪などで意思表示ができないなど株主総会決議（特別決議）の成立に懸念がある場合には、会社分割は困難であるから、事業譲渡の方法が有用である。また、株主総会の招集手続を待てないほどの迅速さが要求される事案でも、事業譲渡が有用となる。もちろん、株式会社以外の法人については、事業譲渡を用いることになる。

5）　計画内事業譲渡については、**第24章Ⅲ**を参照。
6）　江頭憲治郎『株式会社法〔第6版〕』（有斐閣、2015年）890頁。
7）　雇用契約については、会社分割に伴う労働契約の承継等に関する法律の適用がある。
8）　民再実践マニュアル271頁。

II　計画外事業譲渡

1　総説

　計画外事業譲渡とは、法42条の裁判所の許可を得て実行され、再生計画の内容としない事業譲渡のことをいう。再生債務者は、監督委員の同意を得た上で、スポンサーとの間で、法42条の裁判所の許可を停止条件とする事業譲渡契約を締結し、上記許可後に、事業譲渡が実行されることになる。また、再生債務者が株式会社である場合には、株主総会の決議による承認に代えて、法43条の裁判所の許可を利用することも可能である。

2　計画内事業譲渡との異同

　計画内事業譲渡と計画外事業譲渡は、停止条件の内容が異なるにとどまり（前者の停止条件は再生計画の認可、後者のそれは裁判所の許可）、いずれも契約に基づいて、その実体法上の効果が生じる点では大差はないといえる。

　もっとも、事業譲渡の当否、範囲、対価など事業譲渡契約の内容は、事業再生スキームの基本的枠組みを決定するものであって、再生債権者等の利害に関わる重大な問題である[9]。したがって、本来は、計画外事業譲渡よりも、再生債権者の意思を端的に反映させることができる計画内事業譲渡によることが望ましい。しかし、実務的には、再生手続が始まることによる事業価値の急激な毀損を防ぐために、迅速な事業譲渡により事業価値を維持することが必要となる場合があり、実際にも、計画外事業譲渡による場合の方が多い。ただし、その場合、後記3(2)イの債権者意見聴取手続に先立ち、債権者説明会などにおいて事業譲渡の合理

---

9)　一問一答民再72頁。

性につき丁寧な説明がされるのが通常である。

③ 法42条の裁判所の許可（事業譲渡許可）

(1) 要件等
ア 「営業又は事業」の意義

「営業又は事業」とは、一定の営業目的のため組織化され、有機的一体として機能する財産のことをいい、得意先関係等も含む（最判昭和40年9月22日民集19巻6号1600頁参照）。会社法又は商法上、会社の場合は「事業」譲渡、会社以外の商人の場合は「営業」譲渡である（会社法467条1項1号、商法16条など）。

イ 事業譲渡の必要性

当該事業譲渡が「当該再生債務者の事業の再生のために必要である」ことを要する。例えば、現在の経営陣に対する取引先からの信用が失われているが、第三者のもとで営業等を続ければ取引の継続とそれによる事業の再生が可能になる場合、他に譲渡した方が再生がより確実であり、かつ、再生債権者や従業員のためにも利益となる場合は、これに当たる。

近時の実際の事件では、後記ウと関連して問題となるケースが多い。

ウ 譲渡代金等の相当性

前記イの必要性の判断に際しては、事業譲渡が再生債権者、株主の利害と絡むことに鑑み、スポンサーである譲受人の選定過程の公正さ、譲渡代金や譲渡条件の相当性などを斟酌しており、実務的には、これらの相当性の判断が重要となる[10]。

譲渡代金の相当性は、事業譲渡（清算）型の再生計画案における弁済原資の多寡に直結する問題であって、最も重要な要素であるが、当該事業価値の算定は、公認会計士など会計専門職の関与があったとしても決

---

10) 東京高決平成16年6月17日金法1719号51頁参照。

して容易ではない。そこで、競争入札によってスポンサーを募集し、その最高価額を提示した者に譲渡することが、譲渡代金の相当性の観点からは望ましい。入札候補者が多ければ多いほど、譲渡代金の適正さがより担保されるのであるから、譲渡代金の相当性の問題は、スポンサー選定過程の相当性の問題に還元される場合が多いといえる。

　スポンサー選定手続における競争入札は、具体的には、次のようなプロセスをとることが望ましい[11]。まず、①スポンサー候補を広くリストアップする。従前からの売掛先や買掛先、同業他社、金融機関、投資ファンドなど事業再生を業とする者などに対し、入札や入札候補者の紹介を個別に呼びかけたり、再生手続開始直後の債権者説明会で広く再生債権者に呼びかけたりすることもある。次に、②前記①で多少の興味を示したスポンサー候補に対し、再生債務者の事業内容や財務状況などを紹介する簡単な資料を提供し、スポンサー選定手続への入札参加の意向を確認し、入札参加者を確定する。この際、入札参加者から、企業秘密保持及び入札参加者間の情報交換防止の観点から、後記③のデュー・デリジェンス参加資格条件として、秘密保持の誓約書を提出させる場合が多い。そして、③入札参加者によるデュー・デリジェンス（事業買収やM&Aの対象会社に対する調査活動。DDとも略される。）が実施される。再生債務者は詳細な事業状況や財務状況などの情報を開示し、入札参加者はこれらの情報や経営陣に対するインタビューなどに基づいて、事業状況や財務状況等を調査する。最後に、④入札参加者は、譲渡代金やその他支援条件（事業譲渡までの資金供給、従業員の雇用確保、取引先の維持、譲渡対象事業の今後の展開など）を含めた支援内容をもって、入札することになる[12]。

　最高価額入札者をスポンサーに選定することには一定の合理性があるが、最高価額入札者であっても課題を伴うことがある。例えば、最高価額入札者であったが、資金拠出の裏付けがなかったため、その者を選定

---

11)　詳細は、民再実践マニュアル82頁以下などを参照。
12)　③デュー・デリジェンスと④入札を、段階的に複数回実施する場合もある。

しなかった例がある。

　また、このような競争入札の実施が困難である場合も決して少なくない。例えば、このような入札の実施には、相応の時間と労力を要するが、再生債務者には、これを遂行するだけのノウハウや能力がない場合がある。これを補うために、ファイナンシャル・アドバイザー（M&Aに関する助言・支援業務を専門とする業者。FAと略され、その利用契約はFA契約といわれる。）を利用することも検討されるが、その費用負担に耐えられないことがある。後記(2)のとおり、法42条の許可手続それ自体にも一定の期間を要するところ、早期の資金不足が見込まれ、競争入札を実施する時間的余裕がないため、緊急にスポンサーを選定し、譲渡代金の一部前払などによって資金繰りを保つ必要がある場合もある。

　そこで、当部は、競争入札の実施を譲渡代金等の相当性を満たすための必要条件とまでは捉えておらず、競争入札の実施が困難である合理的な具体的理由（資金繰り、時間的余裕など）、債権者説明会等における再生債権者に対する説明状況や債権者の意向、譲渡価額に関する公認会計士等の会計専門家（再生債務者の補助者）による意見書、監督委員の意見（補助者である公認会計士等の専門家の調査結果も含む。）などを総合的に考慮して譲渡代金等の相当性を審査している。

　実際には、再生手続の初期段階から、監督委員とともに、再生債務者から口頭又は書面による報告を受け、必要に応じて、スケジュールや入札要綱など様々な課題について打合せをしている。特に事業再生に精通した弁護士である監督委員の示唆や意見は重要な役割を果たしている。また、事業譲渡の譲渡代金の決定や譲受人の選定には、事業再生に精通した再生債務者代理人弁護士が関与することが望ましいといえ、事案によっては、そのような弁護士の追加選任を示唆することもある。

　　エ　計画外事業譲渡の時期

　事業譲渡の実行時期は、再生手続開始後であることを要する（法42条1項）。実行時期の終期については、再生計画認可前であることは必須ではないものの、実務上は、再生計画認可前（実質的には債権者集会

の決議前)[13]に実行されていることが少なくない。債権者集会において、事業譲渡の実行（代金決済）が終了している旨の説明があった方が、再生債権者の同意を得られやすいからであると考えられる。

　また、当部では、計画外事業譲渡を定める契約は、スポンサー契約（基本合意書）とともに、「事業の維持再生の支援に関する契約」に当たるものとして、監督委員の同意を要する運用としている[14]。したがって、監督命令発令後（通常、再生手続開始の申立て後）に、これらの契約を締結するに際しては、それぞれに同意を要する点にも留意する必要がある。

　なお、FA契約も、「事業の維持再生の支援……をする者の選定業務に関する契約」として、監督委員の同意を要する運用としている。

　　オ　いわゆるプレパッケージ型について

　近時、再生手続開始の申立てに先行して、スポンサーが選定されている例が少なくない。具体的には、先行していた（準則型）私的整理の中で実質的に選定されている例や、私的整理が先行していなくても、再生債務者代理人においてFA契約のみならず、スポンサー契約まで締結している例もある。このように、あらかじめスポンサー（以下「プレパッケージスポンサー」という。）が選定されている再生手続開始の申立てを、実務上、プレパッケージ型と呼んでいる。このようなプレパッケージ型は、申立てと同時にプレパッケージスポンサーの支援表明などがされることにより信用不安が取り除かれて従前の取引先が維持されるなどの事業価値の劣化防止に有用であることが大きなメリットとされている[15]。また、プレパッケージスポンサーが、再生手続開始の申立て前に、支援の一部（融資などのDIPファイナンス等）を実行するなど既に一定の役割を果たしている例もあるようである。

　他方で、プレパッケージ型の事業譲渡は、スポンサーの選定過程に裁

---

13)　当部は、再生計画案が可決されると、特段の事情のない限り、直ちに認可決定をしている。**第1章III4(3)**参照。
14)　**第8章I3(2)イ(ア)**参照。
15)　通再120問236頁〔清水豊〕。

判所があらかじめ関与できないことから、スポンサー選定過程の相当性や透明性、スポンサー契約の内容の相当性（再入札の当否を含む。）などについて問題が生じる余地がある。これらの相当性や透明性の問題も、前記ウで述べた場合と同様に、当該事案の諸要素を総合的に考慮して検討するのが相当である。当部では、再生手続開始の申立て前に締結されたスポンサー契約やFA契約を履行すること（法49条1項の履行選択）を、監督委員の同意事項とした例がある。

カ 計画外事業譲渡の近時の実例

酒類卸売業を営む再生債務者について、再生手続開始の決定から約2か月で、スポンサー選定手続を経て、計画外事業譲渡が実行された事例がある。再生手続開始の申立て時、同業者のスポンサーから事業譲渡型による支援表明がされていた。再生手続開始の申立てがされて監督命令が発令されたが、約2週間後、再生手続開始の決定がされると同時に、管理命令も発令された。管財人は、約1か月間で、2段階のスポンサー選定手続を実施し、前記同業者を含む複数の企業が参加した。管財人は、数社の最終候補者の中から、支援金額、人的支援その他の事情を総合的に検討し、前記同業者をスポンサーに選定し、その約1か月後に、法42条及び43条の許可を得たうえで事業譲渡を実行した。なお、前記同業者は、事業の譲受けにあたり、商号が再生債務者と類似する子会社を新設し、これを受け皿とした。

また、計画外事業譲渡の手法はとらなかったが、プレパッケージ型で事業承継がされた事例がある。調理専門学校を運営する学校法人が、再生手続開始の申立ての約半年前から、FA契約を締結して入札を実施し、複数のスポンサー候補者に対してデュー・デリジェンス（DD）まで行ったものの、結局、すべてのスポンサー候補者に辞退されるに至った。資金ショートが約1か月後に迫っていたところ、再生手続開始の申立てを条件にスポンサー（学校法人）が支援表明をした。そこで、再生債務者は、再生手続開始の申立て前にスポンサー契約（基本合意書）を交わしたうえで、再生手続開始及び管理命令の各申立てをしたところ、即日、

再生手続開始の決定がされるともに、管理命令が発令され、また、管財人によってスポンサー契約につき法49条に基づく履行の選択がされた[16]。なお、当該スポンサーは、再生債務者の法人格を残すこととし、計画外事業譲渡の手法はとらずに、DIPファイナンスで資金繰りや計画弁済の原資を支援するとともに、役員やスタッフを派遣するなどし、実質的に事業を承継するにとどまった。

(2) 許可手続のスケジュール及び留意点

ア 許可申立て

許可申立書には、既に監督委員の同意を得て締結された事業譲渡契約書又は同意を得る前の事業譲渡契約書（案）のいずれかの添付を要する。また、後記イの意見聴取手続の送付用として事業譲渡の要旨を記載した書面の提出も求めている。

なお、裁判所に提出する文書等について、営業秘密が含まれており事業の維持再生に著しい支障を来すなどとして、許可の申立てと同時に支障部分の閲覧等の制限申立て（法17条1項）をする場合は、支障部分を除いた代替文書（規則10条3項）の作成などの準備も必要となる。

イ 意見聴取手続

裁判所は、一部の例外（法42条2項括弧書・ただし書）を除き、知れている再生債権者の意見を聴かなければならない（同条2項本文）。この意見聴取は、適宜の方法で行えば足りるものと解されている[17]が、当部では、書面により意見を聴く方法と、集会により意見を聴く方法のいずれかを採用している。最近の事例においては、主に書面により意見を聴く方法が利用されている。書面により意見を聴く場合、一般的には、申立日から約2週間後を回答期限としている。また、集会により意見を聴く場合も、申立日から約2週間後に集会を開催できるよう関係者の日

---

16) なお、同事案では、管理命令における裁判所の許可事項に、法49条に基づく履行の選択は掲げられていなかった。
17) 新注釈民再（上）231頁〔三森仁〕。

程を調整している。

　加えて、裁判所は、労働組合等（法24条の2参照）の意見も聴かなければならない（法42条3項）。この意見聴取のための方法は、書面で行っているのが実情であり、回答期限は、債権者の場合と同様に運用している。

　　ウ　監督委員の意見書
　さらに、当部では、事業譲渡契約締結それ自体に係る監督委員の同意とは別に、債権者や労働組合等の意見も踏まえた監督委員の意見を求めている。その意見提出のため、債権者や労働組合等の意見聴取の日又は回答期限から1週間程度が必要となる。

　　エ　スケジュールの留意点
　以上によれば、再生のための必要性や事業譲渡の条件の相当性等について疑義がなく、スムーズに手続が進むとしても、許可の申立日から監督委員の意見提出までに3週間程度を要することになるので、裁判所の許可を得るためにも同程度の期間が必要ということになる。
　なお、法42条1項の許可について即時抗告は認められていないため、申立人である「再生債務者等」（法2条2号参照）が許可の告知を受ければその効力が生じる（法18条、民訴法119条）。
　また、事業内容が行政機関の許可等の対象となっているような場合は、当該行政機関との関係も十分に検討の上で手続を進める必要があることにも留意しなければならない。

4　株式会社における法43条の裁判所の許可（代替許可）

(1)　総説
　民再法は、裁判所が、株式会社が事業譲渡を行う場合に必要な株主総会決議による承認（会社法467条1項1号・2号、309条2項11号）に代わる許可を与えることを認めている。倒産状態に陥った株式会社の株主

は、その会社の経営に関心を失い、株主総会決議の成立が困難になる場合が多い一方で、債務超過会社の株主の株主権の価値は実質的には喪失されていると考えられるからである[18]。

　もっとも、同族経営の中小規模の株式会社の場合、株主総会の特別決議による承認を得ることが比較的容易で、代替許可の確定を待つより短期間で承認を得られるという事案もあるため、いずれがよいかを検討して手続を選択する必要がある。

(2)　要件

　代替許可の要件として、再生債務者が債務超過であることが必要とされている。そのため、財産評定（法124条）が終了していない早期の段階で代替許可の申立てをする場合には、債務超過を基礎づける資料も同時に提出する必要がある。

　なお、代替許可（法43条1項）関係の文書等は、法17条所定の閲覧制限の対象として定められていない点に留意する必要がある。

(3)　代替許可の効力発生時期等

　当部では、代替許可の申立てについて、監督委員の意見を求めており、その意見提出のため約1週間が必要となる。

　代替許可に対しては、株主は即時抗告が可能である（法43条6項）が、株主に対する決定の要旨を記載した書面の送達（同条2項。なお、同条3項及び4項参照）は、通常、代用官報公告（法10条3項）により行っているので、その場合の抗告期間は、官報掲載日翌日から2週間となる（法9条後段、10条2項）。また、官報掲載の申込みから掲載までに2週間程度の期間を要するのが実情である。ただし、株主の即時抗告による執行停止効はなく（法43条7項）、代替許可は、再生債務者等に対する裁判書の送達（同条2項）により効力を生じる（同条3項）。

---

18)　一問一答民再73頁。

(4) 許可手続のスケジュールの留意点

　以上によれば、財産評定提出後の代替許可の申立てに対してスムーズに許可がされる場合でも1、2週間が必要となり、代替許可の確定までは、さらに4週間程度の期間が必要となる。また、財産評定の提出前であれば、さらに、債務超過を基礎づける資料の準備のための期間が必要となることにも留意しなければならない。

5　スケジュール

　法42条の事業譲渡許可と法43条の代替許可の両方が必要な場合、同時に許可の申立てがされることも多いところ、監督委員が再生計画案について意見を述べることや再生債権者が再生計画案に同意するか否かを判断する時間的猶予も考慮すると、再生計画案の提出期限までに、法42条の許可がされるとともに、法43条の許可が確定するように準備することが望ましい。そこで、前記 3 、 4 のそれぞれの許可手続やその他の準備に時間を要することも考慮して、スケジュールの目安をモデル化すると、次の概略図記載のとおりとなる（実際には、個別の事案ごとに具体的なスケジュールを組んでいくことになるため、監督委員及び裁判所と十分に情報を共有した上で、具体的なスケジュールについて打合せを行うこととなる。)[19]。管理型であったが、同時に各許可申立てがされ、法43条の許可まで2日、法42条の許可まで約2週間という迅速に進行した事例がある。

　なお、スポンサー選定、事業譲渡契約の締結、事業譲渡実行の準備等に多大な労力を要することは前記 3 のとおりであるが、再生債務者はこれらに注力するあまり、前記 3 、 4 の各許可の手続のために必要な日数を織り込むことを失念しないよう留意する必要がある。加えて、スポンサー契約やFA契約の締結について監督委員の同意を得るための期間も、スケジュールに入れて考慮する必要もある。

----

19)　詳細は、「連載　はい6民ですお答えしますVol.193」OBA 2015年4月号（2015年）84頁参照。

◆必要な期間の概略図

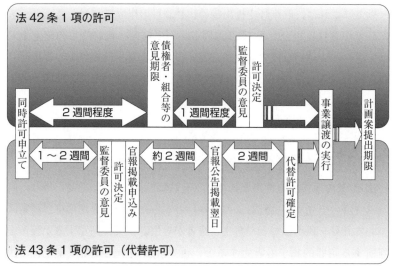

＊具体的事案によって異なる場合がある。

III　会社分割

1　総説

　会社分割とは、株式会社又は合同会社が、その事業に関して有する権利義務の全部又は一部を分割し、他の会社（承継会社）又は分割により設立する会社（設立会社）に承継させることを目的とする会社の組織法上の行為のことをいう（会社法2条29号・30号）[20]。

　新設分割（会社法762条以下）を利用する場合は、再生債務者である分割会社が設立会社を設立し、設立会社に事業を承継させた上で、再生債務者が取得した株式をスポンサーに譲渡して、譲渡代金を得ることになる。また、吸収分割（同法757条以下）を利用する場合には、再生債

20）　江頭・前掲注6）888頁参照。

務者である分割会社が、スポンサー又はその関連会社である承継会社に事業を承継させた上で、その対価を得ることになる。

2 事業譲渡との異同

①計画外会社分割については、法42条のような裁判所の許可の定めがないこと、②法43条のような代替許可がなく、株主総会決議が必要であること、③会社法上、債権者保護手続（会社法789条、810条）が必要であることが、事業譲渡の場合と大きく異なる。なお、前記③の点については、分割会社である再生債務者が、設立会社又は承継会社に承継された債務すべてにつき併存的債務引受けをすることによって、債権者保護手続を省略することができると解される。

上記①の点に関し、経済的実体として事業譲渡との類似性を理由に、法41条1項10号の裁判所の許可に係らしめる運用[21]や、会社分割について債権者保護手続を経る必要がないようなケースでは法42条を類推適用して裁判所の許可を要すると考える見解[22]もあるが、現在のところ、当部では、会社分割自体についてこれらの許可を要する運用とはしていない。もっとも、会社分割による事業承継の後に行われる株式の譲渡につき法42条1項2号の許可が必要な場合は多いであろうし、会社分割自体についても、実際には事業譲渡の場合と同様に対価の相当性の問題やプレパッケージ型の問題が生じ得ることに鑑みて、会社分割契約の締結を監督委員の要同意行為とするとともに、再生スキームに関わる問題として、監督委員とともに、そのプロセスや妥当性について注視し、必要に応じて問題点を指摘するなどして、これらの適正さを担保している。

---

21) 民再手引215頁〔鹿子木康・住友隆行〕、LP民再324頁〔内田博久〕。
22) 新注釈民再（上）235頁〔三森仁〕。

3 会社分割の近時の実例

近時の実例として、次のようなものがある。

(1) 再生手続開始後にスポンサーを募集して計画外会社分割を実行した事例

再生債務者代理人が中心となって、債権者説明会後、スポンサー募集を開始し、約2か月間をかけて、複数の金融機関や再生ファンドの紹介などによって挙がった約30社に入札案内を送った。入札を実施したところ、複数の応札があり、再生債務者は支援額が最高で、かつ、従前の取引先の維持と従業員の雇用確保を尊重する旨の意向も示した者をスポンサー（優先交渉権者）として選定した。そして、再生債務者は、再生計画案提出前に、新設分割により新会社を設立して全事業を承継させ、新会社が発行した株式及び社債をスポンサーに譲渡して弁済資金を確保したうえで、一括弁済の再生計画案を提出し、これが可決・認可された。

(2) 計画内会社分割を用いてプレパッケージスポンサーに事業を承継させた事例

ゴルフ場を経営する再生債務者は、再生手続開始の申立ての数年前から、金融機関による借入金の返済猶予措置（リスケジュール）を受け、申立ての約1年前からはバンクミーティングも開催されていたところ、申立ての約8か月前にFA契約を締結し、スポンサー選定手続が始められた。FAは20社以上の企業に入札を打診したところ、一次入札に5社が参加し、申立ての約2か月前に実施された二次入札には3社が参加した。二次入札において、最高価額を提示するとともに、複数のゴルフ場の運営や経営再建に関与したことがある企業が優先交渉権者として選ばれた。申立ての約半月前から裁判所及び監督委員候補者を交えた事前相談を経て、申立て当日に、再生手続開始の決定がされるとともに、監督命令も発令された。監督命令においては、スポンサー契約及びFA契約の締結に加えて、スポンサー契約及びFA契約の履行選択（法49条1項）

も監督委員の要同意事項として定められた。再生手続開始の決定直後に、FA 契約の履行選択につき監督委員の同意が得られ、また、再生手続開始決定の約 10 日後には、監督委員の同意を得た上で、基本合意としてのスポンサー契約が締結された。

　再生スキームは、再生計画認可後にゴルフ場事業を会社分割（新設分割）で設立した新会社に承継させ、その株式をスポンサーに譲渡して弁済原資を確保し、他方で、再生債務者は不要資産の清算事務を継続するものとされ、再生計画案には、ゴルフ会員権の取扱いのほか、会社分割実行後の株式譲渡の対価を原資とする一括弁済、不要資産の清算後の追加弁済、100％減増資が定められるとともに、会社分割（新設分割）の骨子も記載されていた。

（山本陽一）

第17章

法人の役員に対する損害賠償請求権の査定申立て

I はじめに

1 意義・趣旨等

　法人が再生手続開始に至る事案の中には、その役員が、当該法人に対して損害賠償責任を負うべきものがある。この損害賠償請求権は、当該法人に所属する財産であるから、再生債務者財産として再生の基礎を構成する。また、再生計画によって再生債権の（通常大幅な）免除を余儀なくされる再生債権者にとっては、法人に損害を生じさせた役員の責任が適切に追及されるか否かは、再生計画案に対する賛否を決するに当たって重要な要素となる。再生債務者等が提出する125条1項報告書では、役員に対する損害賠償責任追及の要否に関する事項が記載事項とされている（法125条1項3号）。

　しかしながら、役員から損害の賠償を受けるために、任意の弁済がない限り、訴訟を提起して判決を取得しなければならないとすると、相当の時間と労力を要する。民再法は、役員に対する損害賠償請求権の迅速な実現のため、訴訟によらずに役員に対する債務名義を取得する手段として、決定手続による査定の制度（法143条以下。以下、本章において「査定手続」という。）を設けた。また、その実効性を担保するため、特殊保全処分の制度（法142条）も設けている。

このように、査定手続は、訴訟に代わる簡易迅速な債務名義取得方法であるから、再生債務者は、これによらずに当初から損害賠償請求訴訟を提起することも可能である。後述（Ⅴ）のように、査定手続における決定に対して当事者は異議の訴えを提起することができ、その場合には、役員の損害賠償責任をめぐる争いが長期化する可能性も生ずる。査定手続の申立てを検討する場合には、相手方の主張や証拠の強弱等を検討し、訴訟手続への移行が見込まれる程度を勘案して適切な手続選択を行う必要がある。

2 当部における実情

当部において、査定手続の利用は多くなく、申立てがあっても和解や取下げで終了することが多い。もっとも、前記1のとおり125条1項報告書において役員責任の追及の要否に関する事項を記載することとされていることもあり、問題があると考えられる場合には、査定手続や訴訟に至らなくとも、私財の提供や再生債務者に対する債権の放棄、役員自身の破産手続開始の申立て等、何らかの形で役員の責任に応じた手当てがされているのが実情であり、再生計画案についての監督委員の意見書において、その点についての意見が記載される例もある。

Ⅱ 査定手続の開始

1 申立てによる開始

(1) 申立権者は、次のとおりである。管財人が選任されていない場合に再生債権者に申立権を認めたのは、再生債務者において自身の役員に対する適切な責任追及を期待することが困難な場合があろうと考えられたことによるものである[1]。

> (i) 管財人が選任されている場合
>   → 管財人（法143条1項）
> (ii) 管財人が選任されていない場合
>   → 再生債務者、再生債権者（法143条1項・2項）

　株式会社である再生債務者が役員の責任を追及する訴訟においては、会社法上、監査役や監査委員が会社を代表するとされている場合がある（会社法386条、408条）。査定手続においても、これらの規定の類推適用により、代表取締役ではなく監査役、監査委員が再生債務者の代表者として申立てを行うこととなる場合があるので、注意を要する[2]。

　(2)　申立ては、当事者等並びに申立ての趣旨及び理由を記載した申立書（規則69条1項・3項）を提出して行う。
　申立てに当たっては、その原因となる事実の疎明が求められるので（法143条3項）、申立てを理由づける事実は具体的に記載し、立証を要する事由については証拠を記載して、証拠書類の写しとともに裁判所に提出し（規則69条2項・4項）、相手方には直送する（同条5項）。

　(3)　手数料は不要である。

2　職権による開始

　査定手続は職権によっても開始することができる（法143条1項・4項）。もっとも、実務上、職権によって査定手続が行われることは極めて稀である。

---

1) 花村・要説391頁ほか。
2) 新注釈民再（上）821頁〔阿多博文〕、実務解説一問一答367頁〔三村藤明〕、条解民再766頁〔中島弘雅〕、石井教文「再建手続における役員の地位と責任」法システム(3)207頁。

III 査定手続の対象

査定手続の対象は、再生債務者の「理事、取締役、執行役、監事、監査役、清算人又はこれらに準ずる者」(「役員」) の責任に基づく損害賠償請求権である (法143条1項、142条1項)。

1 損害賠償責任の主体となる「役員」の範囲

(1) 再生手続は、会社に限らず、他の法人についても広く利用される手続であることから、民再法には、会社の役員である取締役や監査役だけでなく、会社以外の法人の役員である理事や監事も、査定手続の対象とすることが明記されている。

(2) 「これらに準ずる者」の例として、株式会社の場合は会計参与、会計監査人が、一般社団法人及び一般財団法人に関する法律上の法人の場合は会計監査人、評議員、仮理事、特別代理人が挙げられる[3]。発起人が「これらに準ずる者」に含まれるか否かについては争いがある[4]。

(3) 退任した役員は含まれるが、事実上の役員が含まれるかについては争いがある[5]。

---

[3] 新注釈民再(上)815頁〔阿多博文〕、条解民再768頁〔中島弘雅〕、LP民再200頁〔島岡大雄〕。

[4] 積極・新注釈民再(上)815頁〔阿多博文〕、消極・花村・要説390頁、条解民再768頁〔中島弘雅〕。

[5] 消極・新注釈民再(上)815頁〔阿多博文〕、条解民再768頁〔中島弘雅〕。積極・条解破産法1187頁(破産手続に関して)。

2 責任原因

責任原因については、一般の実体法による[6]。会社法(会社法423条等)や一般社団法人及び一般財団法人に関する法律(一般社団法人及び一般財団法人に関する法律111条、198条)に基づくもののほか、不法行為(民法709条)や委任契約上の債務不履行(同法415条)もあり得る[7]。

IV 審理、決定及び和解

1 審理

査定手続においては、役員の審尋が必要的である(法144条2項)。当部においては、書面審尋による場合及び審尋期日を開く場合の双方がある。

2 決定

(1) 審理の結果、役員に対する損害賠償請求の原因となる事実が認められると判断された場合には、裁判所は、決定で、当該役員の責任に基づく損害賠償請求権を査定する裁判をする(法144条1項)。査定の主文は、例えば、「申立人の相手方に対する相手方が申立人の(役員)としての(注意義務違反)によって発生させたことによる損害賠償請求権の金額を〇〇円と査定する。」といったものが用いられる。なお、仮執行宣言を付することの可否については争いがあるが、当部では付していない(法146条5項参照)。

他方、審理の結果、役員に対する損害賠償請求に理由がないと判断さ

---

[6] 詳解民再398頁〔水元宏典〕。
[7] LP民再201頁〔島岡大雄〕。

れた場合には、裁判所は、決定で、申立てを棄却する裁判をする（法144条1項）。認容（査定）・棄却いずれの裁判であっても、決定には理由が付される（同項）。

(2) 査定の裁判がされたときは、その裁判書（決定書）は当事者に送達される。査定の申立てを棄却する裁判がされたときは、後述（Ⅴ②）のとおり不服の申立てもできず、既判力も生じない（法147条参照）ことから、相当な方法によって告知すれば足りる（法18条、民訴法119条）。

(3) 査定の裁判に対し、当事者がその送達を受けた日から1か月の不変期間内に異議の訴えを提起しないとき又はその訴えが却下されたときは、査定の裁判は、給付を命ずる確定判決と同一の効力を有し（法147条）、再生債務者又は管財人は、これを債務名義として強制執行をすることができる（民執法22条7号）。

なお、①査定の裁判に対し、法145条1項の期間内に管財人又は再生債務者が異議の訴えを提起したが、役員は異議の訴えを提起しなかった場合、また、②役員が異議の訴えを提起したが、査定に係る金額の一部について争わない場合、①においては査定に係る金額、②においては役員が争わない金額の各部分について法147条が適用されるか否かについては争いがあるが、いずれも消極に解される[8]。

③ 和解

査定手続は、損害賠償請求権の内容を定める（査定する）手続であるが、当事者において処分可能な権利関係であるところから、査定手続内でも和解は可能と解されている。

---

[8] 新注釈民再（上）841頁〔阿多博文〕、条解民再789頁〔中島弘雅〕。

V　不服の申立て（異議の訴え）

1　査定の裁判

(1)　査定の裁判に対して不服がある者は、その送達を受けた日から1か月の不変期間内に、異議の訴えを提起することができる（法145条1項）。異議の訴えは、再生裁判所（再生手続を担当する裁判体を含む官署としての裁判所）が管轄する（同条2項）。当部の再生事件についての異議の訴えは、通常事件として配てんされる。

(2)　「査定の裁判に不服がある者」とは、損害賠償請求の相手方とされる役員はもちろんのこと、査定された損害賠償請求権の額が申立てにおいて求めたよりも小さかった場合（一部認容の場合）の申立人（管財人、再生債務者、再生債権者）も含まれる（法145条3項）。役員が異議の訴えを提起するときは査定手続の申立人を、査定手続の申立人が異議の訴えを提起するときは当該役員を、それぞれ被告とする（同項）。

(3)　異議の訴えにおける請求の趣旨は、異議の訴えにおける判決が、査定の裁判を認可し、変更し又は取り消す（法146条3項）ものであることに対応したものとなる。
　査定手続の一方当事者が異議の訴えを提起し、他方当事者が提起しなかった場合、被告となった他方当事者は、異議の訴えを提起する期間が経過した後も、反訴としての異議の訴えを提起し、査定の裁判を争うことが可能である。

(4)　異議の訴えの口頭弁論は、提訴期間が経過した後でなければ開始することができず（法146条1項）、同一の役員に対する査定の裁判について複数の異議の訴えが提起された場合には、弁論が併合され、また、合一確定を図る処理が行われる（同条2項、民訴法40条1項～3項）。

(5) 前記(3)のとおり、異議の訴えにおける本案判決は、査定の裁判を認可し、変更し又は取り消す（法146条3項）ものとなる。前二者については、判決主文に給付文言はないが、法146条4項により給付を命ずる判決と同一の効力を有するものとされ、仮執行宣言を付することも可能である（同条5項）。

2 査定の申立てを棄却する裁判

査定の申立てを棄却する裁判に対しては、不服の申立てをすることはできない（法145条1項参照）が、管財人又は再生債務者が損害賠償請求の通常訴訟を提起することは可能である[9]。

VI 再生手続の終了による影響

査定手続は、再生手続の目的を達するために設けられた特殊な手続であるので、査定の裁判が行われる前に再生手続が終了したときは、終了する（法143条6項）。

これに対し、査定の裁判が行われ、異議の訴えが提起された後は、これが通常の損害賠償請求訴訟に近い性質を有していることから、同様に扱うことが合理的である。そこで、査定の裁判に対する異議の訴えで再生債務者等が当事者でないものは、再生手続の終了により中断し（法146条6項）、法68条3項の規定に従い再生債務者により受継され、再生債務者が当事者であるものは中断せずに引き続き係属するものとされている[10]。

---

[9] 条解民再780頁〔中島弘雅〕、石井・前掲注2）210頁。
[10] 新注釈民再（上）839頁〔阿多博文〕、条解民再788頁〔中島弘雅〕。

Ⅶ 保全処分

1 概説

　民再法は、役員の責任追及を実効性あるものにするため、保全処分の制度を設けている（法142条）。この保全処分は、民保法に基づかない特殊保全処分であり、担保を立てることを要しない。また、再生手続の開始後のみならず、緊急の必要があるときは、開始前であっても発令することができる（同条2項）。

2 申立権者

　保全処分の申立権者は、次のとおりである（法142条）。いずれの場合も、これらの者による申立てによるほか、裁判所の職権によっても発令が可能である（同条）。

```
(i) 再生手続開始決定前
    保全管理人が選任されているとき    →  保全管理人（法142条2項）
          選任されていないとき        →  再生債務者（法142条2項）
                                        再生債権者（法142条3項）
(ii) 再生手続開始決定後
    管財人が選任されているとき        →  管財人（法142条1項）
          選任されていないとき        →  再生債務者（法142条1項）
                                        再生債権者（法142条3項）
```

3 発令の要件

(1) 再生手続開始決定前後の発令に共通の要件

再生手続開始決定の前後を通じ、保全処分の発令に必要な要件は、次のとおりである。

> (i) 被保全権利（役員に対する損害賠償請求権）
>   実体法に基づき、役員に対する損害賠償請求権の発生原因となる事実があること（前記Ⅲ）
> (ii) 保全の必要性
>   あらかじめ保全処分をしておかなければ、後日査定の裁判等により損害賠償請求権が認められても現実化できないおそれがあること

(2) 再生手続開始決定前の発令のために必要な要件

再生手続開始決定を待たずに保全処分を発令するためには、前記(1)の要件が加重され、緊急性の要件が必要とされている（法142条2項）。具体的には、役員の責任を追及する必要性が高く、かつ、再生手続の開始を待っていたのでは役員の財産が散逸してしまう蓋然性が高いなど[11]、直ちに保全をしておかなければならない具体的事情があること、ということができよう。

4 保全の方法

被保全権利である役員に対する損害賠償請求権は金銭債権であるから、仮差押えが選択されることが多いと考えられるが、必要に応じ仮処分を行うことも許される（毀損のおそれのある財産の執行官保管等）[12]。

---

11) 条解民再 762 頁〔中島弘雅〕。
12) 条解民再 762 頁〔中島弘雅〕。

5　申立ての方法

　申立ては、当事者等並びに申立ての趣旨及び理由を記載した書面（規則 68 条 1 項）を提出して行う。申立ての理由においては、被保全権利及び保全の必要性を具体的に記載し、立証を要する事由ごとに証拠を記載する（同条 2 項）。これらについて疎明が必要であることは、一般の保全手続と同様である。また、迅速処理の要請及び執行の便宜のため、申立ては、執行方法の異なる保全処分ごとに各別の申立書によることが望ましい。

6　変更・取消し・即時抗告

　裁判所は、発令した保全処分を必要に応じて職権により変更し、また取り消すことができる（法 142 条 4 項。変更及び取消しにつき当事者に申立権はない[13]。）。保全処分そのものや変更・取消しの決定に対しては即時抗告をすることができるが、即時抗告に執行停止効はない（同条 5 項・6 項）。

　　　　　　　　　　　　　　　　　　　　　　　　　　（笹井三佳）

---

13)　新注釈民再（上）817 頁〔阿多博文〕。

第18章

否認権行使の手続

I 意義・概要

1 意義・制度趣旨

　否認権は、再生手続の開始前に、再生債務者が再生債権者を害することを知ってした行為や、他の再生債権者等との平等を害するような弁済、担保の提供等について、再生手続の開始後に、その効力を再生債務者財産のために否定して、減少した財産を回復し、再生債権者間の平等を回復することを目的とする制度である[1]。

　再生手続は、再生債権者に対し、破産手続であれば確保されたはずの再生債務者の財産を基礎にした配当相当額の弁済を最低限保障しつつ（清算価値保障原則。法174条2項4号）、再生債権者の権利を平等に変更する（平等原則。法155条1項）再生計画を定めることにより、当該再生債務者の事業や経済生活の再生を図ろうとするものである。否認制度は、このような再生手続の中で、再生債務者の財産の不当な逸失を是正し、再建の基礎を確保するとともに、債権者平等を回復するための制度として設けられている。

---

1) 花村・要説358頁。

2 否認対象行為の類型

再生手続における否認対象行為は、①詐害行為否認（法127条1項・2項）、②無償行為否認（同条3項）、③相当の対価を得てした財産の処分行為の否認（法127条の2第1項）、④偏頗行為否認（法127条の3）、⑤対抗要件否認（法129条）の5類型が設けられている。本章では、再生手続におけるその行使の手続について説明する。

II 行使主体

1 総説

再生手続における否認権の行使は、管財人又は裁判所から否認権を行使する権限（以下「否認権限」という。）を付与された監督委員（以下、再生手続において否認権を行使するこれらの者を「管財人等」という。）が行使する（法135条1項、56条1項）。

2 管財人

管理命令が発された場合、管財人は、再生債務者財産全体について管理処分権を専属的に有することとなる（法66条）。したがって、管財人は、否認権を行使し、再生債務者に返還されるべき財産につき、自らに返還するよう求めることができる。

3 監督委員

(1) 管理命令が発されていない場合、再生債務者財産の管理処分権は、再生債務者自身が有したままである（法38条1項）。したがって、理論的には、再生債務者自身が否認権を行使するものとすることも可能

ではあったが、否認権を行使する主体としてみた場合、再生手続開始前に自ら行った行為の効力を否認することについて、再生債務者に適正な権限行使が期待できるのかという疑問や社会的反発があり得ることなどから、裁判所が否認該当行為を特定して監督委員に否認権行使の権限を付与し、これを行使させることとされた[2]（法56条1項）。

(2)　監督委員に対する否認権限の付与は、例えば特定の売買契約の否認とか、特定の偏頗弁済行為の否認といったように、対象となる否認該当行為を特定して行われる（法56条1項）。決定例は資料18-2のとおりである。

(3)　監督委員は、特定された否認該当行為に関し、否認権の行使に必要な範囲内で、再生債務者のために、金銭の収支その他の財産の管理処分権を有し（法56条2項）、当該否認該当行為を否認し、相手方に対し、自己に目的財産の返還や価額の償還（法133条等）をするよう求めることができる。もっとも、この管理処分権は、再生債務者の管理処分権と重複するものであり、監督委員が目的財産等を受領して再生債務者に引き渡すまでの暫定的な権限である[3]。

また、裁判所は、必要があると認めるときは、監督委員の否認権行使に関し、訴えの提起や和解その他の行為を裁判所の許可を要するものと定めることができる（法56条5項）。

(4)　監督委員に対する否認権限の付与は、監督委員において、否認権を行使し得る法的地位を生じさせるものであり、必ずしも監督委員に否認権行使の義務を負わせるものではない。もっとも、実務においては、後記Ⅲ3のとおり、否認権限を背景とした交渉等が重要な意義を有する。

----
2)　花村・要説174頁、新注釈民再（上）332頁〔石井教文〕、条解民再311頁〔多比羅誠〕等。
3)　中島弘雅「監督委員の地位・監督委員による否認権行使」法システム(3)319頁。

(5) 監督委員に対する否認権限の付与は、再生手続開始決定後、利害関係人の申立てにより又は職権で行われる（法56条1項）。利害関係人には、再生債権者及び再生債務者のほか、監督委員自身も含まれると解する見解もある[4]。

否認権限の付与決定に先立ち、否認権限の付与の申立てを行った者において、その報酬及び費用のための手続費用を予納することを要する[5]。

III　行使の方法と実情

1　総説

否認権は、管財人が行使する場合は①否認の訴え、②否認の請求、③再生債務者の財産関係の訴訟における抗弁（法135条1項・3項）により、否認権限を付与された監督委員が行使する場合は①否認の訴え、②否認の請求（同条1項）により、それぞれ行使される。監督委員の否認権行使に関して③抗弁による行使が規定されていないのは、監督委員には再生債務者財産関係の訴訟における当事者（被告）適格がなく（管財人がこれを有することにつき法67条1項）、監督委員が再生債務者財産に関する訴訟において被告として否認の抗弁を提出する場面が想定されないためである。

2　否認の訴えと否認の請求

(1)　否認の訴えは、管財人等が、相手方に対し、目的財産の返還や価額償還を求めて訴えを提起するものである。これに対し、否認の請求（法136条）は、否認権行使が認められる場合に、相手方に対する債務

---

4) 条解民再312頁〔多比羅誠〕。
5) 条解民再112頁〔重政伊利〕参照。

名義をより簡易迅速に取得することを可能とする手続である。否認の訴えは、通常訴訟と同様に手数料を要するが、否認の請求においては、手数料は不要である。

(2)　否認の訴えも否認の請求も、再生裁判所（再生手続が係属する裁判体が所属する官署としての裁判所）の専属管轄に属する（法135条2項、6条）。大阪地方裁判所では、否認の訴えは通常事件として扱われ、否認の請求は当部が担当している。

(3)　否認の請求をするときは、否認の原因たる事実の疎明を要し（法136条1項）、否認の請求書に証拠書類の写しを添付して提出する（否認の請求書における必要的記載事項につき規則66条1項。また、否認の請求書は直送しなければならない（同条5項）。）。裁判所は、否認請求の相手方（転得者を含む。）に対して審尋を行い（必要的審尋。法136条3項）、決定の形式で裁判を行う（同条2項）。また、当部では、否認の請求において和解をすることも可能と解しており、審尋調書に和解条項を記載したときは、確定判決と同一の効力を有するものとして債務名義となる（法18条、民訴法267条）。

否認の請求の手続は、再生手続が終了したときは、当然に終了する（法136条5項）。

(4)　否認の請求を認容する決定に不服がある者は、その送達を受けた日から1か月の不変期間内に、異議の訴えを提起することができるが（法137条1項）、同期間内に異議の訴えが提起されなかったときは、その決定は、確定判決と同一の効力を有する（同条4項後段）。

否認の請求を棄却する決定に対し、管財人等は、不服の申立てをすることができない[6]。否認の請求を一部認容し、その余を棄却する決定に

---

6)　棄却決定後に否認の訴えを提起することも妨げられないが、例外的な場合に限定すべきとする見解として、伊藤926頁、571頁。

対しては、管財人等も異議の訴えを提起することができると解する見解がある[7]。

(5) 異議の訴えは再生裁判所の専属管轄に属するが（法137条2項、6条）、大阪地方裁判所では、否認の訴えと同様、通常事件として扱われる。異議の訴えにおいては、受訴裁判所は、訴えを不適法として却下する場合を除き、原決定を認可し、変更し、又は取り消し（法137条3項）、原決定を認可又は変更する判決においては、仮執行宣言を付することもできる（同条5項、民訴法259条1項）。

(6) 否認権の要件が具備されていることが明らかな事案などでは、簡易な手続である否認の請求を利用することが多いであろう。これに対して、判断が困難であろうと思われる事案で、結局は訴訟に至ることが予想されるようなものなどでは、当初から否認の訴えを提起することが多いであろう。

3 実情と留意点

(1) 当部における否認権行使の例は少ないが、近時の例としては、次のようなものがあった。

ア 事例1
再生債務者は、その代表者の親族が代表者を務める関連会社から金銭の貸付けを受けていたところ、再生債務者代表者は、申立代理人と面談して再生手続の申立てを決意した後、前記関連会社との間で、再生債務者財産に属する多数の機械について動産譲渡担保契約を締結し、占有改定により引き渡した。再生債務者代理人は、申立て後にその事実を知らされ、裁判所に対して監督委員への否認権限付与の申立てを行った。否

---
7) 条解民再736頁〔髙地茂世〕、新注釈民再（上）796頁〔中西正〕。

認権限の付与を受けた監督委員は、否認の請求を行い、同請求は認容されて確定した。

 イ 事例2
　再生手続開始の申立ての直前まで再生債務者の代表者であった者が、再生債務者に対して貸し付けていた金員につき、再生手続開始の申立ての当日に、その一部を再生債務者から回収した。再生債務者は、再生手続開始決定の約半年後になって、前記弁済についての報告書を提出し、監督委員に促されて返還を受けるべく交渉を始めたが、その交渉は遅々として進まず、裁判所は、監督委員の上申を受け、職権により、監督委員に対し、前記弁済に関する否認権限を付与した。監督委員は、直ちに否認の訴えを提起し、和解によりその一部を回収した。

(2)　再生手続では、概して否認権行使に係る法的手続が執られる頻度が低いが、否認対象行為と考えられる事実関係に対しては、法的手続には至らずとも、監督委員や裁判所の指導・示唆の下、何らかの形で和解的に解決されていることが多いと考えられる。再生債務者や監督委員は、否認対象行為の相手方との間で、否認権行使があり得ることを前提として交渉等を行い、必要に応じ、監督委員の同意を得て再生債務者において当該相手方と和解契約を締結する等の対処を検討することが相当であろう。
　なお、監督委員の財産管理処分権は、否認権限を付与されることによって生ずるものであるから、否認権限付与の裁判を経ていないのに、監督委員が当事者となって和解契約を締結することはできない[8]。

(3)　否認権の行使が奏功した場合、再生債務者財産が増加するため、清算価値の上昇につながり、最低弁済額が変動する場合があるので、再

---

[8]　なお、監督委員による否認権の裁判外行使については議論がある。新注釈民再（上）335頁〔石井教文〕、伊藤928頁、573頁ほかを参照。

生計画を作成する際には留意すべきである。もっとも、否認権の行使によりどの程度の財産が回復されるかについては、再生計画案提出時点においても必ずしも明確でない場合もあり得る。そのような場合は、将来否認権行使により財産が回復され、追加弁済が可能になったときは、追加弁済を行う旨の条項を設けるといった手当てをすることが考えられる。

IV　保全処分と登記

1　保全処分

(1)　否認権は、管財人等により、再生手続開始後に行使されるものであるが、それを待っていては否認権行使の実効性が失われるおそれがある場合に対処するため、再生手続開始決定前の保全処分制度が設けられている（法134条の2）。裁判所は、再生手続開始の申立てがあった時から当該申立てについての決定があるまでの間において、利害関係人（保全管理人が選任されている場合は保全管理人）の申立てにより又は職権で、仮差押え、仮処分その他の必要な保全処分を命ずることができる。この保全処分は、担保を立てさせて、又は立てさせないで発令することができる（同条第2項）。

保全処分の申立てに当たっては、①被保全権利すなわち否認権が成立すること、具体的には、再生手続開始原因（法21条）の存在及び否認の実体要件（前記I 2の5類型のいずれか）を充足する事実関係[9]、並びに②保全の必要性についての疎明が必要である。

(2)　再生手続開始決定前に否認権を保全するための保全処分が命じられている場合には、再生手続開始決定後、管財人等は、同保全処分に

---

9)　法25条に定める事由や否認の実体要件上の抗弁の存在が予想されるようなときは、それらの不存在についても疎明を求められることがあり得る。

係る手続を続行することができる（法134条の3第1項）。「続行」の具体的内容は、保全処分に対する即時抗告が係属している場合にこれを受継することや保全処分の執行手続を行うこと等である。また、管財人等は、保全処分の発令に際して供されている担保が再生債務者財産に属しないときは、これを再生債務者財産に属するものに変換することを要する（同条第3項）[10]。

　管財人等による保全処分に係る手続の続行は、再生手続開始の決定後1か月以内に行う必要があり、この期間内に続行されないときは、保全処分は効力を失う（法134条の3第2項）。管財人等は、前記手続を続行する場合には、その旨を裁判所に届け出なければならない（規則65条の3）。

　(3) 再生手続開始後に、否認権を保全するため保全処分の必要があるときは、管財人等において、民保法による保全処分を申し立てることとなる。

2 否認の登記・登録

　否認の原因である行為が否認されたときは、再生債務者財産が原状に復する（法132条1項）。これを公示するため、監督委員又は管財人は、当該行為に係る財産につき、否認の登記をしなければならない（法13条1項）。

　この否認の登記は、再生計画認可、再生手続開始決定の取消し、再生計画不認可、再生手続廃止の各決定の確定の際には、裁判所書記官の嘱託により抹消される（法13条4項・6項）ため、これらの場合には、管財人等は、否認の登記に関する登記事項証明書を裁判所に提出する（規則8条2項）。

　以上の内容は、登録のある権利についても準用される（法15条、規則

---

10)　条解民再726頁〔山田文〕。

8条3項)。

V　否認関係訴訟の扱い

1　管財人等による受継

　再生手続開始前に再生債権者が再生債務者財産に関して詐害行為取消訴訟を提起していたり、先行する破産手続において否認の訴えや否認請求認容決定に対する異議の訴えが提起されていたりすることがある。これらの訴訟手続は、総債権者の利益のために再生債務者の財産の回復を図るという点で、否認権行使と目的を共通にすることから、管財人等が否認権を行使する場合には、これらの訴訟を受継することができる（法140条）。

2　訴訟参加・別訴の併合提起

　また、前述ⅡÉ(3)のとおり、監督委員が否認権限を付与されると、当該監督委員は、否認権行使に関する限りで、否認対象行為に係る財産につき管理処分権を有することとなるが、それ以外の管理処分権は再生債務者が有したままである。したがって、監督委員を当事者とする訴訟とは別に、再生債務者を当事者とする訴訟が存在するという事態があり得るが、その場合、両訴訟の間で、重複起訴の禁止（民訴法142条）や既判力の抵触、判決内容の矛盾といった問題が生じ得る。
　そこで、①否認権限を有する監督委員は、否認権行使の相手方と再生債務者との間の訴訟に、当該訴訟の目的である権利又は義務に係る請求を定立して参加することができ、②再生債務者は、否認権行使の相手方と否認権限を有する監督委員との間の訴訟に、当該訴訟の目的である権利又は義務に係る請求を定立して参加することができ、③否認権行使の相手方は、否認権限を有する監督委員との間の訴訟の口頭弁論終結に至

るまで、再生債務者を被告として、当該訴訟の目的である権利又は義務に係る訴えを併合提起することができ、④①から③までの場合には、民訴法40条1項ないし3項の準用により、合一確定が図られる（法138条）。

3 否認権限の喪失・再生手続の終了による影響

さらに、再生手続における否認関係訴訟は、管理命令、監督命令及び否認権限付与の裁判の取消しによる管財人等の否認権限の喪失や、再生手続の終了によっても影響を受ける。

以上の内容については、**資料18-1**を参照。

VI 監督委員による任務終了の計算報告等

否認権限を付与された監督委員は、否認権行使に必要な限度で財産の管理処分権を有することから、その否認権行使に係る任務を終了した場合には、遅滞なく、裁判所に計算の報告をしなければならないものとされた。当該監督委員が欠けた時は、新たに否認権限を付与された監督委員又は管財人がこれを行う必要がある。また、否認権行使に係る任務が終了した場合において、急迫の事情があるときは、当該監督委員は、新たに否認権限を付与された監督委員、管財人又は再生債務者が財産を管理することができるに至るまで、必要な処分をしなければならない（法56条3項、77条1項～3項）。

（笹井三佳）

資料18-1 民事再生手続における否認権行使関係訴訟の受継、参加、中断、終了等

該当法条	対象となる訴訟手続	原告	被告
既に提起され、中断している訴訟の受継			
140 Ⅰ、40の2Ⅰ	詐害行為取消訴訟	再生債権者	否認権行使の相手方
	破産法の規定による否認の訴訟	破産管財人	否認権行使の相手方
	破産法の規定による否認請求認容決定に対する異議の訴訟	否認権行使の相手方	破産管財人
		破産管財人	否認権行使の相手方
参加、別訴の併合提起			
監督委員による参加 138 Ⅰ		否認権行使の相手方	再生債務者
		再生債務者	否認権行使の相手方
再生債務者による参加 138 Ⅱ	否認の訴え（135 Ⅰ）	監督委員	否認権行使の相手方
	否認請求認容決定に対する異議の訴え（137 Ⅰ）	否認権行使の相手方	監督委員
		監督委員	否認権行使の相手方
	詐害行為取消訴訟（140 Ⅰ）	監督委員（再生債権者を受継）	否認権行使の相手方
	破産法の規定による否認の訴訟（140 Ⅰ）	監督委員（破産管財人を受継）	否認権行使の相手方
	破産法の規定による否認請求認容決定に対する異議の訴訟（140 Ⅰ）	否認権行使の相手方	監督委員（破産管財人を受継）
		監督委員（破産管財人を受継）	否認権行使の相手方
否認権行使の相手方による訴えの併合提起 138 Ⅲ	否認の訴え（135 Ⅰ）	監督委員	否認権行使の相手方
	否認請求認容決定に対する異議の訴え（137 Ⅰ）	否認権行使の相手方	監督委員
		監督委員	否認権行使の相手方
	詐害行為取消訴訟（140 Ⅰ）	監督委員（再生債権者を受継）	否認権行使の相手方
	破産法の規定による否認の訴訟（140 Ⅰ）	監督委員（破産管財人を受継）	否認権行使の相手方
	破産法の規定による否認請求認容決定に対する異議の訴訟（140 Ⅰ）	否認権行使の相手方	監督委員（破産管財人を受継）
		監督委員（破産管財人を受継）	否認権行使の相手方

* この表において、「監督委員」とは、否認権限を付与された監督委員をいい、「管財人等」とは、管財人及び否認権限を付与された監督委員をいう。

備考
受継者等
管財人等が再生債権者を受継可 否認権行使の相手方も受継の申立て可
管財人等が破産管財人を受継可 否認権行使の相手方も受継の申立て可
参加等の要領
否認権行使の相手方を被告として、当該訴訟の目的である権利又は義務に係る請求を定立して当事者参加可
否認権行使の相手方を被告として、当該訴訟の目的である権利又は義務に係る請求を定立して当事者参加可
再生債務者を被告として、当該訴訟の目的である権利又は義務に係る訴えを併合提起可

該当法条	対象となる訴訟手続	原告	被告
中断			
141 Ⅰ①	否認の訴え（135 Ⅰ）	監督委員	否認権行使の相手方
68 Ⅳ・Ⅱ	否認の訴え（135 Ⅰ）	管財人	否認権行使の相手方
137 Ⅵ後、141 Ⅰ①	否認請求認容決定に対する異議の訴え（137 Ⅰ）	否認権行使の相手方	監督委員
		監督委員	否認権行使の相手方
68 Ⅱ、141 Ⅰ②（なお、137 Ⅶ・Ⅵ参照）	否認請求認容決定に対する異議の訴え（137 Ⅰ）	否認権行使の相手方	管財人
		管財人	否認権行使の相手方
141 Ⅰ①	138 Ⅰにより監督委員が参加した訴訟	否認権行使の相手方	再生債務者
		再生債務者	否認権行使の相手方
140 Ⅲ、141 Ⅰ①・②	詐害行為取消訴訟（140 Ⅰ）	管財人等（再生債権者を受継）	否認権行使の相手方
	破産法の規定による否認の訴え（140 Ⅰ）	管財人等（破産管財人を受継）	否認権行使の相手方
	破産法による否認請求認容決定に対する異議の訴訟（140 Ⅰ）	否認権行使の相手方	管財人等（破産管財人を受継）
		管財人等（破産管財人を受継）	否認権行使の相手方
終了			
137 Ⅵ・Ⅶ	否認請求認容決定に対する異議の訴え（137 Ⅰ）	否認権行使の相手方	管財人等
		管財人等	否認権行使の相手方

中断事由	受継者等	備考
★監督命令又は監督委員に対する否認権限付与の裁判（56Ⅰ）の取消し	監督委員の提起した否認訴訟の係属中に再生手続が終了した場合、これが中断事由となるのか、当該訴訟は当然終了するのかについては、見解が分かれうる（伊藤927頁）。	
①管理命令の取消決定の確定 ②再生手続の終了	①の場合の受継者につき、再生債務者には当事者適格がないので、68Ⅲにより再生債務者に受継させるべきでないとするものとして、山本克己「民事再生法上の否認権者と訴訟手続」高田裕成ほか編『企業紛争と民事手続法理論──福永有利先生古稀記念』（商事法務、2005年）808頁。②の場合につき、管財人を受継した再生債務者は否認権行使を攻撃防御方法として主張できない（伊藤927頁）。	★による中断の後、新たに監督委員に否認権限が付与され、又は管財人が選任された場合には、その監督委員又は管財人が当該訴訟を受継しなければならない（相手方も受継の申立て可。141Ⅱ）。
①★監督命令又は監督委員に対する否認権限付与の裁判（56Ⅰ）の取消し ②再生手続の終了（再生計画不認可決定、再生手続廃止決定又は再生計画取消決定の確定による。）	②の場合、後続する破産手続の破産管財人が受継することができる（相手方も受継の申立て可。254Ⅰ）。	
①★管理命令の取消し ②再生手続の終了（再生計画不認可決定、再生手続廃止決定又は再生計画取消決定の確定による。）	②の場合、後続する破産手続の破産管財人が受継することができる（相手方も受継の申立て可。254Ⅰ）。	
★監督命令又は監督委員に対する否認権限付与の裁判（56Ⅰ）の取消し		
管財人等による受継後の ①★監督命令、監督委員に対する否認権限付与の裁判（56Ⅰ）又は管理命令の取消し ②再生手続の終了（①により中断している場合を除く。）	①の後に再生手続が終了した場合及び②の場合、再生債権者又は破産管財人が当該訴訟を受継しなければならない（相手方も受継の申立て可。140Ⅳ）。	

終了事由
再生手続の終了（再生手続開始決定取消決定の確定又は再生手続終結の決定による。）

資料18-2　否認権限付与決定

平成○年（再）第○号　再生手続開始申立事件

決　　　定

大阪市○○（住所）
　　申立人（再生債務者）　　○○株式会社
　　代表者代表取締役　　　　○○○○
　　申立代理人弁護士　　　　○○○○
大阪市○○（住所）
　　監　督　委　員　　　　　○○○○

主　　　文

　監督委員○○○○に対して，再生債務者が株式会社△△△△との間で別紙各項に記載の日にそれぞれ締結した当該項記載の工事代金債権を対象とする債権譲渡契約に関し，平成○年○月○日株式会社△△△△が対抗要件具備行為としてした債権譲渡の通知のすべてについて，否認権を行使する権限を付与する。

　監督委員は，否認の請求の申立て・訴えの提起，和解，又は上記申立て・訴えの取り下げをなすには，当裁判所の許可を得なければならない。

　　平成○年○月○日
　　　大阪地方裁判所第6民事部
　　　　　裁判長裁判官　　○○○○
　　　　　　　裁判官　　　○○○○
　　　　　　　裁判官　　　○○○○

第19章 別除権協定

I　別除権協定の必要性

　中小企業を典型的な債務者として想定する民再法は、手続の構造を簡素化するため[1]、再生手続の開始の時において再生債務者の財産につき存する担保権（特別の先取特権、質権、抵当権又は商法若しくは会社法の規定による留置権）を別除権とし、再生手続によらないで、これを行使することができるとしている（法53条）。

　ところで、多くの企業は、資金調達や仕入品の供給確保などに当たり、債権者から融資や買掛金債務などを被担保債権とする担保権設定の要請を受け、これに応じているが、その担保目的財産が、再生債務者の事業にとって不可欠な財産であることは少なくない。そのため、再生手続による制約を受けない担保権が無制限に実行されると、事業再生の根幹を揺るがす事態となる。民再法は、担保権の実行手続の中止命令（法31条）と担保権消滅の制度（法148条）を定め、一定の限度で担保権の実行を阻止することを認めているが、前者は、一時的な中止を命じるにとどまり、後者は、担保目的財産の評価額相当額の一括弁済を必要とするため、いずれも効果的に利用できる事例は限られてしまう。

　そこで、実務的には、担保権（別除権）を実行しない旨の合意（いわ

---

1) 一問一答民再14頁。

ゆる別除権協定）の締結が極めて重要な役割を果たすことになる。

II 別除権協定の内容及び性質等

1 概要

　別除権協定とは、前記Iのような別除権行使の阻止の必要性からは、別除権を実行しない旨の合意を最低限の内容とするものと考えられるが、これが実定法上のものではないため、実務上は、むしろ、別除権の目的である財産の受戻し（法41条1項9号）や不足額（別除権の行使によって弁済を受けることのできない債権の部分。法88条本文参照）の確定などに関する合意を含むことが多く、広く別除権の行使等に関する合意を指す呼称として用いられている。一般的な別除権協定の内容については様々な説明がされているが[2]、次のような整理が可能である。

2 別除権目的財産の受戻し

　別除権協定では、まず、①別除権協定時の被担保債権額の確認（以下、番号に応じて「条項①」などという。）を前提に、②担保目的財産の評価額（受戻価額）と、③受戻価額の弁済による担保権の解除と登記等の抹消について合意されることが一般的である（受戻価額の相当性については、後記III参照）。この条項③の弁済方法は、一括による場合と、分割によ

---

2) 三上徹「別除権協定の諸問題——民事再生法の影の主役」商事法務編『再生・再編事例集4　事業再生の思想——主題と変奏』（商事法務、2005年）37頁、倉部真由美「別除権協定について」実務と理論342頁、印藤弘二「別除権協定失効の効果と既払金の取扱いに関する考察」金法2024号（2015年）8頁、中井康之「別除権協定に基づく協定債権の取扱い」伊藤眞＝道垣内弘人＝山本和彦編著『担保・執行・倒産の現在——事例への実務対応』（有斐閣、2014年）305頁（初出：ジュリ1459号（2013年）90頁）、山地修「判例解説」曹時68巻2号（2016年）205頁など。

る場合がある。

(1) 一括弁済による受戻し

　条項③の受戻価額を一括弁済することにより担保目的財産を受け戻すことも、別除権協定の典型例の1つである。もっとも、通常、再生債務者は資金繰りに窮しているから、スポンサーの支援やDIPファイナンスにより資金調達を受けることができる場合は格別、自主再建型の再生計画案を予定している場合には、事業再生に不可欠な財産につき、このような一括弁済型の別除権協定を実現することは決して容易ではない。

　これに対し、事業再生に不可欠でない財産については、近時は、担保権者の内諾を得て別除権実行の猶予を受けて任意売却を進め、その代わりに売却代金の一部などを再生計画弁済原資（いわゆる財団組入れ）として取り込むことが少なくないようである。その際にも、別除権者との間で契約書を交わすかどうかは別として、理論的には、条項①～③の限度で別除権協定が締結されていることになる。

(2) 分割弁済と担保権の不行使

　ア　前記(1)のとおり、一括弁済による受戻しは容易でないため、受戻価額を分割して弁済する旨合意されることが少なくない。この場合、条項③は、④受戻価額の分割弁済（その分割期間や分割方法を含む。）、⑤分割弁済中の担保権の不行使、⑥分割弁済完了時の担保権解除と登記等の抹消を内容とするものになることが一般的である。

　なお、本章では、以下、別除権協定における条項④の分割弁済を「協定弁済」、協定弁済に係る債権又は債務を「協定債権」又は「協定債務」ということとする。

　イ　条項④のうち、分割方法は、均等分割型にとどまらず、漸増・漸減型、バルーン型（一定期間の定額弁済後に残額を一括で支払う方法）も可能であり、再生計画に合わせる必要はない。分割期間は再生債権の弁済期間と同期間と定められることが多いとされるが、これも再生計画

に合わせる必要はなく、再生計画のような期間制限（法155条3項）がないため、10年を超える長期弁済を定めることも可能である。

このように、別除権協定は長期の分割弁済になることが少なくないため、通常、⑦分割弁済に不履行があった場合や別除権協定の解除条件など協定の終了事由等のほか、さらに、⑧新たな約定利息や約定遅延損害金の利率が合意されることも少なくない。

　ウ　条項⑦のうち、解除条件は、再生計画認可決定の効力が生じないことが確定すること、再生計画不認可の決定が確定すること及び再生手続廃止決定がされることと定められることが多かった[3]。当部でも、解除条件として、「再生手続廃止、再生計画不認可若しくは再生計画の取消しの決定、民事再生法249条1項前段の規定による破産手続開始の申立てに基づく破産手続開始決定、再生手続中止の命令又は再生手続開始（本件再生手続を含まない。）の決定若しくは更生手続開始の決定」を定めた別除権協定が締結された事例がある。

この点について、再生手続終結後に破産手続開始決定がされた事案において、別除権協定における解除条件条項の解釈が問題となった最判平成26年6月5日民集68巻5号403頁（以下「平成26年最判」という。）は[4]、別除権の行使等に関する協定（別除権の目的である不動産につきその被担保債権の額よりも減額された受戻しの価格を定めて再生債務者が別除権者に対しこれを分割弁済することとし、再生債務者がその分割弁済を完了したときは別除権者の担保権が消滅する旨を再生債務者と別除権者との間で定めたもの）中にある再生手続廃止の決定がされること等を同協定の解除条件とする旨の合意は、再生計画の履行完了前に再生手続廃止の決定を経ずに破産手続開始の決定がされることが解除条件として明記されて

---

3) 四宮章夫＝藤原総一郎＝信國篤慶編著『書式　民事再生の実務〔全訂4版〕』（民事法研究会、2014年）314頁、園尾隆司＝須藤英章監修・第二東京弁護士会倒産法研究会編集『民事再生書式集〔第4版〕』（信山社、2013年）371頁。
4) 原審は、高松高判平成24年1月20日判タ1375号236頁、原々審は、松山地判平成23年3月1日判タ1375号240頁。

いなくても、これを解除条件から除外する趣旨であると解すべき事情がうかがわれないなど判示の事情のもとでは、再生債務者が前記破産手続開始の決定を受けた時から同協定はその効力を失う旨の内容をも含むものと解すべきである、と判示した。この平成26年最判を受けて、別除権協定で定められる解除条件として破産手続開始の決定が明示されることが期待されることになったと思われるが、近時の当部の事案であっても、そのような明示がされていない例も散見されている。

③ 被担保債権の減額と不足額の確定

(1) さらに、別除権者が、被担保債権のうち受戻価額を超える部分につき、再生計画に基づく弁済を得ることを企図して、前記超過部分を不足額として確定させ、その確定不足額につき再生債権者として再生手続に参加するために（法88条ただし書）、⑨被担保債権額を受戻価額に減額し、⑩その差額部分をいわゆる不足額として確定させる旨の合意がされることも少なくない。

なお、条項⑨及び⑩を定めていた場合において、後日、協定弁済の不履行などがあったときに、別除権協定の効力を（遡及的に）失わせて、協定前の被担保債権全額に担保権の効力を及ぼすことができるかにつき、議論がある（後記Ⅵ②参照）。

(2) このように別除権協定の内容に被担保債権額の減額が含まれる場合において、被担保債権額の登記又は登録が可能な担保権につき、被担保債権の減少という実体法上の効果を導くためには、合意のみでは足りず、登記記録などの被担保債権額の変更登記等を要するか否かについて議論がある[5]。

必要説[6]は、立案担当者の見解であり、法88条ただし書の「担保さ

---

5) 条解民再462頁〔山本浩美〕。
6) 花村・要説256頁。

れないこととなった場合」に当たるというためには、特定の再生債権者と再生債務者との間のみならず、一般的に効力を主張し得る状態となることが必要であること、不動産についての物権変動は喪失についても対抗要件を具備する必要があると考えられることなどを理由としている。しかし、近時は、担保権そのものの全部放棄の場合と異なり、被担保債権の減少は附従性により担保権の一部弁済と同じく担保権の絶対的消滅をもたらすため、対抗問題は生じないから、単に一部無効の登記が存するにすぎないこと、登記には公信力がないことなど理由に、登記不要説が有力となっている[7]。

　当部は、かつて登記必要説によっていたが、別除権協定の早期締結を促進する趣旨も含めて、現在は、登記不要説を採用している[8]。もっとも、手続の明確性や実体と公示の不一致の解消の観点から、登記不要説に立ちつつも、変更登記をすることが望ましいとする見解も有力である[9]。

　(3)　別除権の不足額部分について届出がされ（法88条ただし書、94条2項）、これが確定すると、別除権者は、再生計画上、その部分に限っては、再生債権者として他の再生債権者と平等に扱われ（法155条参照）、再生計画に基づいて弁済を受けることになる（法182条前段。以下では、この不足額部分について再生計画に基づいてされる弁済を「計画弁済」という。）。

4　別除権協定の性質

　以上のような内容に鑑みれば、別除権協定は、別除権目的財産の受戻しとしての内容を含むとともに、一種の和解契約としての性質も併せ持っていると考えられる。

---

[7]　詳解民再312頁〔山本和彦〕、中井・前掲注2) 314頁。
[8]　はい6民536頁。
[9]　新注釈民再（上）474頁〔中井康之〕、通再120問218頁〔森川和彦〕。

そこで、当部では、再生計画認可前における別除権協定の締結は監督命令における監督委員の同意事項（法54条2項、41条1項6号・9号）に当たるとして、協定締結に先立って監督委員の同意を得るように求めている。他方で、認可後は、監督委員の同意事項としていない例が多いが、認可後も、別除権の目的である財産の受戻しを裁判所の許可事項とした例もある（**第28章Ⅲ[2](1)、資料28-1参照**）。

5 後順位担保権者との別除権協定

後順位担保権者がいる場合には、同人との間の別除権協定も締結する必要がある。先順位担保権のための別除権協定の締結時に、後順位担保権にとって無剰余であったとしても、先順位担保権者に対する弁済が進めば、後日、先順位担保権に担保されず、かつ、後順位担保権によって把握される余剰価値が生じてくるからである。後順位担保権者との間の別除権協定の締結時期は、先順位別除権協定に先行し、又はこれとほぼ同時期であることが多いとされる[10]。

Ⅲ 受戻価額の相当性

別除権協定は非典型契約にすぎないため、その受戻価額の相当性の基準に関する実定法上の明文はないが、実際には、別除権者の主導で、受戻価額は高額化する傾向にあるとされる。再生債務者は、資金繰り等の理由で担保権消滅の制度を利用できないため、交渉過程において、別除権者が再生債務者よりも優位な立場に立っているのが通常だからである。

しかしながら、別除権者が把握している価値を大きく超えた価額を受戻価額とすることは、不足額責任主義の下における債権者平等との関係

---

10) 三上・前掲注2) 47頁、多比羅誠「別除権協定にかかる問題点――再生の現場の視点から」伊藤眞＝園尾隆司＝多比羅誠編集代表『倒産法の実践』（有斐閣、2016年）117頁。

で問題がある。そこで、別除権者が把握している価値の客観化を図るために、受戻価額の相当性に関して議論がされている。考え方としては、担保権消滅の制度における目的物の評価額（規則79条1項の「処分」価額）の議論も参考としながら、①競売価額説、②早期処分価額説（特定価額説）、③継続企業価値説などがある[11]。

現在、当部は、いずれかの特定の見解に依拠しておらず、必要性（非代替性）の有無・程度、耐用年数、撤去又は収去費用、再調達価格、再調達コスト、事業収益に対する影響、再生債務者の資金調達能力、協定弁済総額と協定弁済期間、その他諸般の事情を総合的に考慮して、価額の合理性を判断している。実務上早期の処分価額と事業継続を前提とした評価額の間での交渉協議の結果価額が定められた場合や、市場価額としての時価を目安として価額が定められた場合などが見受けられるが、個別事案ごとに判断している。もっとも、不足額責任主義との関係で、他の再生債権者に対する合理的説明が困難であるとの懸念がある場合には、再交渉を示唆している。

IV 協定締結の時期[12]

事業再生に必要不可欠な財産に関する別除権協定は、これが締結されなければ、事業再生が頓挫してしまうものであり、また、受戻価額の多寡や協定弁済の期間は他の再生債権者に対する弁済原資を左右する。したがって、別除権協定は、できれば再生計画提出時までに、遅くとも再生計画の決議時までに締結されることが望ましい。

しかしながら、実務では、再生計画の可決後に締結される例も少なくないのが実情である。これは、別除権者側にも、協定弁済予定額のみならず、不足額部分に応じた計画弁済予定額も含めた合計回収額や回収時

---

11) 新注釈民再（上）472頁〔中井康之〕、民再実践マニュアル203頁、倉部・前掲注2) 348頁。規則79条の議論に関しては、**第20章Ⅲ[2](1)参照**。
12) 詳しくは、多比羅・前掲注10) 118頁以下。

期の検討なくして協定を締結することができないという事情があるからとされる。もっとも、事業再生に必要不可欠な資産の帰趨は、他の再生債権者にとって必須の判断材料であるといっても過言ではないから、実務的には、締結予定の協定の骨子又はその交渉状況及び締結の見込みなどに関して、再生計画の決議時までに再生債務者から情報提供がされるのが通常である。

V　別除権協定の具体的事例

　実務的にみると、ファイナンス・リースや所有権留保の事例が多く、パソコン、ソフトウェア、コピー機、電話機等は、ほぼあらゆる業種に共通してみられる。また、当該再生債務者用にカスタマイズされたシステムやソフトウェア、各業種の特色が反映されたリース物件（飲食業につき厨房機器、運送業につきトラックなど）が対象となることも少なくない。他に特徴的な事例としては、次のようなものがある。

1　集合動産譲渡担保

　在庫商品に集合動産譲渡担保が設定されていた事案で、担保権の実行手続の中止命令（伸長1回）から約2か月後に、被担保債権を受戻額まで減縮し、対象動産を固定化させることなく流動性を維持させる旨の別除権協定が締結された事例がある。

2　集合債権譲渡担保

　集合債権譲渡担保については、①担保権の実行手続の中止命令から約2週間後に、対象債権を再生手続開始の申立て前までに発生したものに限定した別除権協定の締結に至った事例、②実行通知がされた後、別除権者との協議を得て、再生手続開始決定前までに発生した債権額を試算

して受戻額を定め、開始決定以後に発生した債権は再生債務者による取立てを認める旨の別除権協定が締結された事例などがある。

③ 担保権消滅の制度との関係

　不動産（ゴルフ場）につき、担保権消滅許可決定がされ、担保権者による価額決定請求がされた後も別除権者との交渉を継続し、価額決定の前に評価額の合意に至り、価額決定請求が取り下げられた事例もある。

VI　別除権協定の諸問題

　近時、別除権協定に関し、様々な議論が活発にされている。ここでは、協定債権の性質論と、いわゆる復活説と固定説の議論に関し、簡単に紹介することとする。

① 協定債権の性質

　別除権協定締結前の被担保債権は再生債権（別除権付再生債権）であるから、再生債務者は、本来、利払すら許されない。そこで、協定弁済の適法性を説明するために、協定債権の性質については、従来、共益債権と解するのが一般的であった（後日、牽連破産した場合に財団債権として扱われることを回避するために、別除権協定において、牽連破産した場合には別除権協定を失効させる旨の解除条件を付すなどの工夫がされることもあった[13]。）。
　ところが、近時、協定債務の不履行があった場合において、担保権実行とは別に、未払協定債権に基づいて再生債務者の一般財産に強制執行

---

13) 破産管財の手引412頁。個人再生事件におけるリース料債権の取扱いについてであるが、大阪再生物語231頁。

をすることができるか（法39条1項参照）、協定債権を被保全債権とする債権者代位権の行使が許されるか（法40条の2参照）などの場面の検討を通じて、協定債権の性質が議論されるようになり[14]、最近は、再生債権説が有力ないし多数説となりつつあるともされる[15]。

　もっとも、再生計画認可に至る手続遂行過程において、協定債権の性質論そのものが問題となることは実務上あまり見られない。そこで、ここでは、主要な見解について概観することにとどめる[16]。

(1) 共益債権説

ア 共益債権併存説

　別除権協定により、別除権付再生債権とは別に、再生債権の満足を確保するための補助的な権利として共益債権が発生し、両者の併存を認め、共益債権が弁済されると再生債権の額も弁済額だけ減少すると解する見解がある[17]。この見解に対しては、再生債権と共益債権の併存を認めるのは技巧的で、合理的意思として不自然であるなどの問題が指摘されている。

イ 共益債権化説

　別除権付再生債権につき、端的に、別除権協定による共益債権化を認める見解である。別除権協定が一種の和解契約であること（法41条1項6号参照）を主たる理由とするが、再生債権の個別弁済禁止の原則（法85条1項）の下でも協定弁済を認めることに意を用いた見解であると考

---

14) 議論の詳細は、山本和彦『倒産法制の現代的課題――民事手続法研究Ⅱ』（有斐閣、2014年）121頁以下、木村真也「別除権協定の取扱いと規律――最判平成26年6月5日を踏まえて」債管150号（2015年）144頁以下など。
15) 山地・前掲注2）224頁、松嶋英機＝伊藤眞＝園尾隆司編『専門訴訟講座⑧倒産・再生訴訟』（民事法研究会、2014年）268頁〔伊藤眞〕。
16) 本文掲記以外の見解として、中井・前掲注2）315頁、山本・前掲注14）141頁、木村・前掲注14）153頁、松嶋＝伊藤＝園尾編・前掲注15）269頁〔伊藤眞〕。
17) 松下淳一「判批」金法1912号（2010年）25頁、山本・前掲注14）127頁。

えられる。この見解に対しては、再生債権を当事者の合意（和解）によって共益債権に転化させることが可能なのか（法120条参照）などの問題が指摘されている。

(2) 再生債権説

協定債権は、協定締結の前後を問わず、再生債権とする見解である。別除権協定は、一種のなし崩し的な担保目的財産の受戻しと評価できること（法41条1項9号）、裁判所の許可（又は監督委員の同意）により担保目的財産の任意売却とその受戻しに伴って被担保債権が一括弁済される際に、その被担保債権が共益債権化されているとは考えにくいこと、受戻しに伴う再生債権の弁済は、再生債権弁済禁止の例外として「この法律に特別の定めがある場合」（法85条1項）に該当すると理解できることなどを理由としている[18]。下級審裁判例としては、別除権協定の未払協定債権を被保全債権とする債権者代位権の行使が問題となった事案において、協定債権は、共益債権に該当せず、再生債権にすぎない旨判示したものがある（東京地判平成24年2月27日金法1957号150頁）。

② 別除権協定の失効等と被担保債権の復活の当否

(1) 問題の所在等

被担保債権の減額（条項⑨）及び不足額の確定（条項⑩）を定めていた場合において、別除権協定が解除等により（遡及的に）失効したときに、被担保部分は協定前の債権全額にまで復活するのか（復活説）、それとも、協定債権部分に固定されたままなのか（固定説）という問題がある。平成26年最判を契機として、活発な議論がされている。一次的には、契約条項の合理的意思解釈の問題であるが、再生手続の強行法規性を理由にその意思解釈に限界があるのか、いまだ実務的な見解は定まっていない状況にある[19]。

---

18) 山本・前掲注14) 134頁。

この問題は、主に、別除権協定失効後における担保権実行の場面や[20]、後日の破産手続における破産管財人による担保目的財産の受戻し（破産法78条2項14号）などの事後的な場面における被担保債権の範囲の問題として現れるが、当該別除権協定締結前の監督委員の同意の場面（後記(5)参照）でも問題となりうる。

　また、この議論の実益は、実際の処分価額が協定債務の残額（協定弁済の未履行分）を超える場面で生じる。その原因は、事後的な価額上昇や協定債務の大部分が既に履行されたことなど様々であると考えられるが、別除権者が再生に協力する趣旨で低廉な受戻価額で合意するようなこともあると考えられる。

(2)　固定説と復活説
ア　固定説の主要な論拠とその帰結

　固定説は、不足額責任主義や手続の安定性などを主な論拠とする見解であり、復活説が不足額として自ら届け出た再生債権部分につき再生計画外（別除権の実行）で弁済を受けることを許容することは、再生債権者間の平等原則に反し（法85条1項）、契約の解釈問題にとどまらず手続上の強行法規違反を生じさせるとし、「確定」（法182条）や「担保されないこととなった」（法88条ただし書）こととは、将来に変動がないことを意味すると解している。固定説によれば、別除権者は、協定による減額後の被担保債権額から既払の協定弁済額を控除した残額に限り、優先弁済受領権を有するにとどまる。

---

19) 本論点につき論じるものは多い。髙井章光「牽連破産に関する諸問題」実務と理論258頁、新注釈民再（上）473頁〔中井康之〕、中井・前掲注2）304頁、栗原伸輔「再生手続における合意による不足額の確定」髙橋宏志ほか編『民事手続の現代的使命――伊藤眞先生古稀祝賀論文集』（有斐閣、2015年）841頁、岡伸浩『民事法実務の理論研究Ⅰ　倒産法実務の理論研究』（慶應義塾大学出版会、2015年）298頁、印藤・前掲注2）8頁、木村・前掲注14）6頁、小林信明「別除権協定が失効した場合の取扱い」伊藤＝園尾＝多比羅編集代表・前掲注10）131頁などがある。

20) 平成26年最判の事案も、不動産競売事件の配当異議訴訟において争点となっていた。

イ　復活説の主要な論拠とその帰結

復活説は、別除権者は危機時期に別除権協定を締結するというリスクを負ったのだから、別除権者が計画弁済を受けたうえで、担保目的財産の価額上昇の利益も得ようとすることは合理的であり、また、不足額の確定が将来の変動を許さないものとすれば、担保権者が別除権協定の締結を躊躇し、再生の支障となりかねないなどとする。そして、膨張主義を採る再生手続での不足額責任主義は、固定主義の下で清算を行う破産手続とは異なり、さほど厳格である必要はないことなどを理由に、「確定」等の意味を緩やかに解する。

復活説によれば、協定債務の不履行があれば、別除権協定締結前の被担保債権額全額に担保権の効力が及び、別除権者は、協定前の被担保債権額から既払の協定弁済額を控除した残額について優先弁済を受けることになる。

(3) 両説の接近

ア　固定説からの接近

固定説を基礎としつつ、協定の内容に応じて類型化しようとする見解がある（類型説）。不足額の確定を目的とする協定（不足額確定型協定）では、固定説を唱えつつ、不足額の確定の効果を有しない協定（復活型協定）では、協定弁済の返還（原状回復）を前提に遡及的な復活を認めること（遡及復活型協定）などを提唱する[21]。

また、別除権協定は再生計画による事業再生を前提とするから、その前提が失われたかで区別し、別除権協定の解除等があっても原則として被担保債権は復活しないが、破産に至るなど再生計画の遂行が困難となった場合は、その前提が失われ、被担保債権額が復活するとの見解もある[22]。平成26年最判の原々審である前掲注4）松山地判平成23年3

---

21) 中井・前掲注2）309頁。被担保債権の復活と協定弁済の保持の双方を意図した別除権協定（協定弁済の保持が遡及的に消滅しないという意味で「不遡及復活型協定」と称している。）は、原則として許されないともする。
22) 多比羅・前掲注10）125頁。

月1日も、ほぼ同様の考え方であると思われる。

　　イ　復活説からの接近 ── 既払金の精算
　復活説は、固定説から、①不足額部分につき、計画弁済分と担保権実行による回収分の両者を受領することは、一般再生債権者と担保権者という相容れない地位に基づく二重の利得である（計画弁済の二重取りの問題）、また、②解除等により別除権協定が遡及的に消滅するとすれば、別除権者は担保権実行時での担保価値を把握していたにとどまり、かつ、協定弁済も再生債権の弁済として許されなかったはずであるから、復活した被担保債権の満額まで協定弁済と担保権実行による回収分の両者を保持することは二重の利得である（担保価値の二重取りの問題）と批判される。
　そこで、復活説の中には、協定弁済又は計画弁済がされた部分の一方又は双方につき精算を要するとして、前記の各批判を回避しようとする見解が少なくないが、精算対象や精算方法の違いなどにより、そのヴァリエーションは多岐にわたる[23]。

(4)　平成26年最判
　平成26年最判は、別除権協定が破産手続開始決定という解除条件の成就によって失効したと判示したが、その場合における別除権の被担保債権の範囲に関しては、特に理由を付すことなく、結論において、担保権の実行手続における被担保債権額は、協定前の被担保債権全額から協定弁済及び計画弁済の既払分のいずれをも控除した残額となるとした。
　この被担保債権の範囲に関する判断部分は、復活説に親和的である旨の理解も少なくないが、最高裁が特定の見解を打ち出しているということはできないであろう。

----

[23]　詳細は、前掲注19) の各文献及びこれらが引用する各文献を参照されたい。

(5) 再生事件の実務処理上の留意点

　この問題は、平成26年最判の事案が示すとおり、最終的には再生裁判所ではなく、配当異議訴訟等の受訴裁判所の判断事項に属すると考えられるが、学説・実務上、議論が収束していない。

　ところで、実際の事件処理について考えてみると、解除条件の成就など事業に失敗したことに備えた条項に検討すべき問題があったとしても、そのことのみをもって、別除権協定の締結自体を問題視することには疑問がある。そもそも別除権協定は、事業再生の遂行のために締結する必要性が高いことが多い。加えて、この議論が争点となる紛争が事後的に生じることは必ずしも多くないと見込まれる。この議論の実益があると考えられる場面の例は先述（(1)）のとおりであり、紛争コストも勘案すると、協定債務の不履行後の処分価額が協定時における受戻価額を大きく上回る場面でない限り、争う経済的実益が乏しいと見込まれるところ、近時の経済情勢からは、別除権協定後に価値が大きく上昇する担保目的財産も多くないと思われるからである。そうすると、固定説等の立場から解除条件条項等の当否の問題があったとしても、別除権協定の締結自体は許容されるとすることには、十分に合理性があるといえよう。

　また、別除権協定における不足額確定の合意部分（条項⑩）は、監督委員の同意（又は裁判所の許可）の対象外であるとみる余地もある[24]。すなわち、当部における定型的な監督命令においては「受戻し」を監督委員の同意事項として明示しているが、不足額確定の合意は「受戻し」に不可欠の要素であるとは言い難い（前記Ⅱ②・③参照）。また、不足額確定の合意（条項⑩）と被担保債権の実体法上の減額（条項⑨）は表裏一体であるとみるのが素直ではあろうが、前者が再生手続に参加するための手続的合意としての性質を有する点を重視して、両者が表裏一体であることは論理必然ではないとみるとすれば、不足額確定の合意（条項⑩）それ自体には実体法的な和解的要素は希薄であって、同意事項であ

---

[24] 東京地方裁判所も、別除権の受戻しには同意を必要としつつ、不足額確定の合意部分には監督委員の同意を必要としていない（民再実務164頁）。

る「和解」に当たらないとみる余地もあるだろう。

　以上に述べたところを踏まえると、実務上は、監督委員（又は裁判所）が、不足額の確定に関する特定の立場から、別除権協定の締結自体を不同意（又は許可しない）とすることは相当ではないであろう。

　他方で、実際の事件では、特に事業再生に不可欠な財産についての別除権協定の成否やその内容が再生手続の帰趨を決することは少なくない。したがって、この議論につき、どのような立場をとるにせよ、実務的見地からは、再生手続の遂行上、再生債務者は監督委員（ひいては再生裁判所）に適時に報告し、また、監督委員（ひいては再生裁判所）もその交渉状況を注視し、必要に応じて迅速に再生債務者と協議を行うことが重要である。

（山本陽一）

第20章 担保権消滅の制度

I 総説

1 制度趣旨

　再生手続では、担保権（特別の先取特権、質権、抵当権及び商事留置権）は別除権として取り扱われ、再生手続によらないで行使することができるところ（法53条）、事業の継続に不可欠な財産について担保権が実行されると、事業の継続が不可能になるおそれがある。例えば、製造業者である再生債務者の工場（建物及び敷地）、小売業者の店舗（建物及び敷地）など、事業の継続に不可欠な財産について担保権が実行されると、事業の再建はなし得ない。この場合、担保権実行を回避する方法の1つとして、担保目的財産の受戻し（法41条1項9号）をすることが考えられるが、実務上、被担保債権額が担保目的財産の評価額を大きく超えることが少なくないため、受戻しに際しては、担保権の不可分性及び順位上昇の原則から、担保目的財産の価額を超えて後順位担保権者を含めた被担保債権額すべてを弁済するよう求められる。しかし、そのような弁済は、不足額責任主義（法88条）を前提とする債権者平等に反するものであって、再生手続上は許されず、受戻しの利用には限界がある。

　そこで、民再法は、担保権消滅の制度を設け（法148条以下）、再生手続において、担保権者に対して担保目的財産の価額に相当する満足を与

えることにより、再生手続開始の当時における当該財産のすべての担保権を、一括して消滅させ、もって、再生債務者の事業継続に不可欠な財産の確保することを認めた。

2 本手続の概要

　再生債務者は、まず、担保目的財産の価額（申出額）を示して担保権消滅許可の申立てをし、要件が満たされていれば許可決定がされる（法148条1項）。申出額につき、担保権者からの価額決定の請求がされなければ、当該財産の価額は定まる。再生債務者が裁判所に申出額相当の金銭を納付すると（法152条1項）、当該財産に関する申立書記載のすべての担保権が消滅する（同条2項）。そして、納付された金銭につき、裁判所が配当手続等を実施する（法153条）。

　他方で、申出額につき、不服がある担保権者は、価額決定の請求をすることができる（法149条）。この請求があると、裁判所は、不動産鑑定士などの評価人を選任し、評価人の評価に基づいて当該財産の価額を定める。価額を定めた決定が確定した後は、前記と同様に、金銭納付を経て配当手続等が実施される（法152条1項、153条）。

3 本手続の利用状況の実情[1]

　当部では、平成12年から平成28年までの間に948件の通常再生事件が申し立てられたところ、そのうち49件の通常再生事件において合計76件の担保権消滅許可の申立てがされ、55件につき担保権消滅許可決定がされている。平成21年から平成28年の近時に限ってみても、204件の通常再生事件が申し立てられ、そのうち8件の通常再生事件において合計9件の担保権消滅許可の申立てがされ、そのうち担保権消滅許可決定が確定したのは6件にとどまっている。実務的には、従前も近時も、

----

1) 記載した件数は概数である。

本手続の利用頻度は高くないといわざるを得ない。このような利用状況の理由としては、通常、再生債務者は資金繰りに窮しているため、DIPファイナンスなどで資金調達をしない限り、担保目的財産の価額に相当する金銭を一括納付することが困難であること、また、資金調達に成功すれば、事業再生に協力する姿勢の担保権者は少なくなく、そのような担保権者は、別除権協定の締結に応じていると考えられることなどが指摘できるであろう[2]。

4 本手続のスケジュールと申立時期等

　本手続のスケジュールの実情としては、通常、5か月程度を、すなわち、担保権消滅許可の申立てから価額決定請求を経た価額決定までに3か月程度を、さらに価額決定から配当期日までに2か月程度を要している。

　また、申立時期については、担保権消滅許可の申立ては、再生手続開始の決定後、再生手続終了の前までに申し立てることができ、また、再生計画案の認可に至るスケジュールによる制約も受けない。もっとも、担保権消滅の許否及び価格の多寡は、事業継続の可否や再生債権者に対する計画弁済の原資に重大な影響を及ぼすため、実務的には、再生計画案の決議までに価額決定に至っておくことが望ましいであろう。事業承継の前提として担保権を消滅させておく必要があるような場合には、事業承継のクロージング（完了）や再生計画案の提出の前までに、担保権消滅許可の申立てから配当手続までの一連の手続を終わらせる必要がある事案もあるだろう。

　別除権協定の交渉が難航することは少なくないが、近時は、再生計画の認可後に担保権消滅許可の申立てをするような事例はあまり見受けられず、(伸長された) 再生計画案提出期限の前後に担保権消滅許可の申立

---

2) 新注釈民再（上）848頁〔木内道祥〕。なお、コンプライアンス上の配慮から価額について公的判断を必要とするケースもあるとされる。条解民再807頁〔泉路代〕。

てがされる事例が少なくない。当部の再生手続の標準スケジュール（**第1章Ⅱ**1**参照**）と本手続の前記スケジュールを踏まえると、再生計画案提出期限前後の担保権消滅許可の申立てであれば、再生計画案の決議前に、価額決定には至らないまでも担保権消滅許可決定がされる可能性が高い。さらに、再生計画案提出期限の伸長を経ることにより、再生計画案の決議前に価額決定がされた事例もある。また、評価人による鑑定評価書の提出を受けて、再生計画案の決議前に別除権協定が成立し、担保権消滅許可の取消決定と価額決定請求の取下げがされた事例もある。

Ⅱ　担保権消滅許可の申立て

1　申立書及び添付資料等

　申立書には、再生債務者等は、①担保権目的財産の表示、②その価額（申出額）、③消滅すべき担保権の表示、④その担保権者の氏名又は名称及び住所、⑤被担保債権の額[3]のほか、⑥当該財産が再生債務者の事業の継続に欠くことのできないものである事由を記載する必要がある（法148条2項、規則70条）。申立書の副本は、許可決定後の送達のために担保権者全員分を準備しておく必要がある（規則72条参照）。

　前記②に関し、申立ての際には、当該財産の価額の根拠を記載した書面等を提出する必要がある（規則71条）。不動産鑑定士が作成した不動産価格鑑定評価書が典型例であるが、不動産鑑定士による調査報告書が提出される例も少なくない。

　また、前記③については、当該担保目的財産に関するすべての担保権を掲げる必要はなく、消滅を求める担保権を記載する。例えば、本手続を利用するためにスポンサーから融資を受けた場合に、そのスポンサーの融資債権を被担保債権とする担保権を除くことが考えられる。しかし、

　3）　根抵当権の元本確定については、法148条6項参照。

そのような共益債権を被担保債権とするものを除き、担保権の一部を担保権消滅の対象から外すことは、担保権者全員に担保目的物の処分価額以上の担保価値を与えることになり、他の再生債権者の利益を害することになると解される。

実務的には、再生債務者は、監督委員との相談等や申立書のドラフトの事前審査を経たうえで、申し立てることが多い。

2 要件

(1) 対象となる担保権

再生手続開始の時において再生債務者の財産につき存する特別の先取特権、質権、抵当権及び商事留置権のほか（法148条1項、53条1項）、仮登記担保権も対象となる（仮登記担保契約に関する法律19条3項）。

非典型担保を対象とし得るか、本手続の類推適用の当否について議論されている。事業継続に不可欠な財産の確保という本手続の制度趣旨が非典型担保に当てはまるとしても、本手続は民執法を準用する配当手続を予定しており（法153条3項）、民執法上は非典型担保の担保権実行が予定されていないこと、不動産譲渡担保のための所有権移転登記につき、裁判所書記官が抹消登記の嘱託（法152条3項参照）をすることの当否の問題もあることなどからすると、無制限に類推適用することは困難であると解される。したがって、当該担保権の特質、当該財産の特質、考えられ得る配当方法、担保権の公示手段の抹消方法などを総合的に考慮して、個別具体的に類推適用の当否を検討するのが相当である。

例えば、競合する他の担保権がない動産譲渡担保であれば、動産競売の方法の利用も含めて検討する余地がある。当部では、工場内機械につき、先順位の工場抵当と後順位の譲渡担保が対象となって許可された例がある。他方で、いわゆるフルペイアウト方式のファイナンス・リース契約については、仮に本手続の対象になるとしても[4]、担保権の目的は

---

4) 大阪地決平成13年7月19日金法1636号58頁参照。

リース物件の利用権であると解すると、担保権を消滅させることにどれほどの意味があるのかを検討する必要がある。

なお、当部において、不動産（建物）譲渡担保の私的実行が完了したことを理由に担保権がない旨判断した例がある。

(2) 対象となる財産 —— 事業継続のための不可欠性

ア 「事業の継続に欠くことのできない」財産とは、担保権が実行されて当該財産を利用することができない状態になった場合には再生債務者の事業の継続が不可能となるような代替性のない財産を意味する。本来自由に行使できるはずの担保権をすべて消滅させるという強力な効果を与えるためには、事業継続という再生手続の目的を達成する上で必要最小限の範囲に限定する必要があるからである[5]。工場や機械設備など、当該財産自体が事業に用いられているものが典型例である。

したがって、当該財産の売却による事業資金の調達を目的とする場合には、原則として、不可欠性の要件を満たさないと解される。当該財産の処分が事業の再生のため最も有効な最後の手段であると考えられるようなときについては[6]、不可欠性の要件を認め得るかは慎重に検討する必要がある。もっとも、販売用資産など当該財産の売却による資金調達が当該事業の仕組み（ビジネスモデル）に織り込まれているような場合には、不可欠性の要件を満たすとみる余地があるだろう[7]。

なお、事業譲渡が予定されている場合においては、その事業の継続に当該財産が不可欠であれば、不可欠性の要件を満たすものと解される。

イ 共同担保の一部について、担保権消滅許可の申立てをすることも可能である。もっとも、ゴルフ場として利用される一団の不動産のように、不動産競売事件において一括売却されることが見込まれるような共同担保に供された財産である場合に、その一部の財産のみについて担

---

5) 一問一答民再193頁、花村・要説403頁。
6) 名古屋高決平成16年8月10日判時1884号49頁参照。
7) 東京高決平成21年7月7日判タ1308号89頁。

保権消滅許可を申し立てることは、権利濫用として許されないとみる余地がある[8]。

　ウ　当部において、不可欠性を認めた例としては、専門学校を運営する学校法人の事件における学校の校舎（建物及び敷地）などがある。
　これに対し、根抵当権が設定されたゴルフ場の土地につき、これと一体的に利用される建物（クラブハウス）に設定されていた譲渡担保の実行が完了していたため、土地の担保権を消滅させたとしてもクラブハウスの継続利用を確定させるわけではないとして、不可欠性を満たさないと判断された例がある（抗告審における判断である。公刊物未登載）。
　また、多角的な経営を目論んで窮境に陥ったため、再生手続開始の申立て後に中核事業を飲食店業に絞っていた事案において、飲食店業に無関係の収益物件につき根抵当権の実行が始まったため（担保不動産競売及び担保不動産収益執行）、担保権消滅許可が申し立てられたところ、再生債務者は単に賃料を収受していたにすぎず、不動産賃貸業の取引先やノウハウを持たないなどとして、「事業」性を否定した例がある。

3　決定と不服申立て等

　当部では、前記2の要件に大きな問題がなければ、通常、担保権消滅許可の申立てから1、2週間程度で、担保権消滅許可の決定をしている（法148条1項参照）。決定書及び申立書副本は、担保権者に送達されなければならない（同条3項、規則72条1項）。なお、当部では、許可前に担保権者の意見等を聴取する手続は、原則として、実施していない。そのような手続が法定されておらず、通常、再生債務者による交渉状況の報告によって担保権者の概ねの意向は判明するからである。
　担保権者が当該財産の事業継続の不可欠性の判断に不服がある場合には、即時抗告により争うことができる（法148条4項）。他方で、担保権

----

8)　札幌高決平成16年9月28日金法1757号42頁。

者が、目的物の価額（再生債務者の申出額）に異議がある場合には、後記Ⅲの価額決定の請求をすることになる（法149条1項）。

棄却決定[9]がされた場合、再生債務者等に対して通知をすることを要するが（法18条、民訴法119条）、再生債務者に不服申立権はない（法9条参照）。

なお、許可決定後であっても、担保権消滅許可の申立ては取り下げることができる（規則74条参照）。

Ⅲ　価額決定の請求手続

1　価額決定の請求

担保権者は、担保権消滅許可の申立書に記載された申出額に異議があるときは、原則として当該申立書の送達を受けた日から1か月以内に、再生裁判所に対して当該担保目的財産について価額決定の請求をすることができる（法149条1項・3項。ただし、やむを得ない事由がある場合の期間伸長につき、同条2項参照）。

価額決定請求書の添付書類として、送達を受けた担保権消滅の許可決定書及び申立書の写しが必要である（規則75条2項）。さらに、実務上は、別除権協定の交渉過程において担保権者が入手していた鑑定評価書が添付される場合が少なくないが（同条4項）、このような場合には、同鑑定評価書内に規則76条各号所定の書類が含まれていることが多い。

また、価額決定の請求をした担保権者は、その請求に係る手続費用（主として評価人の鑑定費用）を予納しなければならない（法149条4項）。当部では、予納額は、評価人候補者から提出された鑑定費用の見積りに基づき定めている。ただし、後日、価額決定の内容に応じて費用負担が定められる（後記3参照）。

---

9) 花村・要説408頁。

2 財産の価額の決定

(1) 評価人選任と評価命令

　価額決定の請求があると、当該請求を却下する場合（法149条5項参照）を除き、裁判所は、評価人を選任して財産の評価を命じる（法150条1項・2項）。当部では、不動産については、経験豊富な不動産鑑定士を評価人として選任し、評価書の提出期限（規則79条3項、民執規30条参照）を概ね1か月とする運用をしている。なお、財産評定で評価人が選任されている場合には（法124条3項）、同一人が本手続の評価人に選任されることが多いであろう[10]。

　評価は、財産を処分するものとしてしなければならず（規則79条1項）、担保目的財産が不動産である場合には、不動産の所在場所の環境、その種類、規模、構造等に応じ、取引事例比較法、収益還元法、原価法その他の評価の方法を適切に用いなればならない（同条2項）。また、一括処分が相当な物件については、通常、評価人において一括処分を前提とした評価をした上で、各物件への価額の振分けを行っている。

　この処分価額の意味につき①競売価格説、②早期処分価格説、③正常価格説（通常価格説）の議論があるところ[11]、実務においては、②早期処分価格説に基づく運用が定着しつつあるとされ[12]、当部も、早期売却市場減価を伴う早期処分価格であると解して運用している。この早期処分価格は、不動産鑑定評価基準において「特定価格」に分類されているところ、実際の鑑定評価書では、通常、取引事例比較法による比準価格、収益還元法（直接還元法又はDCF法）による収益価格、原価法による積算価格をそれぞれ算出し、これらを総合判断して正常価格（通常の市場価額）を定め、そこから早期売却市場減価をして早期処分価額を算出している[13]。

　当部において、担保権者が提出した鑑定評価書と評価人が提出した鑑

----

10) 民再実践マニュアル203頁、232頁。
11) 新注釈民再（上）867頁〔木内道祥〕。
12) 新注釈民再（上）868頁〔木内道祥〕、条解民再809頁〔泉路代〕。

定評価書における各正常価格は、ほぼ同額であったものの、早期売却市場減価率が異なった例がある。また、前記Ⅰ④のとおり、評価人の鑑定評価書の提出を契機に、別除権協定の交渉が進展する事例もある。

(2) 価額決定

裁判所は、評価人の評価に基づいて価額を定めなければならない（法150条2項）。

複数の担保権者がいる場合には、合一確定の必要性から、全員の価額決定の請求期間が経過した上で価額決定をする必要があり、複数の担保権者が価額決定の請求をした場合には、事件は併合されて価額決定がされる（法150条3項）。このとき、価額決定は、他に価額決定の請求をしていない担保権者に対しても効力を有する（同条4項）。

評価の基準時は、価額決定時（抗告審の場合は抗告審判断時）と解されるところ[14]、実際には、評価人の評価書の提出後、特に問題のない限り、速やかに評価額どおりの価額を決定する運用としている。

価額決定は再生債務者等及び担保権者に送達することを要し、代用官報公告は利用できない（法150条6項）。再生債務者等及び担保権者は、前記送達から1週間以内に、即時抗告をすることができる（同条5項、18条、民訴法332条）。

③ 予納金の負担

予納金は、一次的には価額決定の請求をする担保権者が裁判所に納めるが（法149条4項）、再生債務者等が不当に低い額を担保権消滅許可の

・・・・・・・・・・・・・・・・・・・・・・・・
13) 社団法人日本不動産鑑定協会「民事再生法に係る不動産の鑑定評価上の留意事項について」判タ1043号（2000年）82頁、同「民事再生法に係る不動産の鑑定評価上の留意事項について（各論）」判タ1043号（2000年）96頁、長場信夫「民事再生法に係る不動産鑑定評価上の留意事項について（解説）」判タ1043号（2000年）104頁など参照。
14) 大阪高決平成17年2月9日公刊物未登載。

申立書に記載したり、あるいは、担保権者が認められる見込みの低い価額決定の請求をしたりしないよう手続費用の負担について工夫がされている（法151条1項）。

例えば、価額決定により定められた額（法150条2項）が再生債務者等の申出額（法148条2項2号）に納付済みの予納額を加えてもなお上回る場合には、手続費用は再生債務者等の負担となる。

IV 金銭納付、配当手続等

1 金銭納付と担保権に係る登記等の抹消

再生債務者は、裁判所の定める期限（当該財産の価額が確定してから1か月以内の日。規則81条1項）までに申出額又は価額決定によって定められた額に相当する金銭を裁判所に納付する必要がある（法152条1項）。金銭納付は一括でされる必要がある。

この金銭納付があった時に、担保権消滅許可の申立書に記載されていた担保権はすべて消滅し（法152条2項）、消滅した担保権に係る登記又は登録がある場合には、裁判所書記官により当該登記等の抹消が嘱託される（同条3項）。しかし、用益権設定登記や仮差押えや滞納処分による差押えの登記は抹消されないほか、同申立書に記載されていない担保権の登記等も抹消されない。そこで、資金を支援するスポンサーは、この共益債権を被担保債権とした後順位の担保権の設定を受け、順位上昇の原則により第1順位の担保権を確保するという方法を採ることもできる。なお、現在のところ、当部では、民執法82条2項類推適用による運用[15]はしていない。

これに対し、納付期限内に金銭が納付されないときは、担保権消滅許可決定は取り消される（法152条4項）。

---

15) 民再手引264頁〔中村悟〕参照。

2 配当手続等

　裁判所は、納付された金銭を民執法の規定に基づいて担保権者に配当又は弁済金の交付をする（法153条[16]）。当部では、配当期日を、価額決定の概ね1か月後に指定している。

　担保権者は一次的に価額決定請求の際に手続費用を予納し、その後に再生債務者等が価額決定に定められた額に相当する金銭を納付するにすぎないため、手続費用が再生債務者等の負担とされると、配当手続において手続費用が優先的に担保権者に配当される結果、担保権者は再生債務者等が納付した金額から手続費用を差し引いた部分の配当しか得られない。この場合、担保権者は、その不足分については再生債権として行使することができるにとどまり、共益債権として行使することはできないと解される[17]。

（山本陽一）

---

16) 配当については民執法85条、88条〜92条が、弁済金交付については同法88条、91条及び92条が準用されている。
17) 東京地判平成16年2月27日判タ1153号279頁。

第21章 典型的な再生計画案等

I はじめに

1 裁判所及び監督委員の審査対象等

　再生計画とは、「再生債権者の権利の全部又は一部を変更する条項その他の第 154 条に規定する条項を定めた計画」(法 2 条 3 号)をいう。

　再生債権者の権利の変更は、「再生債権者の間では平等でなければならない」(法 155 条 1 項本文)と規定され、ここでいう「平等」は実質的平等[1]を指すと解されており、債権の金額部分ごとに免除率を変え、高額部分の免除率を高くする例なども一般に許容されている(同項ただし書)。

　再生債務者(管財人が選任されている場合は管財人)は、債権届出期間の満了後裁判所の定める期間内に、再生計画案を作成して裁判所に提出しなければならない(法 163 条 1 項)[2]。

　裁判所は、再生計画案の提出があったときは、法 169 条 1 項各号のいずれかに該当する場合を除き、当該再生計画案を決議に付する決定(付

---

1) 新注釈民再(下)17 頁〔岡正晶〕、458 頁〔岡精一〕参照(なお、小規模個人再生手続では形式的平等を指すと解されている。)。
2) 再生計画案を提出する際には、必要に応じて、規則 85 条 1 項所定の報告書(少額債権の弁済、相殺等)も提出する。

議決定）をすることとされている（法169条1項柱書）。

　当部においては、再生手続が再生債務者の公平誠実義務を基礎とするいわゆるDIP型手続（法38条1項・2項）であることを重視して、付議決定に先立つ再生計画案の審査においても再生債務者の自主性を尊重している。しかしながら、裁判所及び監督委員は、再生債務者が総債権者の権利関係の調整を行った適正な再生計画案を提出期間内に提出を図る観点から、特に法169条1項3号が規定する174条2項各号（3号を除く。）の不認可事由の存否を中心としつつ、現実的な遂行可能性のある弁済方法であるか否かや、可決の見込みなどを審査した上で、再生債務者の自主性を侵害しない範囲で再生債務者及び監督委員と闊達に再生計画案に関する協議を行っている。

2　再生計画案及びドラフト提出に関する標準スケジュール

　当部における再生計画案提出期間の標準スケジュールは、**第1章Ⅱ1**のとおり、再生手続開始決定の約3か月半後と設定している。

　最終的な提出期間は前記のとおりとなっているが、監督委員の意見書作成期間、裁判所の審査及び三者間協議のスケジュールも勘案して、当部では、再生計画案提出期間の約37日～40日前に再生計画案のドラフト提出期間（大まかな再生債権額、再生債権者数、弁済原資弁済率の各見込み程度を記載した草稿）を事実上定めることが多く、同ドラフトを踏まえ、再生計画案提出期間の約1か月前に裁判所、監督委員及び再生債務者間の「再生計画案提出1か月前面談」を行っている（ドラフト段階であっても再生スキームについては固めておく必要があろう。）。同面談の結果を踏まえ、再生債務者は、必要に応じドラフトを修正し[3]、再生計画案提出期間内に再生計画を完成させ、提出することとなる。

　これらのスケジュールを図にすると、次のとおりとなる。

---

3) ドラフトに不備が多い場合には、「再生計画案提出1か月前面談」から再生計画案提出期間までの間に、再度面談を設けることもある。

◆再生計画案及びドラフト提出に関する標準スケジュール

2月 1日	［再生債務者］再生手続開始の申立て
同日	保全処分発令・監督命令発令
2月 8日	再生手続開始決定
	↓（中略）
4月18日～21日	［再生債務者］再生計画案のドラフト提出期間
	↓［裁判所・監督委員］同ドラフト検討
4月28日	再生計画案提出1か月前面談
	↓（必要な場合）ドラフト修正案提出及び再面談
5月28日	［再生債務者］再生計画案提出期間

　なお、裁判所は、申立てにより再生計画案の提出期間を伸長することができる（法163条3項。なお、職権で伸長することも法文上は可能であるが、資金繰り等も考慮しなければ伸長はできないことから、実務上は職権による伸長は行わないのが通例である。）。この提出期間の伸長は、特別の事情がある場合を除き、2回を超えてすることができない（規則84条3項）。再生手続は、多くの再生債権者の協力によって成り立っているものであり、手続に対する信頼を維持するには迅速な手続進行を確保することが重要である。伸長の申立てに当たって、再生債務者は、伸長を求める理由を記載した報告書を提出しなければならない（規則84条2項）。当部においては、1回目の伸長であっても、例えば、「申立代理人の繁忙」、「準備作業が間に合わない」といった程度の理由であれば伸長を認めない方針とし、他方で、相応の理由がある場合には、3か月程度[4]の伸長を認める事例が一定数みられる。ただし、2回目の伸長については、その必要性・相当性をより慎重に吟味している[5]。

　いずれにしても、再生債務者は、漫然と伸長を希望するようなこととならないよう、申立て段階から手続の進捗の見通しをもって債権者の手

4）　当部では、伸長を1か月程度にとどめるという東京地方裁判所における運用（民再実務263頁）と異なり、伸長期間は個別具体的事情に応じて検討しているのが実情である。

続への協力・理解が得られるようにしておく必要がある。

II　典型的な再生計画案等

1　法律上の記載事項

　再生計画案に記載すべき内容については、法第7章第1節（法154条～162条）に定めがある。記載事項ごとの留意事項は後に詳述する。
　当部においては、前記の法定要件を満たしている限り、書式・様式については問わないこととしているが、当部においては典型的な再生計画案及び再生計画案補足説明書として**資料21-1**、**資料21-2**を推奨している（主として収益弁済型を念頭に置いたモデルである[6]。）。
　前記モデルでは、法律上の記載事項（前述の法154条～162条）を再生計画案に記載し、その余の事項（例えば、再生手続開始に至る経緯、再生計画案の基本方針など）を再生計画案補足説明書に記載することで、法律上の記載事項以外が事後的に変わる場合であっても再生計画案の修正又は変更の手続を要しないといったメリットがある（再生計画案補足説明書の記載が変わる場合については、同修正又は変更の手続は不要である。）。当部では、債権者の側から見た場合にも、決議の対象が、再生計画案に記載された法律上の記載事項となって明確であるというメリットを勘案してこのようなモデルとしている。

2　再生計画案の類型

(1)　分類の視点
　再生計画案は以下の3つの視点から分類することができよう。

---

5)　具体的な伸長事例等は、**第26章Ⅰ2**を参照。
6)　各類型や事業別ごとの再生計画案の事例は、事業再生研究機構編『新版　再生計画事例集』（商事法務、2006年）に詳しく紹介されている。

(ⅰ) 認可決定後の再生債務者法人格の存続
　　a　存続
　　b　消滅（清算）
(ⅱ) 第三者（スポンサー）の関与の有無
　　a　自力・自主再建
　　b　スポンサーが減増資（資本注入）又は事業承継等の方法により関与
(ⅲ) 弁済方法
　　a　収益などから長期弁済
　　b　事業譲渡代金又は資産清算による一括弁済（短期間内の追加弁済含む。）

　上記の分類を前提にすると、実務上よくみられる類型として、例えば、後記①から③までなどがあり、また、④も考えられる。その他にも、前記(ⅰ)(ⅱ)(ⅲ)を様々に組み合わせた再生計画案を構築することが可能である。

①　(ⅰ)a（法人存続）、(ⅱ)a（自主再建）、(ⅲ)a（収益弁済）
　　第三者が関与せずに自主再建を行ってその収益から一定期間にわたり弁済を継続していく「自主再建収益弁済型」

②　(ⅰ)a（法人存続）、(ⅱ)b（スポンサー関与）、(ⅲ)a（収益弁済）
　　スポンサーが再生債務者の法人格を活かして（減増資の上でスポンサーが新株の割当を受け新株主となる。）、事業を継続し、その収益から一定期間にわたり弁済を継続するもの[7]（会社分割によって事業をスポンサーに承継させる場合も同様である。）

③　(ⅰ)b（法人消滅）、(ⅱ)b（スポンサー関与）、(ⅲ)b（一括弁済）
　　計画外又は計画内の事業譲渡を行い（減増資を経て再生債務者法人格の消滅を容易にする場合もある）、その事業譲渡代金等を弁済原資として早期に一括弁済（換価終了後に追加弁済するケースもある）をすることとなる「事業譲渡（清算）型」

----

[7]　スポンサーが、DIPファイナンス等、何らかの融資を行いながら、再生債務者が事業を継続し、収益から分割弁済を行う場合もあろう。

④ (ⅰ)b（法人消滅）、(ⅱ)a（スポンサーなし）、(ⅲ)b（一括弁済）
　　破産手続又は特別清算手続の代わりに、単に資産を処分してそれを弁済原資として再生手続において一括弁済する「純粋清算型」

(2) 分類ごとの進行上の留意点
ア　別除権者との事前協議（別除権協定締結）の重要性（すべての場合）
　事業に必要不可欠な物件（例えば、主要な工場、業務車両）につき別除権が実行されてしまうと、結局のところ事業自体が継続できないことや、代替物件の確保のための資金が経営を圧迫して弁済に支障を来すことがあるため、将来予測を含めた現実的な事業計画の策定が困難となる。
　そして、担保物件の評価額に関する再生債務者側と別除権者側の乖離が大きい場合などには、別除権者との協議・交渉に時間を要することが見込まれるため、再生債務者は、再生手続開始後早急に別除権者と別除権協定に関する協議に着手し、早期の段階でその点も含めた履行の見通しを立てておく必要がある。
　法160条は、別除権付債権については、再生計画案に適確条項等を記載すべきことを規定するのみであるから、別除権付物件を換価処分するか継続して用いるかなどの具体的な処理方針は、再生計画案に記載する必要はないが、前記の観点から再生計画作成と並行して別除権協定の締結及び履行につき進捗させておく必要がある。

イ　保守的な事業収益見通し（(ⅲ)a（収益弁済）を選択する場合）
　(ⅲ)a（収益弁済）を予定する場合には、事業継続して安定した収益を上げることが前提となるところ、再生手続開始の申立てに伴い再生債務者に対する信用が毀損され、一部取引先や一部従業員が再生債務者から離れていくなどし、ほとんどのケースでは売上が従前より減少する。また、その点を措くとしても、そもそも再生手続開始の申立てに至る過程で売上が漸減傾向であった再生債務者の場合は、その要因（自社の競争

力低下などの内部要因もあれば、大口取引先・大口支援先の状況変化などの外部要因もある。）が除去されない限りは、今後の動向としても同様の傾向が続くこととなる。

　したがって、売上減少に対しても資金流動性が維持できるように、役員報酬を含めたリストラクチャリングによるランニングコスト節減対策や、売上減少要因の除却対策（取引先の多様化、新規顧客の目途）を立て、認可後に売上低下に歯止めがかからず資金ショートすることのないようにすることが理想的である。

　再生債務者の中には、弁済禁止効により資金繰りがいったん小康状態となったことに安堵し、前記の対策を採ることなく漫然と前年度ベースでの売上が継続することを前提にした楽観的な事業収益見通ししか策定していないケースがみられるが、このような楽観的な見通しでは債権者の納得を得ることは困難な場合が多い。

　よって、再生債務者側は、保守的な事業収益見通しを立てるとともに、従前の売上減少要因に対して具体的な対策を講じ、将来の不確定要因に対しても一定程度の余裕をもって事業計画を立案しなければならない。また、監督委員及び裁判所は、月次報告書における収益が前記見通しと大きく離齬していないかなどを留意して監督することとなる。

ウ　債務免除益課税（(i)a（法人格存続）を選択する場合）

　(i)a（法人格存続）において再生債権の免除効が法人解散前に発生する場合、当該法人格に免除益課税（法人税法22条2項）が発生し、資金繰りの負担となることがある。すなわち、法人税は当該事業年度の所得（益金－損金）に賦課されるところ（同条1項）、再生計画認可決定確定時に再生債権の免除を受ける場合、例えば、再生債権10億円につき90％の免除を再生計画認可決定確定時に受ける場合で、当該事業年度において他の益金又は損金がないときは、免除を受けた9億円が課税所得となり、同額に応じた法人税が賦課されることとなる。したがって、この益金から控除できる損金（当該事業年度の損金のほか繰越欠損金[8]）の有無及び額が重要となる。

前記損金算入等に関する税法の特例の要件充足等につき専門的見地からの検討を要するため、債務免除益課税対策については、事前に公認会計士又は税理士と十分に協議しておく必要がある。
　なお、(ⅲ)ａ（収益弁済）の場合、再生計画認可決定確定時に免除効を発生させる条項例（定めを明示しなかった場合を含む。）のほか、免除効発生時期を後ずれさせる条項例（弁済完了時の残債務免除の定めや、段階的な免除の定め）などもみられる（第22章Ⅲ4(2)参照）。再生債権の損金処理の時期などとも関連することから、免除効発生時期については十分な吟味が必要であろう。

エ　スポンサー支援を受ける際のスケジュール管理（(ⅱ)ｂ（スポンサー関与）を選択する場合）

　(ⅱ)ｂ（スポンサー関与）の場合、再生計画案のドラフト提出期間までには再生スキームを固めておく必要があるため、スポンサー候補を債権者の理解が得られる方法（事案により入札方式、取引先・大口得意先との相対方式などがある。）により選定した上で、具体的な支援の方法（融資・出資の別等）、支援のスケジュールについては詰めておく必要がある。

オ　申立て後の事業譲渡に要する期間の把握（(ⅱ)ｂ（スポンサーへの事業譲渡）及び(ⅲ)ｂ（事業譲渡代金による一括弁済）を選択する場合）

　(ⅱ)ｂ（スポンサー関与）・(ⅲ)ｂ（一括弁済）のうちスポンサーに計画内又は計画外で事業譲渡を行い、事業譲渡代金を一括弁済原資とする場合（譲渡対象外資産の換価処分代金も弁済原資とする場合もある。）の留意点としては、株式会社の場合、会社法467条１項１号若しくは２号に規定する事業譲渡についての株主総会決議による承認又はそれに代わる裁判所の許可（法43条１項）を要し、計画外の場合にはさらに法42条１項の

----

8) 民事再生においては、固定資産の評価損及び期限切れ欠損金の損金算入が認められており（法人税法33条、59条）、平時よりも損金の対象が拡充されている（通再120問255頁〔岡正晶〕参照）。

許可を要するため、これらに必要な期間等を織り込んでおく必要がある（必要な期間の詳細は、第16章Ⅱ5参照）。

　カ　いわゆる純粋清算型の可否・当否（(i)b（法人消滅）、(ii)a（スポンサーなし）及び(iii)b（資産清算一括弁済）を選択する場合）

　当部では、自主再建や事業譲渡が頓挫し、その後の目途が立たない場合などに、破産手続又は特別清算手続の代わりに、単に資産を処分してそれを弁済原資として再生手続において弁済する方法（純粋清算型[9]）は、少なくとも近時は見当たらない。そのような事例においては、破産管財人報酬を要することで配当原資が減少するとしても、否決のリスクや分配手続の透明性等も勘案すると、清算手続である破産手続又は特別清算手続を行う方が望ましいとも考えられるため、当部では、このような事例が見当たらないのであろう（なお、純粋清算型の場合、再生手続として進行させる場合でも管理命令を発令することになろうし、進行させることが困難な場合には再生手続開始前であれば取下げ及び破産申立てを促し、再生手続開始後であれば手続廃止として牽連破産に移行することとなろう。）。

（坂本隆一）

9）　民再手引273頁〔鹿子木康〕参照。

資料21-1 再生計画案モデル

平成○年(再)第○号 再生手続開始申立事件

平成○年○月○日

大阪地方裁判所第6民事部
　　民事再生係　御中

　　　　　　　　　　　　　再生債務者　○○○○
　　　　　　　　　　　　　代表者代表取締役　○○○○
　　　　　　　　　　　　　申立代理人　○○○○　㊞
　　　　　　　　　　　　　（電　話　06－○○○○－○○○○）
　　　　　　　　　　　　　（ＦＡＸ　06－○○○○－○○○○）

再　生　計　画　案　【モデル】

第1　再生債権に対する権利の変更及び弁済方法
　1　再生債権
　　　再生債権者総数，確定再生債権等は，次のとおりである。
　(1)　再生債権者総数　　　○○○名
　(2)　確定再生債権総額　　○,○○○,○○○,○○○円及び額未定
　　　（内訳）
　　　元本　　　　　　　　○,○○○,○○○,○○○円
　　　再生手続開始決定日の前日までの利息・遅延損害金
　　　　　　　　　　　　　○,○○○,○○○円
　　　再生手続開始決定日以降の利息・遅延損害金
　　　　　　　　　　　　　○○○,○○○円及び額未定

ONE POINT ADVICE 1　再生債権者総数と確定再生債権総額
　(1)の「再生債権者総数」は，確定再生債権者数（別表Ⅰ－1，Ⅰ－2）と未確定再生債権者数（別表Ⅱ－1，Ⅱ－2）の合計です。自認債権者を含みます。共益債権者，一般優先債権者（別表Ⅲ－1，Ⅲ－2）は含みません。
　(2)の「確定再生債権総額」は，確定債権（別表Ⅰ－1，Ⅰ－2）の総額です。未確定債権（別表Ⅱ－1，Ⅱ－2）は含みません。

2　一般条項
　(1)　権利の変更
　　　　　再生計画認可決定が確定したときに，次の金額について，免除を受ける。
　　ア　再生手続開始決定日以降の利息・遅延損害金の全額
　　イ　元本及び再生手続開始決定日の前日までの利息・遅延損害金（以下「元本等再生債権」という。）について，次に記載する割合に相当する額
　　　①　10万円以下の部分については，0パーセント（免除なし）
　　　②　10万円を超えて100万円以下の部分については，50パーセントに相当する金額
　　　③　100万円を超える部分については，75パーセントに相当する金額
　(2)　弁済の方法
　　ア　元本等再生債権が10万円以下の場合
　　　　　再生債権について，前記(1)による免除後の金額は，再生計画認可決定が確定した日から2週間以内に，全額支払う。
　　イ　元本等再生債権が10万円を超える場合
　　　　　再生債権について，前記(1)による免除後の金額は，次のとおり，○回に分割して支払う。
　　　　　　第1回　　　再生計画認可決定が確定した日から2週間以内に，10万円
　　　　　　第2回以降　平成○年から同○年まで毎年○月末日までに，それぞれ10万円を控除した額の○分の1に相当する額

> **ONE POINT ADVICE 2**　債権者平等原則の例外について
> 　申立て後再生手続開始決定前に，少額債権を除外した弁済禁止の保全処分（法30条）を受けた場合，又は，開始決定後に，一定額以下の少額債権について弁済許可（法85条5項）を受けた場合には，これらの決定の対象となり得た少額債権については，既に弁済を受けた少額債権との均衡を考慮して，債権者平等原則の例外として，100パーセント弁済とするなどの配慮が必要です。

3　個別条項
　(1)　権利の変更

別表Ⅰ「再生債権弁済計画表」記載の再生債権については，再生計画認可決定が確定したときに，同表「再生債権免除額」欄記載のとおり免除を受ける。
　(2)　弁済の方法
　　　免除後の金額を，別表Ⅰ「弁済方法」欄記載のとおり支払う。
4　再生債権額が確定していない再生債権に対する措置（別表Ⅱ）
　(1)　再生債権者Ｅ保証株式会社の再生債権について
　　ア　大阪地方裁判所に再生債権査定申立事件が係属している。
　　イ　再生債権者Ｅ保証株式会社の再生債権が確定したときは，前記2の定めを適用する。
　　　　ただし，再生債権が確定した日に既に弁済期が到来している分割金については，再生債権が確定した日から2週間以内に支払う。
　(2)　再生債権者株式会社Ｆ銀行及びＧリース株式会社の再生債権について
　　ア　別除権が行使されていない。
　　イ　別除権の行使によって弁済を受けることができない債権の部分（以下「不足額」という。）が確定したときは，前記2の定めを適用する。
　　　　ただし，上記再生債権者から不足額が確定した旨の通知を受けた日に既に弁済期が到来している分割金については，当該通知を受けた日から2週間以内に支払う。
5　弁済に関するその他の事項
　(1)　免除における端数の処理
　　　再生債権の免除をする際に生じる免除額の1円未満の端数は，切り捨てる。
　(2)　分割弁済における端数の処理
　　　再生債権に対する分割弁済において生じる〇〇円未満の端数は，最終弁済期日の分割弁済分以外はそれぞれ〇〇円単位に切り上げ，最終弁済期日の前回までの分割弁済額の合計額を総弁済金額から控除した金額を，最終弁済期日の弁済額とする。
　(3)　弁済の方法
　　　再生計画による弁済は，再生債権者が弁済日の〇日前までに文書により指定する金融機関の口座に振り込む方法により行う。振込費用は，再生債務者の負担とする。

　　　　ただし，再生債権者が上記のとおり振込先の金融機関を指定しなかった場合は，再生債務者の本店において行う。
　　　　なお，弁済期日が金融機関の休業日に当たるときは，当該弁済期日の翌営業日をもって弁済期日とする。
　(4) 再生債権移転等の場合の処理
　　　　再生計画案提出日（平成○年○月○日）以降，再生債権等の譲渡又は移転があったときは，譲渡又は移転前の債権額を基準として権利を変更し弁済する。一部譲渡又は一部移転の場合，権利の変更による免除額は，新旧債権者双方がその債権額に按分して負担する。
　(5) 再生債権者が確定再生債権と未確定再生債権を有する場合
　　　　再生債権者が確定再生債権と未確定再生債権を有する場合には，次の定めに従う。
　　　①確定再生債権の取り扱い
　　　　　未確定再生債権が確定するまで，確定再生債権について前記2及び3の定めを適用して弁済する。
　　　②未確定再生債権が確定したときの措置
　　　　　未確定再生債権が確定したときは，未確定再生債権について確定した再生債権額と確定再生債権額を合算した金額について前記2の定めを適用する。
　　　　　ただし，未確定再生債権が確定したときに，確定再生債権について上記①による弁済が行われている場合には，未確定再生債権について確定した再生債権額と確定再生債権額の合算額について前記2により算出した分割金のうち弁済期が到来した分割金から既払額を控除した金額を，未確定再生債権が確定した日から2週間以内に支払う。
　　　　　なお，未確定再生債権が複数ある場合には，それぞれの債権が確定するごとに上記の措置を適用して弁済する。
　(6) 再生債権の放棄・債権届出の取下げの処理
　　　　平成○年○月○日以降再生計画認可決定確定までに，再生債権の一部の放棄又は再生債権届出の一部の取下げがあったときは，再生計画に定める権利の変更及び弁済の方法は，その残債権額に対してこれを適用する。
第2　共益債権の弁済方法
　　　平成○年○月○日までに発生した共益債権の未払残高は，○○，○○

○,○○○円である。

　　未払共益債権及び同日の翌日以降に発生する共益債権は，随時支払う。
第３　一般優先債権の表示及び弁済方法（別表Ⅲ）
　１　公租公課
　　　優先債権者総数，優先債権総額等は，次のとおりである。
　　⑴　優先債権者総数　　○○名
　　⑵　優先債権総額　　　○,○○○,○○○円
　　　　（内訳）本税等　　　　　　○,○○○,○○○円
　　　　　　　　延滞税等　　　　　　　○○○,○○○円
　２　労働債権
　　　優先債権者総数，優先債権総額等は，次のとおりである。
　　⑴　優先債権者総数　　○○名
　　⑵　優先債権総額　　　○,○○○,○○○円
　３　弁済方法
　　　未払一般優先債権及び平成○年○月○日以降に生ずる一般優先債権は，随時支払う。
第４　開始後債権
　　　平成○年○月○日までに発生した開始後債権は存在しない。

以　上

ONE POINT ADVICE 3　共益債権等の基準日
　第２項から第４項の条項は，債権者が再生計画の遂行可能性を判断する上での情報提供を旨とするものです。この趣旨から，共益債権等を記載するにあたっての基準日は，再生計画案提出日，又はできる限り提出日に近い日としてください。

ONE POINT ADVICE 4　その他の条項
　その他の再生計画の条項としては，①債務の負担及び担保の提供に関する定め（法158条），②根抵当権の元本が確定している場合の措置（法160条２項），③資本の減少等に関する定め（法161条）などがあります。

再生債権弁済計画表（元本等再生債権が10万円以下のもの）

（別表Ⅰ－1）

受付番号	債権者名	確定債権額 元本①	確定債権額 利息・遅延損害金 開始決定日の前日まで②	確定債権額 利息・遅延損害金 開始決定日以降	元本等再生債権（①＋②）	再生債権免除額 元本等再生債権 免除率0％	再生債権免除額 開始決定日以降の利息・遅延損害金 免除率100％	弁済額合計	弁済方法 下記※記載のとおり	備考
39	A物産株式会社	90,000	10,000	額未定	100,000	0	額未定	100,000	100,000	
自認1	B商店ことB	50,000			50,000	0		50,000	50,000	
	：					：				
	：					：				

※ 再生計画認可決定が確定した日から2週間以内に支払う。

再生債権弁済計画表（元本等再生債権が10万円を超えるもの）

（別表Ⅰ－2）

受付番号	債権者名	確定債権額 元本①	確定債権額 利息・遅延損害金 開始決定日の前日まで②	確定債権額 利息・遅延損害金 開始決定日以降	元本等再生債権（①＋②）	再生債権免除額 元本等再生債権 免除率（※1）	再生債権免除額 開始決定日以降の利息・遅延損害金 免除率100％	弁済額合計	弁済方法 第1回 下記※2記載のとおり	弁済方法 第2～○回（平成○年から○○年まで毎年○月末日まで）	弁済方法 第○回（平成○年○月末日まで）	備考
1	C商事株式会社	160,000,000	40,000,000	1,000,000	200,000,000	○○	1,000,000	○○	100,000	○○	○○	
2	D信用金庫	80,000,000	20,000,000	額未定	100,000,000	○○	額未定	○○	100,000	○○	○○	
	：					：						
	：					：						

※1 元本等再生債権額が10万円以下の部分については0％，10万円を超えて100万円以下の部分については50％，100万円を超える部分については75％
※2 第1回の弁済は，再生計画認可決定が確定した日から2週間以内に支払う。

未確定再生債権一覧表（再生債権査定申立中）

（別表Ⅱ－1）

受付番号	債権者名	届出債権額	異議額	再生債権確定請求額	弁済額合計	弁済方法	備考
42	E保証株式会社	9,000,000	9,000,000	9,000,000	未確定	※未定	再生債権査定手続中
	：			：			
	：			：			

※　再生計画案第1・4・(1)に従って支払う。

未確定再生債権一覧表（別除権付再生債権）

（別表Ⅱ－2）

受付番号	債権者名	届出債権額	別除権の種類	別除権の目的物の表示	弁済額合計	弁済方法	備考
43	株式会社F銀行	8,000,000	抵当権	大阪府〇〇市〇町1-2-3所在の本社土地建物	未確定	※未定	
85	Gリース株式会社	1,500,000	リース料	コピー機	未確定	※未定	
	：			：			
	：			：			

※　再生計画案第1・4・(2)に従って支払う。

一般優先債権一覧表（公租公課）

(別表Ⅲ－1)

整理番号	債権者名	本税等	延滞税等	弁済額合計	備　考
1	H税務署	1,800,000	額未定	1,800,000＋額未定	
	:			:	
	:			:	

一般優先債権一覧表（労働債権）

(別表Ⅲ－2)

整理番号	債権者名	債権額	弁済額合計	備　考
1	I	800,000	800,000	
	:	:	:	
	:	:	:	

資料 21-2 再生計画案補足説明書モデル

平成○年（再）第○号　再生手続開始申立事件

平成○年○月○日

大阪地方裁判所第6民事部
　　　　　民事再生係　　御中

再生債務者　　○○○○
代表者代表取締役　○○○○
申立代理人　　○○○○　㊞
（電話　06－○○○○－○○○○）
（FAX　06－○○○○－○○○○）

再生計画案補足説明書

1　再生手続開始に至る経緯

　再生債務者は，長年，婦人服地の販売を主要事業として，事業規模の拡大を図ってきたが，長引く景気の低迷による販売実績の低下や，営業所の拡大等に伴うコストの増大等の原因が重なり合って，事業の収益性が徐々に低下し，……（略）。

　その結果，再生債務者は，平成○年○月○日，再生手続開始決定の申立てに至り，同月○日，再生手続開始決定を受けたものである。

2　再生計画案の基本方針

(1)　再生計画案の概要

　本件再生計画案については，後述の主力製品への特化や大幅コスト縮減などの経営努力を推進し，併せて，C商事株式会社及び株式会社F銀行の全面的バックアップを受けることにより，事業の収益性を向上することができるものとして策定した。

(2)　弁済方法

　具体的には，再生債権の弁済について，原則，75パーセントの免除を受けた上でその残額を○年間で分割弁済することとするが，元本及び再生手続開始決定日の前日までの利息・遅延損害金（以下「元本等再生債権」という。）が10万円以下の部分については全額を再生計画

認可決定確定後2週間以内に支払うこととし，また，元本等再生債権が10万円を超えて100万円以下の部分については50パーセントに相当する金額を分割弁済することとした。

　このような傾斜弁済方式を採用したのは，まず，本再生手続において少額債権の弁済手続（法85条5項後段）の対象基準額を10万円としたことから，……（略）。また，少額債権を有する多数の協力業者等の債権者に配慮したものであるが，……（略）……，法155条1項ただし書の趣旨に鑑み，債権者間の実質的衡平を実現するために，……（略）……について総合的に配慮することが必要……（略）。

3　破産配当率との比較
　財産評定の結果によれば，開始日現在の清算を前提とした貸借対照表は別紙1「清算貸借対照表」のとおりであり，本再生手続が破産手続に移行した場合の清算配当率は〇.〇パーセントである。本再生計画案に基づく各再生債権者への弁済率はこれを上回っており，……（略）。

4　事業計画及び弁済資金計画
　再生債務者は，40年余りにわたって蓄積してきた服地生産のノウハウ及び取引業者，顧客等との関係を活かす形で，主としてシルク製品，ニット製品等を取り扱うことや，事業コストの大幅な縮減を実現することにより，再建することを計画している。
　具体的には，別紙2「事業計画書」のとおりであり，毎年，〇〇円の営業利益を上げ，……（略）。
　そうすると，別紙3「弁済資金計画表」のとおり，毎年〇〇円の弁済資金を確保することができるものと見込まれる。なお，免除益課税その他の課税の見込みについては，同表のとおりであるから，……（略）。

5　別除権者に対する弁済計画の概要
(1)　株式会社F銀行の別除権について
　株式会社F銀行は，本社土地建物に別除権を有していたことから，〇〇円を以下のとおり，弁済して受け戻すこととし，……（略）。
(2)　Gリース株式会社の別除権について
　……（略）。

6　再生計画案の遂行可能性の検討
　　前述の事業計画のとおり営業利益を上げることにより，別紙3「弁済資金計画表」のとおり，毎年○○円の弁済資金を確保することができるものと見込まれるから，前述のとおり，年○○円を別除権者に対する受戻金の支払に充てたとしても，年○○円の残余があるから，前述の再生計画案のとおりに再生債権の弁済をすることができる見込みである。

以　上

（添付資料）
　別紙1　清算貸借対照表（略）
　別紙2　事業計画書（略）
　別紙3　弁済資金計画表（略）

第22章 再生計画案の絶対的必要的記載事項

I 再生計画案の記載事項の種類

再生計画案の記載事項には、①必ず記載しなければならず、その記載を欠くときは違法となる絶対的必要的記載事項（法154条1項1号・2号）、②該当する事項があれば必ず記載しなければならず、その記載を欠くときはその事項が効力を有しないこととなる相対的必要的記載事項（同項3号・2項）、③任意に記載すれば足りる任意的記載事項（同条3項・4項）があり、さらに、④何らかの効力が発生するものではないが、再生計画の前提などの事情を記載する説明的記載事項がある[1]。

本章においては、①絶対的必要的記載事項に関する留意点を説明する。

II 絶対的必要的記載事項

1 絶対的必要的記載事項

絶対的必要的記載事項は、「全部又は一部の再生債権者の権利の変更」に関する条項（法154条1項1号）及び「共益債権及び一般優先債権の

---

1) 条解民再826頁、833頁〔松嶋英機〕。

弁済」に関する条項（同項2号）であり、法154条1項1号の具体的内容については、法155条から157条において定められている。

2 絶対的必要的記載事項が欠缺している場合の手続の帰趨

前記Ⅰで述べたとおり、絶対的必要的記載事項が欠缺している場合、再生計画案が違法（法174条2項1号参照）なものとなるが、当部では、第21章Ⅰで説明したとおり、再生計画案の提出に至るまでに裁判所、監督委員及び再生債務者の間で協議されるため、絶対的必要的記載事項が欠缺することはない。

Ⅲ 再生債権者の権利の変更に関する条項

1 はじめに

再生債権者の権利を変更する条項においては、大別すると、①再生債権全般に妥当する一般的基準（法156条、資料21-1第1の2参照）に加え、同基準によって変更された後の個々の再生債権が確定判決と同一の効力を有する（法180条）ことから、②具体的な権利変更額等を定める個別条項（法157条、資料21-1第1の3及び別表Ⅰ参照）をも定めることが必要不可欠とされている。

そして、再生計画において一般的基準及び個別条項を定めるに当たっては、平等原則（法155条1項、後記2）及び清算価値保障原則（法174条2項4号、後記3及び第25章Ⅲ）に留意して定める必要がある。

2 平等原則

再生債権者の権利の変更は「平等」でなければならない（法155条1項本文）。このような平等原則は、多数決原理を採用する再生手続にお

いて、多数者の権利濫用から少数者の権利を保護するために設けられている。

法155条1項でいう「平等」とは、**第21章I 1**で述べたとおり、弁済率の優遇等を許容しない形式的平等ではなく、社会政策的考慮等をも加味した衡平原理による修正（法155条1項ただし書）を許容する実質的平等（実質的衡平）を指すと解されている。

この平等原則における衡平原理による修正としては、①不利益を受ける再生債権者の同意がある場合又は②少額の債権若しくは法84条2項に掲げる再生手続開始後の利息等の請求権については別段の定めをすることなどが規定されている（法155条1項ただし書）。

このうち、法84条2項に掲げる再生手続開始後の利息等の請求権については、実務上、**資料21-1**第1の2(1)アのとおり、全額免除とする条項を設けることが多い。

(1) ①不利益を受ける再生債権者の同意がある場合の留意点

例えば、再生計画上、経営者一族の再生債権については弁済率を低額とする又は劣後化するなどの場合には、当該不利益を受ける債権者の同意を要することとなる（なお、実務上は、道義的な経営責任を重視して、経営者一族についてはそもそも再生債権の届出をせずに一切の弁済を受けないという手法もみられ、その場合には再生計画上は何らの条項も存しないこととなる。）。その他、グループ会社間で同様の手段を講じることもあろうが、当部においては、いずれの場合についても、再生計画案提出時に、当該不利益を受ける者の同意を疎明する資料（通常は同意書）を裁判所に提出するよう求めている。

このような場合、具体的には、**資料21-1**第1の2(2)の後に、次のとおり記載することになる。

◆同意による不利益扱いの記載例

> (3) 同意による不利益扱い
> 　前記○にかかわらず，A（債権者番号1）の有する再生債権については，再生計画認可決定が確定した時，その全額の免除を受ける。
> 　なお，Aからはその免除について同意を得ている。

(2) ②少額の債権に関する留意点（法85条5項の少額弁済許可との関係）

　少額の再生債権については、再生債権者の人数を少なくし、手続を円滑に進行させる目的（法85条5項前段）又は再生債務者の事業を継続させる目的（同項後段）で、再生手続開始後に裁判所の許可を得て、その全部又は一部を弁済することが認められている。

　ここで、法85条5項の「少額の再生債権」と155条1項ただし書の「少額の再生債権」との関係が問題となる。この点については、再生計画における同項ただし書の少額債権は、法85条5項の少額弁済許可の処理が終了し、なお残ったものと考えられることから[2]、当部においては同項の少額債権よりも広範囲の少額債権を含むことを許容している。

　また、先に述べたとおり、法155条1項の「平等」が実質的平等（実質的衡平）を図る趣旨であることから、同項ただし書の「少額」概念も、絶対的な金額の多寡によるのではなく、当該事案の内容（再生債権の額の分布、総負債額、債権者数、全体的な弁済率等）を踏まえた相対的なものと解するのが相当である。

　なお、例えば、10万円までの債権につき少額弁済するケースにおいて、100万円の再生債権を10万円×10個とするなど、1個の再生債権を可分に分割して少額債権として扱うことは不相当である。

(3) 傾斜配分型弁済条項（段階的権利変更条項）の相当性判断

　ア　実務上、債権のうち、少額債権部分については100パーセント

---

[2] 条解民再835頁〔松嶋英機〕。

弁済とし、さらに、債権額部分が増加するにしたがって弁済率を徐々に逓減（免除率を徐々に漸増）させていくという傾斜配分型（段階的権利変更）の一般的基準を設けることが多い。

　具体的には、資料21-1第1の2(1)の「再生計画認可決定が確定したとき[3]に、次の金額について、免除を受ける。」の後に同書式第1の2(1)イの免除率の定めを置くのが典型である。再掲すると、次のとおりである。

① 10万円以下の部分については，0パーセント（免除なし）
② 10万円を超えて100万円以下の部分については，50パーセントに相当する金額
③ 100万円を超える部分については，75パーセントに相当する金額

　イ　また、従前は、単純に免除後の債権額に応じて段階的に割合を設ける条項を設けることもあったようである。例えば、すべての再生債権について90パーセント免除を受け、免除後の再生債権額が1万円以下のときは第1回弁済時に全額弁済し、免除後の再生債権額が1万円を超えるときは免除を受けない10パーセントにつき5年にわたり2パーセントずつ弁済していくという条項がこれに当たる。

　この場合、再生債権が10万円であった者は早期に1万円の一括弁済を受けられるのに対し、再生債権が20万円であった者は2万円につき4000円の5回払を受けることとなる。そうすると、絶対的な弁済額としては債権額に応じて平等ではあるが、第1回弁済の受領額においては逆転現象が生じることとなる[4]。そして、仮にその後第3回弁済に至る前に再生債務者が資金ショート等を来した場合には、絶対額の多い債権

---

3) 免除時期をどの時期とするかも免除益課税の関係では重要となることは、**第21章Ⅱ②(2)ウ**で説明したとおりである。
4) 大阪再生物語85頁、鹿子木康ほか編『個人再生の手引〔第2版〕』（判例タイムズ社、2017年）309頁によれば、個人再生手続においてはこのような逆転現象も許容されている。

者の方が、絶対額において過小な弁済しか受けられないことになる[5]。

　この場合に、法85条5項前段の少額弁済許可に際し、20万円の再生債権を有する債権者に対し、少額弁済部分（例えば10万円）を超える部分の債権を債権者が放棄する選択肢を与えた上で同項前段の少額弁済許可を行うことがあり（第10章Ⅲ[1]参照）、この考え方（再生債権者に選択権を与えることで逆転現象を治癒する）を応用して、計画内において、同旨の条項（「元本10万円を超える部分について放棄した上場合には、10万円の範囲内で弁済する」）を設けることが考えられる。

　このような選択条項については、「債権放棄がされなければ逆転現象が生じたままであるし、……不利益を受けたくなければ債権放棄をせよと迫るものであって相当でない。」[6]との指摘もあるところではある。しかしながら、衡平原理から前記(1)の不利益債権者の同意が許容されていることも勘案すれば、選択権を債権者に与え真摯な選択（同意）を得ているものと考えれば、違法とまではいえないように思われる。

　以上によれば、再生債務者としては、可能な限り平等原則違反との疑問のある条項は避けることが望ましく、より疑問の少ない前記ア①～③のような債権部分に応じた傾斜配分型弁済条項（段階的権利変更条項）を検討することが望ましい。

　　ウ　以上のように、傾斜配分型弁済条項（段階的権利変更条項）には様々な条項があり得るところであり、法155条1項の実質的平等（実質的衡平）についても一義的なものではなく事案ごとの相対的判断となるため、再生債務者は、単純な弁済割合等のみならず、債権額の階層ごとの平等性、弁済期の平等性その他諸事情も考慮し、不相当又は違法な条項とならないよう留意する必要がある。

----

[5]　殊に遂行可能性のリスクが高い案件では、合理性に対する疑問が高まる。
[6]　民再手引279頁〔鹿子木康〕、なお、同書277頁〔鹿子木康〕において、清算配当率を下回る選択肢を与える条項も紹介されており、東京地方裁判所はいずれも消極に解しているものと思われる。

(4) その他
　ア　ゴルフ場会員の債権
　　ゴルフ場の会員の有する権利は、預託金返還請求権とともにプレー権があるところ、仮に再生計画認可後もゴルフ場が存続しプレー権も保障されることとなると、プレー権という金銭評価可能な一部の再生債権のみが100パーセント弁済を受けることとなり、継続会員と退会会員さらにはその他の再生債権者との関係で平等原則に抵触するのではないかとの問題がある。
　　当部でも、ゴルフ場が存続するケースにおける再生計画において、一般的基準又は個別条項において、預託金債権者とそれ以外の債権者を分別する例が多いが、各債権者をどのように取り扱うかについては後述のとおり様々な条項例がみられる。一例としては、退会を選択した会員には預託金債権の大部分の免除を受けた上で弁済し、継続会員にはプレー権の継続をそのまま認めた上で預託金の支払は据え置くなどの条項を設けることなどが考えられる。
　　なお、プレー権そのものを直截に金銭的評価することは難しいものの、仮にプレー権の継続をそのまま認める場合であっても、それは会員側が今後の年会費負担をした上での権利にすぎないことや、会員債権者に退会するか否かなどの選択権が与えられたことなどの全体的な事情をみて、実質的平等が確保されているかを判断することになる。
　　一般的基準の記載の仕方としては、飽くまで一例ではあるが、**資料21-1第1の2**を次のようにすることなどが考えられる。この点については、償還時期方法の定め方、プレー権の喪失時期、未納年会費の取扱い、継続会員の種別（休日会員・平日会員など）など事案に応じた考慮事項は多岐にわたり、それに沿って個別条項も検討する必要がある。

◆ゴルフ場の会員債権者がある場合の記載例

2　一般条項
　(1)　一般再生債権者（預託金債権者）の権利の方法及び弁済方法

ア　権利の変更
　　　　……
　　　イ　弁済方法
　　　　……
　(2)　一般再生債権者（預託金債権者以外）の権利の変更及び弁済方法
　　　ア　権利の変更
　　　　……
　　　イ　弁済方法
　　　　……
　(3)　退会会員となること等の選択
　　　ア　再生計画認可決定が確定した日までに退会届出未提出の預託金債権者（以下「預託金会員」という。）は，○○までに再生債務者所定の書面を用いて意思表示をすることにより，退会会員となることを選択することができる（……）。
　　　イ　退会会員のプレー権（施設利用権）の消滅時期は，……。
　　　ウ　退会会員となることを選択した預託金会員以外は，継続会員となる。
　(4)　継続会員のプレー権
　　　継続会員の全会員についてプレー権（ゴルフ場施設利用権）を継続して保有することとする。

イ　ポイントシステムにおけるポイント等の保持者

　現代の企業においては、家電量販店、航空会社、百貨店、スーパー、コンビニエンスストアなどで、ポイントを付与するシステムを採用している例も多いことから、今後、このような企業が再生手続を利用する場合には、そもそも再生債権として扱うのか否か[7]や、ポイント債権者とその余の再生債権者とで差異を生じさせる条項を設けた場合などに、実質的平等を阻害することがないかなどにつき、検討を要することになろ

---

[7]　再生計画案における取扱いのほか、開始決定等の通知を要する「知れている再生債権者」（法35条3項）に該当するかという問題も生じる。

う。

　ポイントシステムにおいて、ポイントを付与された顧客は、ポイントの発行者から、ポイントと引換えに、商品や役務の提供などを受けることができるのであるが、ポイントは事業者と顧客との間の合意に基づき付与されるものであって、その法的性質も、約款、説明書面、勧誘内容により認定される合意の内容によって定まるものと解されている[8]。すなわち、一口にポイントといっても一義的なものではないため、ポイントがそもそも財産上の請求に当たるか否かや、どの程度の差異が許容されるかについても、前記の合意の内容や、その後の年会費負担の有無、社会的に見た金銭的評価の容易さ及び評価の多寡など、様々な事情を考慮して個別に判断していき、事例を集積していくほかないように思われる[9]。

3　清算価値保障原則

(1)　一般的留意事項

　清算配当率、配当までの時間の長短、費用の多寡、財産換価の難易、履行の確実性なども勘案して、債権者にとって破産手続より有利な状況を再生債権者に保障すべきという原則を、清算価値保障原則といい、再生計画においても同原則を充足している必要がある（法174条2項4号）。

　そして、清算価値保障原則を勘案する上では、配当率の多寡が最も重要な判断基準と考えられるところ、清算配当率は、財産評定において債務者の有する財産の積極財産の評価額から、税金、労働債権等の共益債権及び一般優先債権に対する弁済額、別除権評価額、清算費用（破産管

---

[8] 経済産業省商務流通グループ企業ポイントの法的性質と消費者保護のあり方に関する研究会「企業ポイントの法的性質と消費者保護のあり方に関する研究会報告書」（平成21年1月）28頁。

[9] 金澤秀樹「会員契約（役務提供型契約・ポイント契約）をめぐる現状と課題」「現代型契約と倒産法」実務研究会編『現代型契約と倒産法』（商事法務、2015年）64頁。

財人の報酬見込み額、破産手続における換価費用の見込み）等を控除した清算貸借対照表により確認することとなる。

清算配当率算定に係る具体的な留意事項等は、**第 25 章Ⅲ[2]** を参照されたい。

(2) 弁済率の設定における考慮事項

前記(1)及び**第 25 章Ⅲ[1]**の趣旨に照らせば、弁済率設定に際しては、最低限清算配当率における形式的なパーセンテージを上回る必要があろう。加えて、再生債務者は、支払が可能な事案においては、清算配当率を少しでも大きく超えるパーセンテージを模索することが債権者にとってより望ましいことはいうまでもない。

すなわち、債権者によっては、形式的なパーセンテージの上では再生計画の方が有利であるとしても、破産手続において一定の時期に配当手続により一括弁済を受ける方が有利であるという事案もあり得よう。このような場合には、債権者から可決を得やすくし、かつ、清算価値保障原則抵触の疑問を減じさせる観点から、弁済期間の長短に応じて債権者が受ける利益につき、中間利息控除をするなどして現在価値に引き直した上で弁済率を設定するなどの工夫が望ましい場合もある。

また、平等原則及び清算価値保障原則に加えて、再生債務者の公平誠実義務（法38条2項）の見地から、事業収益力に照らし最大限の弁済を行うという姿勢で臨むべきとの指摘もあり得るところである[10]。もっとも、事業収益力に照らした最大限の弁済であるか否か自体、外部要因を含む不確定な将来予測を前提にすることから、そもそも一義的な評価は困難であるし、仮に最大限の弁済とは解されない場合でも、それのみをもって直ちに法174条2項1号又は4号の不認可事由に該当するとはいい難いように思われる。

しかしながら、債権者側からこのような疑問が呈されれば、不認可事

---

10) 民再実践マニュアル258頁参照、なお、同書は、最大限の弁済となっているかの観点のみから公平誠実義務を論じることには消極に解している。

Ⅲ 再生債権者の権利の変更に関する条項

由に該当するか否かは別論として、結局のところ再生計画に賛同が得られず、あるいは、認可後の取引継続に支障を来すなど、再生債務者にとって有形無形の不利益が生じることもあろうから、債権者の指摘があり得るところには真摯に配慮して弁済率を設定することが究極的には再生債務者にとっても有利となるように思われる。

よって、このような債権者側の視点にも留意しながら弁済率を設定することになるが、他方で、闇雲に高いパーセンテージを志向した結果、再生計画履行中に破綻を来す場合には、却って債権者に望ましくない帰結となることもあり得る。当部では、再生計画案の提出に至るまでの裁判所、監督委員及び再生債務者の間で、当該事案において、どの程度の弁済率が破綻のリスクと債権者の納得の観点から相当であるかについても協議し、再生債務者自身が納得する形でよりよい弁済率を設定することを志向している。

4 弁済方法の記載

(1) 権利の変更に関する条項に続けて、一般的基準及び個別条項のそれぞれに、具体的な弁済の時期、一括・分割の別を記した「弁済の方法」を記載する（資料21-1第1の2(2)、3(2)、別表Ⅰ参照[11]）。

弁済期間は、特別の事情がある場合を除き、認可決定確定時から10年以内でなければならない（法155条3項）。当部の現在の実務では、ゴルフ場の継続会員に対し据置期間を設けて一部免除後の預託金を返還する場合など以外に、10年を超える弁済期間を設けることは想定し難い。

個別条項の弁済については、「弁済の方法」における具体的な弁済額（資料21-1別表Ⅰの各債権者ごとの弁済金額）を比較して、前述（[2](3)イ）したような、平等原則違反となるような逆転現象が生じていないかに留意する必要がある。

---

11) なお、弁済に関する細事についても任意的に記載することになるが、その点については**第24章Ⅳ**参照。

(2) 追加弁済条項を設ける場合の留意点

　残余財産の換価や未確定債権の供託分などがあり、前記(1)で定めた弁済に加え、追加弁済の可能性がある事案においては、債権者に按分で追加弁済を行う旨の条項[12]を設けることも可能である。

　具体的には、①認可決定確定時に免除効を発生させ、追加弁済があったときに免除効をその限度で遡及的に覆滅させる方法と、②追加弁済時に免除効を発生させる方法（この場合、追加弁済原資がないことが確定したときには追加弁済がない旨の通知を債権者に行ったときに免除効を発生させる）があり得る。①、②のいずれとするかは、債務免除益の発生や債権者の同意の得やすさ等を勘案して選択することとなろう。

　例えば、①免除効覆滅の記載については、資料21-1第1の2を次のような条項とすることなどが考えられる。

◆追加弁済条項（①免除効を遡及的に覆滅させるケース）の記載例

> (1) 権利の変更
> 　再生計画認可決定が確定したときに、次の金額について、免除を受ける。
> ア　再生手続開始決定日以降の利息・遅延損害金の全額
> イ　元本及び再生手続開始決定日の前日までの利息・遅延損害金（以下「元本等再生債権」という。）について、次に記載する割合に相当する額
> 　①　10万円以下の部分については、0パーセント（免除なし）
> 　②　10万円を超えて100万円以下の部分については、50パーセントに相当する金額
> 　③　100万円を超える部分については、75パーセントに相当する金額
> ただし、後記の(2)イの追加弁済を行った場合、上記イの債務免除の効果は追加弁済を受けた限度で覆滅する。

---

12) 免除効の記載を要するため、一般的基準も必要となる。

(2) 弁済の方法
　ア　基本弁済
　　　再生債権について上記(1)本文による免除後の金額は，再生計画認可決定が確定した日から3か月を経過する日の属する月の末日までに支払う。
　イ　追加弁済
　　　すべての再生債権が確定し，かつ，○○の資産の換価が全て終了した日から3か月を経過する日の属する月の翌月までに，下記計算式により算出される追加弁済率を，元本等再生債権のうち10万円を超える部分に乗じた額を算出する。
　　　（計算式中略）

　　　なお，追加弁済を実施しないことが確定した場合，再生債務者は，再生債権者に対して追加弁済を行わない旨を通知する。

IV　共益債権及び一般優先債権の弁済に関する条項

　共益債権は，「再生債権に先立って」（法121条2項），「再生手続によらないで，随時弁済する」（同条1項）ものとされている（ここでいう「先立って」とは時間的な弁済の先後関係ではなく，法的な優先順位を指すものである。）。
　また、一般優先債権についても，「再生手続によらないで、随時弁済する」（法122条2項）ものとされている。
　そして，共益債権及び一般優先債権のいずれについても，再生計画上は「将来弁済すべきものを明示」する必要がある（法154条1項2号，規則83条）。
　この点について，当部では，再生計画案提出日又はできる限り提出日に近い日を基準日とし，基準日前日における未払共益債権及び未払一般優先債権の残高を記載した上で，未払のもの及び基準日以後に発生する共益債権及び一般優先債権は「随時支払う。」との条項が一般的である

(**資料** 21-1 第2、第3の3)。

　基準日前日における未払分を記載する趣旨は、再生債権者らへの情報提供のためである。すなわち、再生債権者が再生計画案を決議するに際して、未払共益債権又は未払一般優先債権が再生債務者の資金繰りを圧迫し再生債権の弁済計画が頓挫しかねないものか否かなどを判断するに当たり重要な情報となるためである。

(坂本隆一)

第23章 再生計画案の相対的必要的記載事項

I 相対的必要的記載事項

　第22章Iで述べたとおり、相対的必要的記載事項とは、該当する事項があれば必ず記載しなければならず、その記載を欠くときはその事項が無効となるものをいう。

　具体的には、法154条1項3号（知れている開始後債権の内容）、158条（債務の負担及び担保の提供に関する定め）、159条（未確定の再生債権に関する定め）、160条（別除権者の権利に関する定め）などがこれに当たると解される。以下においては、実務的に問題となる点について述べる。

II 知れている開始後債権の内容

　開始後債権とは、再生手続開始後の原因に基づく債権であって、共益債権、一般優先債権又は再生債権でないものをいい、法律上、再生計画に基づく弁済期間が満了するまでの間などに弁済等が禁止されること（劣後化）が定められている（法123条）。

　実務上開始後債権がある例は稀であるし、仮に開始後債権が存在する場合であっても再生債務者に知れていない場合には再生計画に記載する必要がない。

当部モデルにおいては、**資料 21-1 第 4** のとおり、不存在の場合（又は知れていない場合）であっても注意的に存在しない旨を記載するものとしている。

　なお、知れている開始後債権が存在し、これを再生計画案に記載する場合、その趣旨は債権者への情報提供（破産に至った場合などに配当率が変わるため）にあり、減免効もなく、劣後化されることから、単に開始後債権の存在と内容を記載すれば足りる。

III　債務の負担及び担保の提供に関する定め

　再建型の倒産手続における関連会社又はスポンサーの支援の方法として、再生債務者に融資又は出資して直接資金提供する方法に加え、関連会社又はスポンサーが新たに保証又は債務引受け等の人的担保となることを申し出たり、不動産その他の物的担保を新たに提供することを申し出たりする方法がある。

　再生計画の中で、このような新たな人的・物的[1]担保を利用する場合には、必ず担保を提供する者及び担保権の内容を明示特定しなければならず（法 158 条）、明示特定した再生計画が認可確定すれば、再生計画の効力は、人的・物的担保提供者にも及び（法 176 条、177 条）、再生債権者表の記載は人的・物的担保提供者との関係でも確定判決と同一の効力[2]を有する（法 180 条 2 項）。

　人的担保を設定する場合の条項の具体例は次のとおりである[3]。なお、

----

1) 物的担保の提供については、条文上は、第三者のみならず再生債務者自身の所有物件も可能となっているが、実務的には考えにくいため、本章では第三者提供の場合のみを念頭に置いている。
2) 人的・物的担保提供者に対し再生債権者表に基づく執行力が生じるのは、金銭の支払その他の給付の請求を内容とするものに限られる（法 180 条 3 項）。したがって、実際に担保提供者に対する執行が問題となるのは、主として人的担保提供者に対する保証債務履行請求などに限られるであろう（その場合、保証人の検索・催告の抗弁は同項ただし書により失われない。）。

人的・物的担保に係る条項を設ける際は、人的・物的担保提供者の同意書を再生計画案提出時に添付しなければならず（法165条、規則87条）、人的・物的担保提供者を決議のための債権者集会期日に呼び出さなければならない（法115条1項）ことに留意する必要がある。

◆新たな人的担保（債務引受け）を設定する場合の記載例

> 第2の2(2)　弁済の方法
>   前記○の免除後の金額（以下「再生債権弁済額」という。）を営業譲受会社Aが重畳的に債務引受けをし，
>   ア　……（主債務者の弁済条項）
>   イ　営業譲受会社Aは，債務引受けに係る保証債務につき，主債務者が約定弁済を怠り，その合計額が2回分以上に達した場合には，それ以降最初に到来する上記アの弁済期を第1回とし，○○を最終回として，再生債権弁済額又は未払残元本額のいずれか低い金額を，均等分割弁済の方法により支払う。……

◆新たな人的担保（連帯保証）を設定する場合の記載例

> 第2の2(2)　弁済の方法
>   Aは，前記○の免除後の再生債権の弁済及び前記○の追加弁済が生じる場合の当該追加弁済について，連帯保証し，
>   ア　……（主債務者の弁済条項）
>   イ　Aは，上記保証債務につき，主債務者が約定弁済を怠り，その合計額が2回分以上に達した場合には，それ以降最初に到来する上記アの弁済期を第1回とし，○○を最終回として，再生債権弁済額又は未払残元本額のいずれか低い金額を，均等分割弁済の方法により支払う。……

3）「保証する」、「債務引受けをする」との文言のみであると執行力に疑義が生じるので「支払う」旨の文言とすべきであること（大阪高判昭和55年10月31日判タ436号161頁参照）は、通常の債務名義と同様である。

IV 再生計画提出時点で再生債権額が確定していない再生債権――未確定の再生債権及び別除権者の権利に関する定め

1 未確定の再生債権に関する定め（法159条）

(1) 債権確定手続（法105条1項の査定手続又は106条1項の査定の裁判に対する異議の訴え等）が終了しておらず、再生債権の存否又は金額についての係争が継続中の再生債権については、再生計画案提出又は決議集会までに債権の具体的な金額等が定まらず、未確定の再生債権となる。

未確定の再生債権については、再生計画において当該債権につき確定判決と同様の効力を有する個別条項を定めることはできないから、個別条項を設ける必要はない（法157条1項ただし書）。他方で、将来未確定の再生債権の存否及び金額が確定した場合に備え、再生計画の条項中に「適確な措置」を定める必要がある（法159条）。

(2) 一般的な条項例は、**資料21-1**第1の4(1)のとおりである。これは、他の確定再生債権者との平等の見地から、再生債権の金額が確定した際にはその他の確定再生債権と同様の減免効を適用し、その時点で既に弁済期が到来している部分について一括で支払った上で、その後に弁済期が到来する部分については順次支払うとの条項であり、実務上もこの条項が多い。

この条項を採用する際には、特に当該再生債権の確定直後の弁済期に、多額の弁済額が上乗せされる場合もあることから、再生債権確定前の段階でもあらかじめ一定額をプールするなど資金計画を練り、突然の負担増に耐えられるようにしておく必要がある。

(3) なお、未確定の再生債権については、確定再生債権（**資料21-1**

別表Ⅰ）とは別の再生債権者一覧表（資料21-1別表Ⅱ-1）を作成することが、未確定再生債権の特定の見地から望ましい。

2 別除権者の権利に関する定め（法160条）

(1) 別除権は、再生手続外での自由な権利行使が認められるため（法53条2項）、再生手続における債権調査確定手続や付議決定の時期とかかわりなく別除権行使をすることができる。

他方で、別除権者は、再生手続内においては、不足額責任主義（法88条）により、別除権不足額の限度で再生手続に参加することが認められているところ、別除権不足額の確定は、別除権行使により別除権が消滅するか、別除権不行使部分につき再生債務者と合意するかまで待たなければならず、それらは再生計画案提出時までに了しているとは限らない。

そして、別除権不足額の確定までの間は、別除権者は、別除権予定不足額（法94条2項）で再生手続に参加することとなり、その場合、前記1(1)と同様に、再生計画案提出又は決議集会までに債権の具体的な金額等が定まらないこととなる。

そうすると、前記1(1)と同様に、債権が未確定な状態であるため個別条項を定めることができないところ（法157条1項ただし書）、他方で、将来別除権不足額が確定した場合に備え、再生計画の条項中に「適確な措置」を定めなければならないとされている（法160条）。

(2) 一般的な条項例は、**資料21-1第1の4(2)**のとおりである。「別除権が行使されていない」又は「別除権は行使済みであるが精算手続未了である」などの別除権不足額が未確定である旨を注意的に記載した上で、他の確定再生債権者との平等の見地から、別除権不足額が確定した際には同額を再生債権として取り扱ってその他の確定再生債権と同様の減免効を適用し、その時点で既に弁済期が到来している部分について一括で支払った上で、その後に弁済期が到来する部分については順次支払うとの条項である。

別除権付再生債権については、再生計画案の作成時には別除権協定が締結されておらず、並行して別除権協定の協議などが行われていることも多いため、再生計画の条項上はこのようなシンプルな条項とする例が多いように思われる。

　なお、別除権付再生債権については、確定再生債権（資料21-1別表Ⅰ）とは別の再生債権者一覧表（資料21-1別表Ⅱ-2）を作成することが、特定の見地から望ましい。

③ 再生計画案提出から決議までの間に、再生債権額が確定した場合の処理

　再生計画案提出から決議までの間に、債権確定手続が終了し、又は、別除権が行使され若しくは別除権協定において別除権不行使部分の合意がされて不足額が確定するなどして、再生債権額が確定することがある。

　この場合、付議決定前であれば再生計画案の修正（法167条）、付議決定後決議集会前であれば再生計画案の変更（法172条の4）をすべきかという問題がある。

　再生計画案の提出後に、査定決定の確定、別除権が行使され、あるいは保証人が代位弁済することなどにより、再生債権の内容が随時変動することは当然予定されており、かかる債権の変動ごとに修正又は変更を要するのでは煩瑣となる場合もある。したがって、このような変動は基本的には別途債務名義性を有する再生債権者一覧表に反映されれば足り、再生計画案の修正又は変更を要しないと解される。

　ただし、再生計画提出後に異議が撤回されたり、他の事情で再生債権額が増額された場合など、事案によっては債権者の一覧性の便宜の観点から修正又は変更をすることもある。

4 1人の債権者が、確定再生債権と再生債権額が確定していない再生債権の両者を有している場合の処理

　例えば、再生債権者Xが、再生債務者に対して、①異議なく確定した400万円の確定再生債権と、②その存否に争いがあり査定手続中の600万円の未確定の再生債権（①と②は別口の債権）を有する場合がある。

　この場合に、再生債権1000万円全体を「未確定」と扱い、②の確定を待ってはじめて弁済を開始するとの条項を設けた場合、再生債権者Xは、確定再生債権についてまで、他の確定再生債権者と比して再生債務者の破綻リスクをより多く甘受せねばならないこととなる（②の債権確定前に再生債務者が破綻した場合、他の確定再生債権者が一部弁済を受領できたのに対し、再生債権者Xは一銭も受領できないという事態は平等性に疑義がある。）。

　そこで、当部では、再生債権者Xのような者がいる場合、**資料21-1**第1の5⑸のとおり、①確定再生債権400万円については先に弁済を開始し、②未確定再生債権600万円については確定時に弁済期経過分を一括弁済し、その後は①②を合算して分割弁済するとの条項例とし、平等取扱いに配慮している。

　また、再生債務者にとっても、このように処理しておけば、債権が確定した際、②の600万円部分の未払分のみが一括払の対象となり、①及び②の1000万円部分の未払分をまとめて一括払することに比べれば、一括払の額を低減させて突発的な資金需要の発生リスクを減じることができ、有用といえよう。

5 1個の再生債権のうち確定部分と未確定部分がある場合の処理

　1個の再生債権1000万円のうち確定部分400万円と未確定部分600万円がある場合も、前記 4 と同様の趣旨が妥当するため、前記 4 と同様の処理をすることにより、確定部分についてのみ先に配当（弁済）を受

けられるようにする処理もあり得るように思われる。

　その理由としては、法88条の立法に際し、別除権不足額確定まで別除権者が配当に参加できないことは不合理であるとの問題意識があったこと[4]、さらに、再生債権の査定等の審判対象は再生債権者表に異議等の記載がされた事項のみとされていること[5]（なお、厳密には、1個の再生債権1000万円のうち債権調査段階で600万円についてのみ争いがある場合、1個の再生債権全体が査定等の審判対象となるが、不利益変更禁止の原則により、争いのなかった400万円については変更されることがないため、実質的に確定しているということになる[6]。）が挙げられる。これらの点を踏まえれば、確定部分と未確定部分がある再生債権の場合も全体が確定するまで何ら配当を受けられないということは不合理との見解もあり得ることから、少なくとも確定部分についてのみ他の確定再生債権者と同様に弁済を開始してしまうという再生計画案とすることも許容されるというべきであろう。

（坂本隆一）

---

[4]　条解民再456頁〔山本浩美〕参照。
[5]　条解民再569頁〔大村雅彦〕、一問一答民再142頁。
[6]　民再手引166頁、167頁〔西林崇之〕、島岡大雄ほか編『倒産と訴訟』（商事法務、2013年）127頁。

第24章 再生計画案の任意的記載事項及び住宅資金特別条項

I　任意的記載事項

　任意的記載事項としては、**第22章 I** で述べたとおり、法154条3項及び4項（再生債務者の株式の取得、資本金の額の減少、募集株式を引き受ける者の募集に関する条項など）のほか、再生計画による事業譲渡又は会社分割に関する条項がこれに当たる。

　また、弁済に関する端数処理、具体的な弁済方法（取立債務・持参債務の別、現金交付・振込等の別）、再生債権の移転若しくは放棄又は債権届出の取下げがあった場合の処理なども、任意的記載事項と解される。

　任意的記載事項は、前記に該当する事項がある場合に任意に記載すれば足りるが、これらの条項を再生計画に定めた場合には認可決定が確定した時に効力が生じる。なお、任意的記載事項については、再生計画案に記載しなかったとしても、再生計画が無効ということになるわけではない。

II 減資及び増資に関する条項 ── 再生債務者の株式の取得、資本金の額の減少、募集株式を引き受ける者の募集等に関する条項等

1 法154条3項・4項

　再生手続は、会社更生手続と異なり、法人の組織再編を再生計画において行うことを予定しておらず、原則として会社法等の規定に基づいて法人の組織再編が行われる。

　しかしながら、再生手続においても、株主責任等[1]の観点から減資及び増資について再生計画に盛り込むことが実務上相当である場合もあるため、法154条3項は、会社法の例外[2]として、再生手続において株式会社の減資などに係る条項を、法154条4項は募集株式を引き受ける者の募集に関する条項を、それぞれ再生計画内に設けることを認めたものである。

　法154条3項に係る条項（再生債務者の株式の取得、株式の併合、資本金の額の減少など）を再生計画に盛り込むに当たっては、再生計画案を提出する前に、債務超過（法166条2項）であることを明らかにして（ただし、実際には再生手続開始の申立ての際の添付資料又は財産評定時の資料と重複することが多いであろう。）、あらかじめ裁判所の許可（同条1項）を得ておかなければならない。

　また、法154条4項に係る条項（募集株式を引き受ける者の募集に関する条項）を再生計画に盛り込むに当たっては、再生債務者[3]は、再生計

---

[1]　実務的には組織解散の便宜のため、法人代表者又は申立代理人などのうち1人に対し1株のみを発行し、後の解散決議などを容易にするために用いられることもある（民再手引302頁、303頁〔鹿子木康〕参照）。

[2]　法183条、条解民再963頁以下〔畑宏樹〕参照。

[3]　法154条4項に係る条項を定めた再生計画案の提出権者は、「再生債務者のみ」に限定されている（法166条の2第1項）。

画案を提出する前に、債務超過及び事業の継続に欠くことができない旨（法166条の2第3項）を明らかにして、あらかじめ裁判所の許可（同条2項）を得ておかなければならない。

債務超過の判断は、清算型再生計画案を作るほかない場合を除いては継続企業価値で判断することとなる[4]。また、債務超過が要件となっているのは、裁判所の許可は、再生手続の迅速性に照らし、会社法上の株主総会特別決議等の代わりにされるものであるところ、債務超過の法人の株主については株式の価値がなく株主保護を図る必要がない[5]と解されるためである。

法166条1項及び166条の2第2項の裁判所の許可については、決定要旨を記載した書面を株主に送達しなければならないが（法166条3項、166条の2第4項。ただし、法43条4項・5項に特例あり）、実務上は官報公告によって代用している（法10条3項本文）。株主は、前記許可に対し即時抗告をすることができ（法166条4項、166条の2第4項）、この即時抗告については執行停止効を否定する条文がないことから、当部では、前記許可の確定を待って手続を進めることとしており、再生計画案提出期間までに前記許可が確定しているか、遅くとも再生計画案決議までには前記許可の確定を要することとしている[6]。また、当部では、債務超過等の要件につき監督委員の意見書も踏まえて許可の決定をすることとしている。

したがって、再生債務者は、法154条3項又は4項に係る条項を再生計画に盛り込む場合には、監督委員の意見書提出期間、裁判所の許可、官報公告期間（約2週間）及び即時抗告期間（2週間。法9条、10条）を見込む必要があり、場合によっては再生計画案提出期間の伸長を検討する必要があろう。

----

4) 条解民再873頁〔園尾隆司〕。
5) 条解民再873頁〔園尾隆司〕。
6) 民再手引190頁〔片山健〕によれば、東京地方裁判所では、法166条1項及び166条の2第2項の許可の確定を待つことなく付議手続等を進める運用がされている。

2 条項記載例

条項の具体例は次のとおりである。

◆減資及び増資に関する条項の記載例

> 第5　減資及び増資に関する条項
>
> 　　　下記1から4までの定めに関しては，あらかじめ民事再生法166条1項及び166条の2第2項の規定に基づく裁判所の許可を得ている。
>
> 1　株式の取得に関する条項
> （1）再生債務者が無償取得する株式の数
> 　　　再生計画認可決定確定前の発行済み株式全て（発行済み株式〇万株）
> （2）再生債務者が株式を取得する日
> 　　　後記3(3)の払込期日
> （3）株式の消却
> 　　　上記再生債務者が取得した株式全部を，取締役会決議を経て，後記3(3)の払込期日に全て消却する。
> 2　資本金の額の減少に関する条項
> （1）減少する資本金の額
> 　　　資本金〇円全額
> （2）資本金の額の減少がその効力を生ずる日
> 　　　後記3(3)の払込期日
> 3　募集株式を引き受ける者の募集に関する条項
> （1）募集株式の数
> 　　　〇株【※清算主体としてのみ存続させる場合は1株】
> （2）募集株式の払込金額
> 　　　1株につき金〇円【※清算主体としてのみ存続させる場合は1円】
> （3）募集株式と引換えにする金銭の払込期間
> 　　　取締役会決議によって定められる日【※「再生計画認可決定確定の日から1か月以内」など具体的に定める例もある。】
> （4）増加する資本金（及び資本準備金）の額
> 　　　〇円（資本金〇円，資本準備金0円）

>   (5) 割当先
>   募集株式の割当については，募集株式全てを株式会社○○（本店所在地：大阪市○○区……，代表取締役：○○○○）に割り当てる。
> 4 発行可能株式総数についての定款の変更【※定款変更を要する場合のみ】
>   ○株と変更する。

　なお、前記記載例1(3)の「株式の消却」とは、会社法において株式の消却は自己株式の消却のみとされているところ（会社法178条）、民再法及び会更法においてのみ、消却をする前提で株式発行会社が計画の定めにより強制取得できることとされた（法183条1項）[7]ことを意味している。

III 再生計画による事業譲渡に関する条項

1 再生手続における事業譲渡

　再生手続において再生計画外で事業譲渡を行う場合又は再生計画の内外を問わず会社分割を行う場合の手続の留意点又は実例等は、**第16章**に記載のとおりであるため、本項においては、再生計画内で事業譲渡を行う場合の留意点についてのみ触れることとする。

　再生計画内で事業譲渡を行う条項を定めた場合でも、民再法には会更法213条の2のような規定はなく、結局のところ別途組織法としての会社法の手続又は法43条の手続[8]を履践する必要がある（なお、事業譲渡の場合の法42条の裁判所の許可は、計画内の場合には不要である。）ことな

---

7) 新注釈民再（下）12頁〔岡正晶〕。
8) 前記II①の減資及び増資に係る裁判所の許可の場合と異なり、株主の即時抗告（法43条6項）に執行停止効はないため（同条7項）、確定を待つことなく再生手続を進めることができる。

どから、再生計画内に事業譲渡に関する条項を盛り込む例は少ない。

ただし、再生債権者の賛否を問うなどのために計画内事業譲渡を行う場合もあり、その場合には、少なくとも①譲渡（承継）対象となる事業の内容、②事業譲渡（承継）される資産（資産評価を確定させるクロージング日を含む。）[9]、③事業譲渡代金（対価）及び④事業譲渡の実行日については特定する必要があろう。併せて、再生計画案補足説明書において、⑤事業譲渡の必要性並びに⑥譲受人（スポンサー）の公正性及び選定過程の公正性についても言及することが望ましい。

2 条項記載例

条項の具体例は次のとおりである。

◆計画内事業譲渡の記載例

第6 事業譲渡
1 再生債務者は、事業譲受人Aに対し、譲渡代金○円（消費税込み）で○○事業を譲渡する。
2 上記1項の対象となる譲渡対象権利義務は、別紙対象事業一覧及び別紙対象資産一覧に記載の再生債務者の契約上の地位及び資産とする。
3 事業譲受人Aは、上記2項の事業に係る再生債務者の従業員の雇用は、当該従業員の承諾を得た上で承継する。
4 事業譲渡代金の支払及び事業承継の日は、再生計画認可決定確定日とする。
---

3 再生計画認可決定確定後の事業譲渡

(1) 法42条の許可の要否

前記[1]のとおり、再生計画内に事業譲渡に関する条項を盛り込む場合、

---
[9] 事業譲渡（承継）されない資産も特定する必要がある。

法42条の裁判所の許可は不要となる（再生計画の認可で足りる。）。他方で、再生計画内に事業譲渡に関する条項がない場合（認可決定確定後に事業譲渡を行う場合を含む。）、当部では、再生計画において弁済率及び弁済額は確定しているとしても、取引債権者・従業員等への影響及び事業譲渡先の資力によって弁済の確実性が変化することなども踏まえ、再生手続終結決定前において同条の許可を要するものと解している。

(2) 再生計画変更の要否

再生計画認可決定確定後に事業譲渡を行い、弁済条件が変わることがあるが、単なる繰り上げ弁済（中間利息を控除しない場合）であれば債権者に不利な影響はないことから再生計画の変更（法187条2項）は不要である。他方で、繰り上げ弁済に伴う割引等を求める場合（中間利息を控除する場合）には、債権者に不利な影響を及ぼすと解する余地があるため、再生計画の変更をすべきであろう[10]。

IV 弁済に関するその他の事項

弁済に関する端数処理、具体的な弁済方法（取立債務・持参債務の別、現金交付・振込等の別）、再生債権移転若しくは放棄又は債権届出の取下げの場合の処理については、これを再生計画に定めなければ、民法等実体法の定め（例えば、民法484条後段）に従って処理されることとなるため、再生計画に定めなくともよい。

しかしながら、実務上は、再生債務者の弁済の際の便宜及び事後の無用な係争を防ぐため、**資料21-1第1の5**のとおりの条項を設けることが多い。

具体的には、再生債権者側にとって有利となるように、1円未満の免除額を切り捨てて（弁済額を切り上げる。）、最終回で調整することとし、

---

10) 第26章、第27章III、IV各参照。

民法上の原則が持参債務であることを前提として、再生債権者指定口座への振込送金の方法によることとしつつ、口座を指定しない再生債権者に対する供託を再生債務者の本店所在地を管轄する法務局において行うことができるようにするなどして、当事者双方の利益の調整を図ることとしている。

その他、再生債権の弁済には、利息及び遅延損害金を付さない旨を注意的に記載する条項や、再生債務者が再生債権者に対し反対債権を有している場合の相殺処理に関する条項（再生債務者が有する自働債権をもって免除後の再生債務と相殺して弁済）などを設けることがある。

V　住宅資金特別条項

再生債務者が自然人であり、別除権付住宅ローン債務を負担している場合には、通常再生手続においても再生債務者は住宅資金特別条項（法198条以下）を設けることを選択できる（同条項を設けないことを選択すれば、住宅ローン債権者は通常の別除権者と同様の取扱いとなる。）[11]。

当部においても、①法人の通常再生手続に伴う連帯保証債務の顕在化（法177条2項参照）に伴い、自らも債務整理を行わざるを得なくなった法人代表者、②事業が頓挫した個人事業主又は③いわゆる5000万円要件（法221条1項、231条2項2号、239条1項）を超過しているため個人再生手続を利用することができない個人債務者などが、なお住宅の保持を希望して、通常再生手続において住宅資金特別条項を設ける例がみられる。

住宅資金特別条項を設ける場合の留意点は、個人再生手続における留意点とほぼ同様であるので、当部の運用等の詳細は、大阪再生物語249頁から264頁まで及びい6民463頁から486頁までに、条項の記載例については大阪再生物語284頁から293頁までに詳しく記載されている。

---

11)　大阪再生物語252頁参照。

条項の具体例（法 199 条 1 項型）は次のとおりである。

◆住宅資金特別条項（法 199 条 1 項型）の記載例

> 住宅資金特別条項（民事再生法 199 条 1 項）
> (1) 住宅資金貸付債権を有する債権者の氏名又は名称（民事再生規則 99 条 1 号）
> 　　　［　株式会社〇〇銀行（旧商号　株式会社〇〇銀行）］
> (2) 対象となる住宅資金貸付債権
> 　　　平成［〇〇］年［〇〇］月［〇〇］日付［〇〇契約証書］及び平成［〇〇］年［〇〇］月［〇〇］日付［〇〇特約書］（以下「原契約書」という。）に基づく，［〇〇銀行］が再生債務者に有していた貸付債権につき，平成［〇〇］年［〇〇］月［〇〇］日債権譲渡により上記(1)の債権者が再生債務者に対して有する貸金債権
> (3) 住宅及び住宅の敷地の表示（同規則 99 条 2 号）
> 　　　別紙　物件目録記載のとおり
> (4) 抵当権の表示（同規則 99 条 3 号）
> 　　　別紙　抵当権目録記載のとおり
> (5) 住宅資金特別条項の内容
> 　　　上記(2)の住宅資金貸付債権の弁済については，再生計画認可決定の確定した日以降，原契約書の各条項に従い支払うものとする。
>
> 〈法 199 条 1 項型のうち期限の利益回復型の場合〉
> (5) 住宅資金特別条項の内容
> 　① 再生計画認可決定の確定した日の属する月の翌月を第 1 回目として，以降［〇〇］年間は，毎月［〇〇］日限り，各［〇〇］の割合による金額に，約定利率による利息を付した金額を弁済する（合計［〇〇］回）。【※再生計画認可決定の確定の時までに弁済期が到来する元本に関する条項】
> 　② 再生計画認可決定の確定した日の属する月の翌月を第 1 回目として，以降［〇〇］年間は，毎月［〇〇］日限り，各［〇〇］の割合による金額を弁済する（合計［〇〇］回）。【※再生計画認可決定の確定の時までに生ずる利息・損害金に関する条項】
> 　③ 再生計画認可決定の確定した日以降，原契約書の各条項に従って支

払う。【※再生計画認可決定の確定の時までに弁済期が到来しない元本及びこれに対する約定利率による利息に関する条項】
④ 弁済額の算定に当たり端数等の調整が生じた場合には，最終弁済額にて調整する。
⑤ 下記の変更事項を除く他は原契約書の各条項に従う。

記（略）

（坂本隆一）

第25章 再生計画案補足説明書

I　説明的記載事項の当部における取扱い

1　説明的記載事項

　第24章までにおいて、再生計画案に記載すべき事項を説明したが、現実の再生計画案においては前記事項のほか、再生計画の基本方針等（収益見込みや別除権者との交渉予定を含めた事業計画）、清算配当率との比較、役員責任等を記載する例もみられ、このような記載は、説明的記載事項といわれている[1]。

　説明的記載事項は、再生計画案本体に記載された場合でも、その事項につき確定判決と同一の効力を生じたり、合併等の組織法上の効力が生じたりするものではない。また、記載された事項を怠ったとしても、再生計画の取消事由のうちの「再生計画の履行を怠ったこと」（法189条1項2号）に直接に該当するものでもない。せいぜい再生手続の終結事由のうちの「再生計画が遂行されたとき」の有無（法188条2項・3項）又は「再生計画が遂行されることが確実である」か否か（同条3項）の考慮要素に留まるものと解される[2]。

---

1)　条解民再826頁、833頁〔松嶋英機〕。
2)　条解民再833頁〔松嶋英機〕。

したがって、これらは付議に際し、債権者への説明を十分に尽くすことにより、債権者の理解を得られやすくするために記載されるものであると解される。

2 当部における取扱い

前記1のような記載事項については、資料21-2のように、再生計画案本体ではなく再生計画案補足説明書に記載することを当部では推奨しており、その趣旨が、記載内容に変更があっても再生計画案の修正又は変更を要しないというメリットがあること等については、第21章Ⅱ1において述べたとおりである。

なお、当部では、再生計画案補足説明書が再生計画案とともに提出された場合には、再生計画案とともに再生債権者へ送付する取扱いとしている。

Ⅱ 再生計画の基本方針等

資料21-2において、再生手続開始に至る経緯（資料21-2の1）、再生計画案の概要（資料21-2の2(1)）、事業計画及び弁済計画資金（資料21-2の4）、別除権者に対する弁済計画の概要（資料21-2の5)[3]、再生計画案の遂行可能性の検討（資料21-2の6）などを記載して、再生債務者の今後の資金計画及び遂行可能性等につき、再生債権以外の弁済（共益債権、別除権者への支払等）も含め説明することにより、再生債権者への情報の提供を尽くしたことにもなる上、債権者集会における可決を得られやすくなる。したがって、窮境に至った原因やそこからの復活の道

---

[3] 別除権協定の可否及び内容については、他の債権者もその動向を注視していることが多いため、別除権協定締結済みの場合はその内容について、別除権協定締結未了の場合にはその進捗状況と見込みについて、十分に記載しておく必要がある。

筋などにつき、可能な限り具体的な数値（事業計画書や弁済資金計画表を添付資料とする例が多い。）を示すなどして説得的な記載とすることが望まれる。

　また、弁済方法（資料21-2の2⑵）についても、決議の対象となる再生計画案本体の記載は傾斜弁済条項など複雑なものとなり、一般再生債権者からみて分かりにくいことも多いから、できる限り噛み砕いて平易な言葉で書き換えて補足説明することにより、債権者集会における円滑な運営に資することとなる。殊に、ゴルフ場の会員債権者が含まれるケースは、会員債権者が多数な上に、預託金債権の弁済とプレー権の存続などの定めの内容が極めて複雑となる例が多いことから、再生計画案補足説明書等において詳細かつ平易に記載しなければ、結局のところ再生債務者又は事業譲渡先等に問合せが殺到したり、債権者集会が紛糾したりしかねないことを留意しておく必要がある。

III　清算配当率との比較（清算価値保障原則）

1　清算配当率との比較

　再生計画において一般的基準及び個別条項を定めるに当たっては、清算価値保障原則（法174条2項4号）に留意して定める必要があることは、既に**第22章III**3⑴において述べたとおりである。

　したがって、当部では、再生債務者において、提出した再生計画案が清算価値保障原則を充足していることを再生債権者に説明するために、再生計画案補足説明書に清算貸借対照表を添付するなどして、弁済計画が破産に至った場合よりも有利であることの説明を記載するよう求めている。

2 清算配当率算定の留意事項

　当部では、清算価値保障原則を判断する基準時を原則として再生手続開始時と解しているため、清算価値保障原則の判断に際しても、再生手続開始時を基準時とする財産評定の結果（法124条1項）が、判断の基礎資料となることは、**第12章Ⅲ12ア**で述べたとおりである。

　したがって、再生手続開始時から再生計画案の付議又は認可までの間に特段財産状況に大きな変動がない場合には、財産評定時の資料に基づき清算配当率（破算配当率）を算定すれば足りよう。

　もっとも、再生債権者が再生計画案に対する賛否を判断するのは、財産評定が終了した後一定期間を経過した後の決議集会の際であり、再生債権者は、その時点において、今再生債務者について破産手続が行われたとすればどの程度の配当があるのかに関心があるであろう。また、迅速な進行が想定されているとはいっても、各個別の事情によっては手続の途中で予想外に時間を要する事態が発生することもあり、決議集会の際には、再生債務者の財産状況が、再生手続開始決定直後の財産評定と相当程度違ってくる場合もあり得る。このような場合、再生債務者が再生計画案について再生債権者の同意を得るためには、再生債権者の関心が高い直近の時点での予想清算配当率を試算し、それを上回っていることの説明を再生計画案補足説明書において付け加えることが望ましい。

　さらに、当部においては、再生計画案を付議する際、監督委員（及びその補助者である公認会計士）の再生計画案に対する意見書を再生計画案と共に再生債権者に送付して、債権者への情報提供の充実を図っている。例えば、監督委員（及びその補助者である公認会計士）が意見書において、再生債務者の実施した財産評定を点検した結果問題がないことを前提に、これと再生計画案における弁済率を対照して清算価値保障原則の適否を検討した例のほか、監督委員において、再生債務者の実施した財産評定の結果について修正すべき点や不相当と思われる点を発見し、これを修正した数字と再生計画案における弁済率を対照して清算価値保障原則の適否を検討した例があり、各事案において、再生債権者に十分な説明が

されるような意見書作成の工夫が行われている。

Ⅳ　その他

　前記Ⅱ、Ⅲのほか、例えば、債権者の旧経営陣に対する不信感が強い事案などで、再生手続に至ったことに対する道義的責任を果たすべく、旧経営陣の刷新、減俸、あるいは旧経営陣が再生債務者に対して有する債権の劣後化等を行った場合には、これらの事情も再生計画案補足説明書に記載することで、再生債権者に対する1つの説得材料となり得よう。

（坂本隆一）

第26章

再生計画案の提出から認可決定までの手続

I 再生計画案の提出

1 提出権者等

　再生債務者（管財人が選任されている場合は管財人）は、債権届出期間の満了後裁判所の定める期間内に、再生計画案を作成して裁判所に提出しなければならない（法163条1項)[1]。管財人が選任されている場合には、再生債務者も、再生計画案を作成して裁判所に提出することができる（同条2項)[2]。

　当部では、再生手続開始の決定をする際に、再生計画案の提出期限を定めている。再生債務者等は、再生計画案の提出期間内に再生計画案を裁判所に提出することができないときは、当該期間内に、その旨及びその理由を記載した報告書を裁判所に提出しなければならない（規則84条2項）。再生債務者等がこの期間内に適式な再生計画案を提出しなかったときは、裁判所は、職権で、再生手続廃止の決定をしなければならない（法191条2号）。

---

[1] 再生計画案を提出する際には、必要に応じて、規則85条1項所定の報告書（少額債権の弁済、相殺等）も提出する。
[2] このほか、届出再生債権者も、裁判所の定める期間内に、再生計画案を作成して裁判所に提出することができる（法163条2項）。

2 提出期間の伸長

　裁判所は、申立てにより又は職権で、再生計画案の提出期間を伸長することができる（法163条3項）。この提出期間の伸長は、特別の事情がある場合を除き、2回を超えてすることができない（規則84条3項）。再生手続は、多くの再生債権者の協力によって成り立っているものであり、再生手続に対する信頼を維持するには迅速な手続進行を確保することが重要だからである。

　当部の最近の事件で伸長が認められた事例としては、①子会社から貸付金の返済を受けてそれを弁済原資に充てる予定であるところ、子会社の資産調査を行う必要があるとされたもの（伸長回数1回）、②事業に不可欠な不動産について、別除権協定の締結交渉が長期化しており、担保権消滅許可の申立てを検討する必要があるとされたもの（伸長回数2回）、③収益弁済型の再生計画案を作成する予定であるところ、売上及び収益が安定しないため、しばらくの間、事業を継続して収益状況を見極める必要があるとされたもの（伸長回数2回）、④再生計画案の提出期限直前に新たなスポンサー候補者が名乗りを上げたほか、事業譲渡先に引き継ぐ一般優先債権の範囲を検討する必要があるとされたもの（伸長回数2回）などがあった。これらのうち、③のような事情で提出期間の伸長を求める際には、単にしばらく事業を継続したいというだけでは足りず、売上及び収益が改善する見通しが立っていることや、伸長後に再生計画案を提出できることを、具体的に説明することが不可欠であろう。

　伸長の申立ての際には、再生債務者の資金繰りを検討し、くれぐれも提出期間伸長後に資金ショートが生ずることのないようにする必要がある。

　当部では、監督委員の意見を聴いた上で、提出期間の伸長の可否及び期間を判断している。

3　再生計画案のドラフトの提出

　当部では、再生債務者等に対し、正式な再生計画案の提出に先立ち、再生計画案のドラフトの提出を求めている。これは、再生計画案立案作業の進捗状況や、再生計画案の必要的記載事項の漏れがないかどうかを確認するものであって、ドラフトの段階で確定的な弁済率等の記載まで求めるものではないし、ドラフトの提出期限をもって別除権協定の交渉期限とするものでもない。しかし、当部の標準スケジュール（**第1章Ⅱ
1参照**）では、再生計画案のドラフト提出日を、債権届出に対する認否書提出期限後に設定している上、正式な再生計画案の提出期限の約1か月前であることからすると、ドラフトであっても、大まかな再生債権額、再生債権者数、弁済原資、再生計画案の作成の方針、弁済率の見込み程度は記載することが求められる。再生計画案のドラフト提出段階に至っても再生計画の骨子すら固まっていない状況では、提出期限までに再生計画案を提出することができる見込みが乏しいと判断されてもやむを得ないであろう。

4　再生計画案に対する監督委員の報告書等の提出

　当部では、再生債務者から提出された再生計画案について、監督委員に対し、再生計画案提出から2週間程度を目途として、不認可事由の有無、再生手続及び再生計画案の適法性、再生計画案の遂行の見込み、清算価値保障原則との関係等に関する報告書の提出を求めており、この報告書を、議決票とともに、再生債権者に送付する運用である。このように、監督委員の報告書作成期間が短いことから、再生債務者は、再生計画案のドラフト作成の段階で、監督委員に対し、再生計画案の構想を説明してその理解を得ておくことが求められる[3]。

　監督委員は、再生計画案に対する報告書を提出する際、その遂行され

---

3)　監督委員214頁〔石井和男〕、民再実践マニュアル266頁。

る見込みの有無を検討するため、公認会計士を補助者として利用することが少なくない。この際に作成される公認会計士の報告書は、再生債権者に送付しないものの、閲覧謄写の対象となる。

5 債権者への説明

再生債務者等は、裁判所に提出した再生計画案について、個別に再生債権者と面談したり債権者説明会を開催したりして、再生債権者の理解を得るとともに決議の際の同意を求めることとなる。

6 再生計画案の修正

再生計画案の提出者は、再生計画案を決議に付する旨の決定がされる前であれば、裁判所の許可を得て、再生計画案を修正することができる（法167条）。

当部では、修正後の再生計画案のタイトルは、単に「再生計画案」とするものの、修正前の計画案作成日とともに修正日（例えば「平成〇年〇月〇日修正」）を併記するよう求めている。

再生計画案の修正は、付議決定後の債権者集会において行われる再生計画案の変更（法172条の4）とは異なり、修正範囲についての明文の制限はない。したがって、単なる誤記の修正のほか、弁済率や弁済期間の変更も行うことも、再生債権者にとって不利な内容への変更を行うことも可能である。もっとも、再生計画案の内容を本質的に変えるような修正（再生計画案の作成の方針自体の変更等）は、原則として許容されないと解される。これを許容すると、実質的には、新たな再生計画案が提出期限後に提出されることになるからである[4]。

再生計画案提出後に債権譲渡や債権放棄等の変動があった場合であっても、その旨を反映することを目的として再生計画案の修正や変更をす

---

4) 新注釈民再（下）63頁〔長島良成〕。

る必要はない。これらの変動については、再生計画案における「再生債権移転等の場合の処理」[5]及び「再生債権の放棄・債権届出の取下げの処理」[6]の条項によって対応することができ、また、再生計画案認可の決定から確定までの間に名義変更届や債権放棄届が裁判所に提出されれば、裁判所書記官が再生債権者表にその内容を記載するからである。これに対し、再生計画案に記載されていない権利や記載された内容を超える権利を再生計画の対象とする場合には、再生債権の免責（法178条）との関係で、再生計画案の修正が必要になると解される。

再生債務者が再生計画案を修正する際には、監督委員が再生計画案に対する意見書を提出することに配慮し、あらかじめ、監督委員にその内容を十分に説明することが求められる。

なお、当部の運用では、再生計画案補足説明書の提出を求めているところ、再生計画案補足説明書の修正にとどまるのであれば、裁判所の許可は不要である。もっとも、再生計画案と修正後の再生計画案補足説明書との間で矛盾が生じないように注意する。再生計画案補足説明書については、**第25章及び資料21-2**を参照。

II　再生計画案の付議

① 付議決定

裁判所は、再生計画案の提出があったときは、次のいずれかに該当する場合を除き、当該再生計画案を決議に付する旨の決定（付議決定）をする（法169条1項）。当部では、監督委員から再生計画案を決議に付するのが相当である旨の報告書の提出を受けた際は速やかに付議決定を行う運用である[7]。

---

5)　**資料21-1 第1の5(4)**参照。
6)　**資料21-1 第1の5(6)**参照。

(i) 一般調査期間が終了していないとき
(ii) 財産状況報告集会における再生債務者等による報告又は125条1項報告書の提出がないとき
(iii) 裁判所が再生計画案について法174条2項各号（3号を除く。）の再生計画案不認可事由のいずれかに該当するものと認めるとき
(iv) 法191条2号の規定により再生手続を廃止するとき

2 付議時の決定事項

　当部では、再生計画案の提出後に、再生債務者代理人及び監督委員との面談を行い、監督委員の報告書提出期限、付議決定見込み日、再生計画案の決議方法、決議のための債権者集会を行う場合の日時等を打ち合わせている。

　当部の付議決定では、議決権の行使方法（決議の方法については、後記Ⅲ2参照）、議決権の不統一行使の通知期限、決議のための債権者集会を開催する場合にはその日時及び場所、書面等投票により議決権を行使する場合にはその投票の期間を併せて決定している（資料26-1①、資料26-1②、資料26-1③）。

3 付議の効果

(1) 債権届出について

　再生債権者は、付議決定後は、債権届出の追完をし、又は届け出た事項について他の再生債権者の利益を害すべき変更を加えることができない（法95条4項・5項）。

　ところで、共益債権を有する者が、当該債権について再生債権として届出しただけで、本来共益債権であるものを予備的に再生債権であると

---

7) 当部では、予納金の追加が必要な場合には、付議決定前に予納するよう求めている。

して届け出る旨の付記をせず、この届出を前提として作成された再生計画案を決議に付する旨の決定がされた場合には、共益債権であることを主張して再生手続によらずこれを行使することは許されないと解されている（最判平成25年11月21日民集67巻8号1618頁）。このような債権届出を受けた再生債務者が、（共益）債権者に対して債権届出の訂正を促すべきかどうかは困難な問題であるが、公平誠実義務の観点から検討すべきものと思われる。

(2) 再生計画案について

再生計画案を提出した再生債務者等は、付議決定後は、再生計画案を修正することができない（法167条）。

4 付議後の事務

現在の当部では、議決権行使の方法として集会型を採用する事案が多く、債権者多数等の事情があるときには併用型あるいは書面型を採用する事案もある。集会型又は併用型のいずれであっても、再生債務者は、議決権を代理行使するための弁護士を準備し、決議集会に出席できない再生債権者に対し、前記弁護士に議決権行使を委任するよう書面で求めることが多い[8]。

再生債務者は、「議決票の記載要領」及び「再生計画案の審理及び決議に関するお願い文書」を作成する[9]。裁判所は、付議決定があった後、再生債権者に対し、裁判所の封筒に次の文書を同封して郵送する[10]が、実際の郵送事務については再生債務者に協力を求めている。

----

[8] 再生債権者が多数いる集会型の事案で、再生債務者が、議決権を代理行使するための弁護士として、同意票を投じる者と不同意票を投じる者とを各別に準備した例もある。公正さを担保するという観点からは、望ましい形態といえよう。逆に、同意票のみの代理行使をするための弁護士を準備することは、不同意票を投じようとする再生債権者との関係で、望ましくないと考えられる。

[9] 当部の民事再生係の窓口において、これらの文書の標準的な書式を配付している。

(i)　再生計画案、再生計画案補足説明書
　(ii)　監督委員の報告書
　(iii)　債権者集会期日呼出状
　(iv)　議決票
　(v)　議決票の記載要領
　(vi)　再生計画案の審理及び決議に関するお願い文書
　(vii)　返信用封筒

　なお、議決権の代理行使分について、再生債権者の中には裁判所に郵送する者がいるが、併用型の決議集会でないときは、この議決票は無効と判断されるおそれがある。再生債務者は、議決票の回収を郵便で行うときは、再生債権者に対して十分に注意喚起を行い、代理行使をする弁護士の事務所等に送付するよう依頼すべきである。

　裁判所は、労働組合等に対し、債権者集会の期日を通知しなければならないほか（法115条3項）、再生計画案について、労働組合等の意見を聴かなければならない（法168条）[11]。当部では、裁判所から労働組合等に対して意見聴取書を郵送するのが通例である。再生債務者代理人は、意見聴取書が確実に到着するように、代表となる従業員の退職や転居の有無等を正確に把握しておく。

5　再生計画案の変更

　再生計画案は、付議決定がされた後は、修正をすることができない（法167条参照）。ただし、決議のための債権者集会が開催される場合には、再生計画案の提出者は、再生債権者に不利な影響を与えないときに限り、債権者集会において、裁判所の許可を得て、再生計画案を変更す

---

10)　再生のために債務を負担し又は担保を提供する者や議決権額が0円の債権者に対しても、①再生計画案、再生計画案補足説明書、②監督委員の意見書、③債権者集会期日呼出状を送付するが（法115条1項、169条3項）、議決票やそれに関連する文書は送付しない。

11)　事業譲渡等により従業員がいなくなった場合には、意見聴取は不要である。

ることができる(法172条の4)。

　変更が許される例としては、単なる誤記の訂正のほか、①弁済原資が増える見込みとなったことにより弁済率を上げるもの、②予測した以上の収益を上げられる見込みとなったために、当初の弁済期より前倒しで弁済するものなどが考えられる[12]。なお、再生計画の骨子を収益弁済型から事業譲渡型に変更するような、再生計画案の本質的な部分の変更については、原則として許されないと解される[13]。

　再生計画案の変更がある場合には、遅くとも集会の2日前までに[14]、裁判所に対し、①変更許可申請書、②変更後の再生計画案、③債権者への説明文書(変更事項を記載したもの)を提出する。

III　再生計画案の決議

1　可決要件

　再生計画案が可決されるには、①議決権を行使した議決権者の過半数の同意(以下「頭数要件」という。)があり、かつ、②議決権者の議決権の総額の2分の1以上の議決権を有する者の同意(以下「議決権額要件」という。)がなければならない(法172条の3第1項)。この2つの要件をすべて充足する場合でなければ、再生計画案は否決されたことになる。

(1)　議決権及び頭数要件
ア　議決権者
　再生債権者は、原則として議決権を有する(法87条1項)[15]。共益債権(法119条)を有する者、一般優先債権(法122条)を有する者は、

---

[12]　当然のことながら、債権者の同意を得たいがために、実現性に乏しい弁済率とする旨の変更は不相当である。監督委員216頁〔石井和男〕。

[13]　民再実務280頁。

[14]　裁判所の準備と監督委員の意見の準備のためである。

議決権を有しない。別除権付再生債権者は、その別除権の行使によって弁済を受けることができない債権の部分（予定不足額）については、再生債権者として権利を行使できるから（法88条）、議決権を有する。なお、後記Ⅳ[1](3)参照。

　社債又は法120条の2第6項各号に定める債権（社債等）を有する者による議決権の行使に関し、社債管理者等がある場合、社債等を有する者は、①自ら再生債権の届出を行った場合又は②社債管理者等による再生債権の届出後、付議決定がされるまでに議決権行使の申出を行った場合に限り、当該社債等について議決権を行使することができる。ただし、これらの場合であっても、再生計画案の決議における議決権の行使について、社債権者集会の決議等が成立したときには、社債等を有する者が個別に議決権を行使することができない（法169条の2）[16]。

イ　欠席や白票の扱い

　頭数要件については、債権者集会に出席した、又は、書面等投票をした議決権者の頭数が基準となり、その過半数の同意が要件となる（法172条の3第1項1号）。したがって、頭数要件との関係では、議決権者が債権者集会に出席しなかった、又は、書面等投票をしなかった場合には、再生計画案の可決の方向にも否決の方向にも影響を及ぼさない。これに対し、議決権額要件については、債権者集会に出席していない、又

---

[15]　議決権を有しない再生債権としては、①再生手続開始後の利息の請求権、再生手続開始後の不履行による損害賠償及び違約金の請求権並びに再生手続参加の費用の請求権（法87条2項、84条2項）、②再生手続開始前の罰金、科料、刑事訴訟費用、追徴金又は過料（法87条2項、97条1号）、③再生債務者が再生手続開始の時においてその財産をもって約定劣後再生債権に優先する債権に係る債務を完済することができない状態にあるときの約定劣後再生債権（法87条3項）、④再生債権者が、再生手続開始の決定があった後に、再生債務者の財産で外国にあるものに対して権利を行使したことにより、再生債権について弁済を受けた場合における外国において弁済を受けた債権の部分（法89条3項）、⑤自認債権がある。

[16]　この規定が設けられた趣旨については、新注釈民再（下）74頁〔三村藤明〕参照。

は、書面等投票をしていない議決権者の議決権額をも含めた総議決権額が基準となる（同項2号）。したがって、議決権者が債権者集会に出席しなかった、又は、書面等投票をしなかった場合は、議決権額要件との関係では反対扱いとなる[17]。大口の債権者が議決票のコピーで議決権を行使した場合などには、想定外の否決という結果が生じかねないので、再生債務者は再生債権者に対して注意喚起をしておくことが望まれる。

議決票に賛否を記載しないで提出するいわゆる白票を投じた者は、決議に加わりながら再生計画案に同意しないものであるから、反対票と同様に取り扱われる[18]。

ウ　議決権の不統一行使がある場合

議決権の不統一行使がされた場合の頭数要件については、一部が同意されたときは、その余を棄権したときを除いて、議決権者1人につき、議決権者の数に1を、再生計画案に同意する旨の議決権の行使をした議決権者の数に2分の1を、それぞれ加算する（法172条の3第7項）。

(2) 議決権額要件

ア　再生債権者が有する議決権額

再生債権者が有する議決権額は、次のとおりである（法87条1項）。

(i) 再生手続開始後に期限が到来すべき確定期限付債権で無利息のものについては、再生手続開始時から期限に至るまでの期間の年数（1年未満は切り捨て）に応じた債権に対する法定利息を債権額から控除した額（法87条1項1号）

(ii) 金額及び存続期間が確定している定期金債権については、各定期金につき、(i)に準じて算定される額の合計額。ただし、その額が法定利率によりその定期金に相当する利息を生ずべき元本額を超えるときはその元本額（法87条1項2号）

---

17) 新注釈民再（下）88頁〔富永浩明〕。
18) LP民再341頁〔佐村浩之〕。

⑶　再生手続開始後に期限が到来すべき不確定期限付債権で無利息のもの、金額又は存続期間が不確定である定期金債権、金銭の支払を目的としない債権、金銭債権でその額が不確定であるもの又はその額を外国の通貨をもって定めたもの、条件付債権及び再生債務者に対して行うことがある将来の請求権については、再生手続開始時における評価額（法87条1項3号）
　⑷　上記⑴から⑶まで以外の債権については、その債権額（法87条1項4号）

　ただし、法84条2項に定める請求権（再生手続開始後の利息、再生手続開始後の不履行による損害金等）や、法97条に定める再生手続開始前の罰金等については、議決権がない（法87条2項）。

イ　議決権額の定め方

　債権者集会が開催される場合の議決権額の定め方は、次のとおりである。

　⑴　債権調査の結果その額が確定している場合は、その確定した額（法170条2項1号）
　⑵　債権調査の結果その額が確定していないが、債権者集会期日で再生債務者等又は届出債権者から異議が出なかった場合は、債権届出の際に議決権額として届け出た額（法170条2項2号）
　⑶　債権調査の結果その額が確定しておらず、債権者集会期日で再生債務者等又は届出債権者から異議が出された場合は、債権者集会において裁判所が定める額。ただし、裁判所が議決権を行使させない旨を定めたときは、議決権を行使することができない（法170条2項3号）

　これに対し、債権者集会が開催されず、専ら書面等投票により投票が行われる場合には、再生債権の調査手続の結果その額が確定しているときは、その確定した額で行使することができる（法171条1項1号）。これに対し、その場合で、再生債権の調査手続の結果その額が確定していないときは、裁判所が定める額で行使することができるが、裁判所が議

決権を行使させないことを定めたときは、議決権を行使することができない（同項2号）。

　ウ　別除権付再生債権を有する者が行使できる議決権額

　別除権者は、その別除権の行使によって弁済を受けることができない債権の部分についてのみ、再生債権者としての権利を行使することができる（法88条）。したがって、別除権者は、再生債権に関する事項に加えて、予定不足額を届け出なければならない（法94条2項）。別除権者が届け出た予定不足額については、再生債務者等が全額認めた場合には、その額で議決権が確定するが[19]、債権者集会が開催されるまでに別除権の行使等で別除権不足額が確定した場合は、議決権額はその確定した額に修正されることになる[20]。

　エ　議決権額に争いがある場合

　議決権額に争いがある事態としては、債権の存否自体に争いがある場合のほか、別除権付再生債権について別除権の目的物の評価に争いがあって、債権全額を議決権額とする届出に対して異議が述べられる場合などが考えられる。

　当部では、付議決定前に、再生債務者等や監督委員から議決権額についての意見を記載した上申書を提出してもらった上で、暫定的な議決権額を定め、議決票を作成している。また、当部では、争いのある範囲の中間値を議決権額と定めることがあるが、提出資料を検討した結果として、一定の額を議決権額と定めることもある。

　裁判所が定めた議決権額については、不服申立てをすることはできない。利害関係人が、裁判所に対し、決定変更の申立て（法170条3項）をすることができるにすぎない。

---

19)　別除権付再生債権者が「予定不足額未定」として債権届出をしたときは、再生債務者は議決権額を全額認めないとするのも可能ではあるが、再生債務者の評価額で認否をするのが通例である。
20)　民再手引358頁〔扇野はる代〕。

オ　議決権額の変更があった場合

　債権届出の一部取下げなど、議決権額が一部減額となった場合は、原則として、議決票を回収し、再度新たな議決票を送付することとしている（集会直前に減額があったときには、既に発行している議決票の金額欄を訂正した上で投票がされることとなる。）。

　債権譲渡や代位弁済など、議決権者の変動があった場合は、原則として、旧債権者から議決票を回収し、新債権者に新たな議決票を送付することとしている（集会直前に権利者の変動があったときには、新債権者が旧債権者から議決票を引き継いだ上で投票することになる。）。

② 再生計画案決議の方法

　裁判所は、再生債務者や監督委員の意見等を考慮した上で、再生計画案の付議決定の際、議決権行使の方法として、①債権者集会の期日において議決権を行使する方法（集会型）、②書面等投票により裁判所の定める期間内に議決権を行使する方法（書面型）、③上記①及び②の方法のうち議決権者が選択するものにより議決権を行使する方法（併用型）のいずれかを定める（法169条2項）。

　当部では、再生計画案の変更や再生計画案が否決された場合の期日の続行が可能となるように、原則として債権者集会を開催している。ただし、ゴルフ場など多数の債権者がいる場合などには、書面型を採用することもある。

(1)　集会型（法169条2項1号）

　ア　議決権行使の方法

　再生債権者は、議決票を弁護士等に委託するか、自ら決議のための債権者集会に出頭して、議決票を投票する。

　なお、当部では、代理人による議決権の行使の場合（法172条1項、規則90条の4）には、再生債権者の議決票を持参した者を正当な委任を受けた代理人として扱っており、原則として、委任状の提出までは求め

ていない（資料26-2①、資料26-2②、資料26-2③）。

　　イ　集会当日の準備
　再生債務者等は、出頭した再生債権者に対し、準備した出頭債権者名簿に必要事項を記載するよう求める。再生債権者の議決権額については、一覧表を作成しておき、これを集会場に置いて再生債権者への閲覧に供する。

　　ウ　集会当日の議事手続
　債権者集会当日は、裁判長が開会宣言をした後、再生債務者代理人が再生計画案の説明を行い、監督委員が再生計画案について意見を述べ、さらに、出席した再生債権者から質問を受けた上で、議決権の行使をしてもらい、集計後に結果を発表する。多くの再生債務者は、債権者説明会を開催したり個別に再生債権者に説明をしたりしており、決議のための債権者集会において議事手続が遷延することは少ない。

　　エ　可決要件を欠く場合と再決議（期日の続行）
　再生計画案が可決されるには、頭数要件及び議決権額要件のいずれもが具備されなければならず、再生計画案の否決は、再生手続廃止事由となる（法191条3号前段）。もっとも、裁判所は、①再生計画案の決議において、頭数要件又は議決権額要件のいずれかの要件が充たされたとき、又は、②出席した議決権者の過半数であって出席した議決権者の議決権の総額の2分の1を超える議決権を有する者の期日の続行についての同意があるときは、再生計画案の提出者の申立てにより又は職権で、続行の期日を定めて言い渡さなければならない。ただし、続行期日において当該再生計画案が可決される見込みがないことが明らかである場合は、この限りではない（法172条の5）。
　続行期日が言い渡されたときは、公告及び送達の必要はない（法115条5項）。続行期日に関する決定に対して不服申立てはできない（法9条）。

続行期日は決議のための債権者集会の期日から2か月以内に開催され、この期間内に再生計画案が可決されなければ（法172条の5第2項）、裁判所は、職権で再生手続廃止決定をしなければならない（法191条3号）。裁判所は、必要があると認めるときは、再生計画案の提出者の申立てにより又は職権で、1か月を限度として、続行期日における可決のための期間を伸長することができる（法172条の5第3項）。この場合には、再生手続廃止となるための期間の要件も伸長される（法191条3号）。

なお、裁判所が指揮権の行使として期日を続行する場合（いわゆる延期の場合）は、法172条の5の適用はない。

(2) 書面型（法169条2項2号）

ア 投票書面の提出及び真意の確認

再生債権者は、投票期間に、裁判所に対し、投票書面を、郵送又は直接提出する。ファクシミリによる送付は認められない。

集計に当たり、同意は無条件でなければならないから、投票書面に条件が付されている場合には、同意としては取り扱わない。

イ 書面型の留意点

書面等投票による方法の定めに対しては不服申立てをすることができない（法9条）。しかし、法114条前段に規定する者（再生債務者等、再生債権総額の10分の1以上を有する再生債権者等）が、投票期間内に決議のための債権者集会の招集の申立てをしたときは、裁判所は、集会型又は併用型の選択をしなければならない（法169条5項）。

書面型で再生計画案の決議を行うときは、否決されてしまうと、債権者集会期日続行等の措置を講ずることができず、直ちに再生手続廃止となる。また、再生計画案について付議決定がされた後に変更するには、裁判所の許可を得て債権者集会で行うことが必要になるので（法172条の4）、書面型で再生計画案の決議を行うときには付議後に変更することはできない。

(3) 併用型（法169条2項3号）

併用型は、債権者が債権者集会に出席して投票するか書面投票するか議決権の行使方法を選択できることや、再生計画案提出後の事情の変化に応じた再生計画案の変更や再生計画案が否決された場合の期日の続行をする余地を残すことができることなどの利点がある。併用型を採用する際には、双方の手続要件を満たす書面の送付、公告、通知が必要である。

IV 再生計画の認可・不認可

1 再生計画認可決定

裁判所は、再生計画案が可決されると、法174条2項各号に定める不認可事由が認められる場合を除き、再生計画を認可しなければならない（法174条1項）。再生計画の認可又は不認可の決定に対しては、利害関係人は、即時抗告の申立てをすることができる。再生計画の認可又は不認可の決定は、その主文と理由の要旨が官報に掲載された日の翌日から起算して2週間の即時抗告期間経過後に確定する（同条4項、10条3項、175条1項、9条）。

不認可事由は、次のとおりである[21]。

(1) 再生手続又は再生計画が法律の規定に違反し、かつ、その不備を補正することができないものであるとき。ただし、再生手続が法律の

---

21) もっとも、裁判所は、付議の段階で、再生計画案に不認可事由がないかどうかを、監督委員の意見を参考にしながら検討している。したがって、再生計画案が可決されたにもかかわらず不認可決定をするような事態は、届出再生債権者が不認可事由について具体的な事実や資料を提出した上で意見を述べたような場合を除き、通常は考えられない。当部でも、このような事態は、民再法施行から間もないころに1件あっただけである。

規定に違反する場合において、当該違反の程度が軽微であるときは、認可の決定ができる（法174条2項1号）。

例えば、再生手続について再生手続開始の申立てに関して取締役会決議が存在しない場合や、再生計画について債権者平等原則に反する場合などが、これにより不認可とされる場合に当たる。

(2) 再生計画が遂行される見込みがないとき（法174条2項2号）。

例えば、再生計画に定められた再生債権の弁済の原資を調達する見込みがない場合や、事業遂行に不可欠な不動産に設定された担保の担保権者の協力が得られず、担保権消滅の許可を得た場合に納付すべき金銭の原資もない場合などがこれに当たる。

(3) 再生計画の決議が不正の方法によって成立するに至ったとき（法174条2項3号）。

例えば、再生計画案の頭数要件を確保するために、再生手続開始の申立て直前に、再生債務者の取締役が、回収可能性に乏しい再生債務者に対する債権を譲り受けた上、その一部を再生債務者の別の取締役に譲渡した結果、可決された場合がこれに当たる[22]。

(4) 再生計画の決議が再生債権者の一般の利益に反するとき（法174条2項4号）。

例えば、再生計画による弁済率が再生債務者の財産状態からみて過少であること、据置期間が不当に長いこと、その他再生計画の履行が不確実であることなどによって、再生計画が破産による配当（清算配当）を受けるのと比べて債権者に不利になる場合がこれに当たる[23]。

------

22) 最決平成20年3月13日民集62巻3号860頁。
23) 新注釈民再（下）112頁〔須藤力〕。

2 再生計画認可決定の確定の効果

再生計画は、認可の決定の確定により、効力を生ずる（法176条）。

(1) 責任の免除

再生計画の定め又は民再法の規定によって認められた権利を除き、再生債務者は、すべての再生債権について、その責任を免れる。ただし、法97条にいう再生手続開始前の罰金等は免責されない（法178条1項）。

(2) 認否書に記載された権利の変更

届出再生債権者の権利、及び法101条3項の規定により届出がされていない再生債権について再生債務者等が認否書に記載した場合の当該再生債権（自認債権）を有する再生債権者の権利は、再生計画の定めに従って変更される（法179条1項）。

(3) 再生債権者表の記載の効力

再生計画認可の決定が確定したときは、裁判所書記官は、再生計画の条項を再生債権者表に記載する（法180条1項）。この場合、再生債権に基づき再生計画の定めによって認められた権利については、再生債権者表の記載が、再生債務者、再生債権者及び再生のために債務を負担し又は担保を提供する者に対して、確定判決と同一の効力を有する（同条2項）[24]。

再生計画により変更された権利が金銭の支払又はその他の給付を求める内容である場合、再生債権者は、再生債権者表の記載により、再生債

---

[24] 債権調査の手続により確定した再生債権についての再生債権者表の記載や、再生債権の確定に関する訴訟の判決又は再生債権査定の申立てについての裁判は、再生債権者の全員及び再生債務者等に対して確定判決と同一の効力を有する（法104条3項、111条）。再生計画認可決定が確定すると、再生計画により変更を受けた後の再生債権について、法180条2項規定の者に対して確定判決と同一の効力が及ぶことになる。

務者、再生のために債務を負担したものに対して強制執行をすることができる（法180条3項）[25]。

(4) 届出がないことに正当事由がある場合等の権利の変更

①再生債権者がその責めに帰することができない事由により債権届出期間内に届出をすることができなかった再生債権で、その事由が付議決定前に消滅しなかったもの、②付議決定後に生じた再生債権、③再生債務者等が、届出がされていない再生債権があることを知っている場合において、再生債務者が自認する内容等を認否書に記載しなかった再生債権については、再生計画認可決定によっても免責されず、再生計画に定められた権利の変更の一般的基準に従い、変更される（法181条1項）。

(5) 別除権者の権利行使

別除権者は、自らの担保権の行使によって弁済を受けることができない再生債権の部分が確定した場合に限り、その部分（不足額）について、再生計画に定められた権利を行使することができる。ただし、別除権が根抵当権の場合には、再生計画に法160条2項の規定による仮払に関する定め及び精算に関する措置の定めがあるときは、その定めるところによる（法182条）[26]。

------

[25] 再生計画が履行されない場合、再生債権者としては、再生計画の取消しの申立てをすることもできるが、債権額等について制約がある（法189条3項）。これに対し、強制執行の申立ては、債権額に関わりなく単独で行うことができる。新注釈民再（下）131頁〔矢吹徹雄〕。

[26] 法160条2項は、別除権者の有する再生債権のうち根抵当権の極度額超過部分の取扱いについて、別除権不足額としては確定しないとの立場を採った上で、根抵当権の元本が確定し、かつ、根抵当権者が同意する場合については、再生計画において、法156条の一般的基準に従い、極度額超過部分を対象とする仮払に関する定め及び不足額が確定した場合における精算に関する措置の定めを設けることができると規定している。法182条ただし書は、前記の定めのある根抵当権者については、不足額が確定する前であっても、その定めに従って仮払を受けることができる旨を注意的に規定したものである。新注釈民再（下）147頁〔馬杉榮一〕。

(6) 減増資に関する条項の効力

法154条3項の規定により、株式の取得、株式の併合、資本金の額の減少、発行可能株式総数についての定款の変更に関する条項を再生計画に規定したときは、会社法所定の手続を経ることなく、認可された再生計画の定めによって効力が発生する（法183条）。また、同条4項の規定により、募集株式を引き受ける者の募集に関する条項を再生計画に規定したときは、取締役の決定（取締役会設置会社の場合には取締役会の決議）により募集事項を定めることができる（法183条の2）。

(7) 中止した手続の失効

再生手続開始の決定とともに中止した破産手続、強制執行等の手続は効力を失い、当然に終了する（法184条）[27]。

(8) 手続終結

再生計画認可決定が確定した場合には、監督委員又は管財人が選任されている場合を除き、再生手続終結の決定をしなければならない（法188条1項）。履行監督を行わないときは、認可決定確定後速やかに監督命令を取り消し、終結決定を行う。

③ 不認可決定

再生計画不認可決定も確定により効力が生じる。

不認可決定が確定すると、債権調査の結果確定した再生債権については、再生債権者表の記載は、原則として再生債務者に対し確定判決と同一の効力を有し、再生債権者は、再生債務者に対し、その記載により強制執行することができる（法185条）。

不認可決定が確定した場合において、破産原因が認められるときは、

---

27) 先行していた破産手続で発生した財団債権は、再生手続において共益債権となる。法39条3項。

職権により、破産手続開始決定をされることがある（法250条）。

V 再生計画の認可又は不認可の決定に伴う事務

1 告知・公告等

　再生計画認可又は不認可の決定があった場合には、再生債務者、管財人、届出再生債権者（議決権を行使することができない者も含む。）及び再生のために債務を負担し又は担保を提供する者に対し、決定の主文及び理由の要旨を記載した書面を送達しなければならないが（法174条4項）、公告をもってこれに代えることができるから（法10条3項）、決定の主文及び理由の要旨を官報に掲載して公告すれば足りる。当部では、再生債務者、管財人には決定正本を送達するのが通例である。
　また、労働組合（再生債務者の使用人その他の従業者の過半数で組織する労働組合がないときは再生債務者の使用人その他の従業者の過半数を代表する者）に、決定があった旨を通知しなければならない（法174条5項）。

2 関係官庁への通知

　法人である再生債務者について認否の決定が確定した場合には、その法人の設立又は目的である事業について許可をした官庁その他の機関に通知する（規則6条2項）。

3 登記の嘱託

　再生債務者が法人の場合において、認可決定が確定したときは、裁判所書記官は、認可決定確定の登記を登記所に対して嘱託しなければならない（法11条5項1号）。

（千賀卓郎）

資料26-1 ①　付議決定（集会型）

平成○年（再）第○号　再生手続開始申立事件

決　　　　定

再生債務者　○○○○

主　　　文

1　本件につき，再生債務者提出の別紙再生計画案を決議に付する。
2　再生計画案について決議をするための債権者集会を，平成○年○月○日午後○時に，当庁第○債権者集会室において招集する。
3　議決権の行使は，民事再生法169条2項1号に定める方法により行う。
4　議決権を不統一行使する場合の通知期限を，平成○年○月○日と定める。

　　　平成○年○月○日
　　　大阪地方裁判所第6民事部
　　　　　裁判長裁判官　○○○○
　　　　　　　裁判官　○○○○
　　　　　　　裁判官　○○○○

資料 26-1 ②　付議決定（併用型）

平成○年（再）第○号　再生手続開始申立事件

決　　　　定

　再生債務者　○○○○

主　　　　文

1　本件につき，再生債務者提出の別紙再生計画案を決議に付する。
2　再生計画案について決議をするための債権者集会を，平成○年○月○日午後○時に，当庁第○債権者集会室において招集する。
3　議決権の行使は，民事再生法169条2項3号に定める方法により行う。
　　ただし，議決権者が書面等投票により議決権を行使する場合，投票の期間は，平成○年○月○日までと定める。
4　議決権を不統一行使する場合の通知期限を，平成○年○月○日と定める。

　　　　平成○年○月○日
　　　　　　大阪地方裁判所第6民事部
　　　　　　　　裁判長裁判官　　○○○○
　　　　　　　　　　裁判官　　○○○○
　　　　　　　　　　裁判官　　○○○○

資料26-1 ③　付議決定（書面型）

平成○年（再）第○号　再生手続開始申立事件

決　　　定

再生債務者　○○○○

主　　　文

1　本件につき，再生債務者提出の別紙再生計画案を決議に付する。
2　議決権の行使は，民事再生法169条2項2号に定める方法により行う。ただし，投票は書面によるものとし，同号の期間は，平成○年○月○日までと定める。
3　議決権を不統一行使する場合の通知期限を，平成○年○月○日と定める。

　　　　平成○年○月○日
　　　　　大阪地方裁判所第6民事部
　　　　　　　裁判長裁判官　　○○○○
　　　　　　　　裁判官　　○○○○
　　　　　　　　裁判官　　○○○○

資料26-2① 議決票の記載要領（集会型）

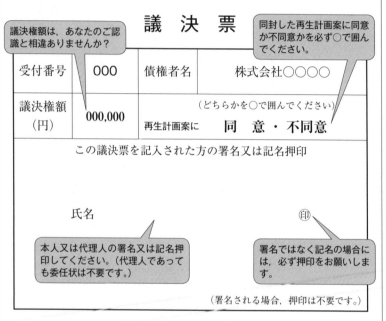

本人又は代理人（社員等）が債権者集会に出席して投票を行う場合には，必ずこの議決票を持参してください。
なお，代理人による投票であっても，委任状は必要はありません。

大阪地方裁判所第6民事部

資料 26-2 ②　議決票の記載要領（併用型）

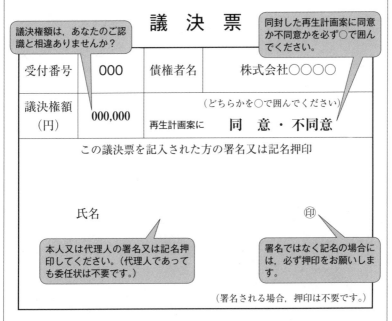

①債権者集会期日においての投票を選択された場合
　本人又は代理人（社員等）が債権者集会に出席して投票を行う場合には，必ずこの議決票を持参してください。なお，代理人による投票であっても，委任状は必要ありません。
②書面投票を選択された場合
　必ずこの議決票を送付して下さい。なお，代理人による投票であっても，委任状は必要ありません。
　また，民事再生法174条3項の再生計画案を認可すべきか否かについて，ご意見があれば，別紙に記載し，本書に添付して下さい（ご意見がなければ，添付していただく必要はありません）。

大阪地方裁判所第6民事部

資料26-2 ③　議決票の記載要領（書面投票型）

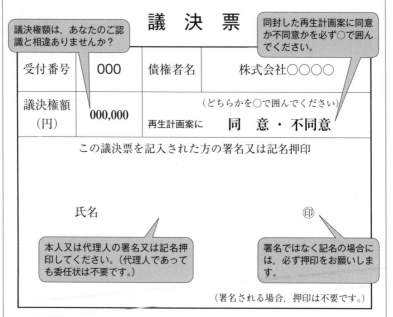

　代理人による投票であっても委任状は必要ありません。また，民事再生法174条3項の再生計画案を認可すべきか否かについて，ご意見があれば，別紙に記載し，本書に添付して下さい（ご意見がなければ，添付していただく必要はありません）。
　必ずこの議決票を送付して下さい。

大阪地方裁判所第6民事部

第27章 認可決定後の再生計画の変更

I 概要

　再生計画認可の決定があった後やむを得ない事由で再生計画に定める事項を変更する必要が生じたときは、裁判所は、再生手続終了前に限り、再生債務者、管財人、監督委員又は届出再生債権者の申立てにより、再生計画を変更することができる（法187条1項）。

　再生債権者の賛同を得て認可された再生計画は、安易に変更されるべきではない。しかし、社会情勢の変化、取引先の倒産その他の再生債務者の経営環境の変動等によって再生計画の遂行が不可能となった場合に、常に再生計画の取消しや再生手続の廃止を要求すると、再生債権者にも多大な負担を生じさせることになりかねないので、やむを得ない事由のある場合に限り、再生計画の変更を認めたものである。なお、再生計画の変更は、当初の再生計画を再生債権者に有利に変更する場合を含むと解される。

　本章では、再生債務者が再生計画の変更を申し立てた場合について説明する。

II 変更の要件

再生計画の変更をするには、やむを得ない事由があることを要する（法187条1項）。再生計画を立案した時点では予測できなかった事情が再生計画認可決定後に生じ、再生計画を遂行することが困難になった場合がこれに該当すると解される[1]。もっとも、再生債権者に不利な影響を及ぼさない場合、例えば、不足額未確定の別除権付再生債権が確定したことによって内部留保としていた弁済資金に余剰が生じたことや、再生計画認可決定後にスポンサーが現れたことにより、前倒しの弁済が可能になった場合には、「やむを得ない事由」をある程度柔軟に解釈することも可能と思われる[2]。

また、再生計画の認可の場合と同様に、債権者平等原則違反はないか（法174条2項1号）、変更計画案の履行可能性はあるか（同項2号）、清算価値保障原則違反はないか（同項4号）など、法174条2項各号に該当する事由がないことも要件となる[3]。

III 変更の対象となる範囲

再生計画の絶対的必要的記載事項や相対的必要的記載事項を変更する場合には、再生計画の変更に当たると解される。したがって、認可された再生計画に定められた再生債権の弁済率や弁済時期等、再生債権者の権利を変更すること（法154条1項）は、個別に債権者の同意を得た場合を除き、再生計画の変更の手続を要する。

再生計画の任意的記載事項を変更する場合に再生計画の変更で対応することができるかについては、見解が分かれている。これを肯定すると、

---

1) 新注釈民再（下）174頁〔伊藤尚〕。
2) 民再手引391頁〔佐野友幸〕。
3) 民再手引391頁〔佐野友幸〕。

資本金の額の減少や募集株式を引き受ける者の募集に関する条項等を変更する際に、株主総会の決議等で対応することができるし、再生計画の変更で対応することもできることになる。肯定するのが相当と思われる[4]。

共益債権や一般優先債権は、随時弁済されるべきものであるから（法121条1項、122条2項）、再生計画に弁済方法や時期が記載されていたとしても、その変更は再生計画の変更に当たらない。また、再生計画案補足説明書に記載した事項（例えば、資金調達の方法、資金調達先）の変更も、再生計画の変更には当たらない。

IV　再生計画変更の手続

1　時期

再生計画の変更は、再生計画認可決定があった後、再生手続終了前に限り、することができる（法187条1項）。再生手続終結後に債権者に不利益な変更をする際には、債権者から個別に同意を得ることになる。

2　申立て

再生債務者、管財人、監督委員又は届出再生債権者は、再生計画変更の申立てをすることができる（法187条1項）。

再生債務者が再生計画変更の申立てを行う場合には、まず監督委員に相談をした後、裁判所を交えた三者で履行可能性や変更手続の予定を検討するのが相当である。

再生計画変更申立書には、再生計画の変更を求める旨及びその理由を

---

[4] 条解民再982頁〔須藤英章〕、新注釈民再（下）174頁〔伊藤尚〕、民再手引393頁〔佐野友幸〕。

記載しなければならず（規則94条1項2号）、理由においては、変更を必要とする事由を具体的に記載しなければならない（同条2項）。変更計画案の提出が必要であり（同条3項）、変更内容を反映した再生債権弁済計画表も添付する。

3 変更の手続

(1) 再生債権者に不利な影響を及ぼす変更の場合

再生計画の変更案が再生債権者に不利な影響を及ぼすものと認められる場合には、再生計画案の提出があった場合の手続と同様の手続を行う必要がある（法187条2項）。弁済率を引き下げる場合、弁済期を先に延ばす場合などがこれに当たる[5]。期限を前倒しして再生債権を弁済する際に中間利息控除を行う旨の変更も、不利益変更に当たる余地があろう[6]。

当部では、自主再建型の再生計画案認可の決定が確定した建設会社が、資金繰りに窮したため、計画弁済の時期を毎年6月末日から各翌年4月末日に延ばし、最終回に2回分を支払う旨の変更計画案が提出された案件について、集会型の決議を行った例がある。この案件では、再生債務者は、当初、再生計画の変更の手続を取ると再生債権者の信用不安を生じさせかねないとして、計画弁済を事実上延期することを希望していたものの、監督委員や裁判所と協議した結果、再生計画変更の手続を取ることとしたものであった。

手続としては、再生債務者が、再生計画の変更に係る費用を追納した後、再生計画変更申立書、変更計画案及び変更計画案補足説明書を同時に提出し、監督委員から意見書の提出を受けた上で、裁判所が付議決定を行うことになる。裁判所は、変更計画案について、労働組合等の意見を聴く（法187条2項本文、168条前段）。

---

[5] 民再手引396頁〔佐野友幸〕。
[6] 新注釈民再（下）178頁〔伊藤尚〕、条解民再984頁〔須藤英章〕。

変更計画案が可決されるための要件は、再生計画案と同じである（法187条2項本文、172条の3第1項）。ただし、変更計画案について議決権を行使しない者であって従前の再生計画に同意したものは、変更計画案に同意したものとみなされる。もっとも、従前の再生計画に同意した者が変更計画案決議のための債権者集会に出席した場合は、たとえ議決権行使をしなくとも、同意したものとはみなされない（法187条2項ただし書）。白票を投じたものとみなされるからである[7]。

(2) 再生債権者に不利な影響を及ぼさない変更

変更後の再生計画の内容が再生債権者全員に対して不利な影響を及ぼさない場合は、届出再生債権者の決議を要しないので、監督委員の意見を聴いて、問題がなければ直ちに変更決定を行う。

当部の実例としては、①収益弁済型の再生計画について、金融機関から新たな借入れをすることによって、最終回の弁済分を繰上げ一括弁済するとの再生計画変更の申立てがされて変更を認めたもの、②清算型の再生計画として、「再生債務者の積極財産の換価が終了して共益債権及び一般優先債権の弁済に必要な額が確定した日から2か月後の日が属する月の末日を第2回弁済（最終弁済日）とする」旨の条項を定めていたところ、再生債務者の株式全部を譲り受けることによって再生債務者の法人格自体を承継するスポンサーが現れたことから、「積極財産の換価（再生債務者の全発行株式を譲渡するなどして法人格を第三者に承継する場合を含む。）が終了して……」との再生計画変更の申立てがされて変更を認めたもの、③清算型の再生計画として、「再生債務者の全資産の換価、共益債権及び一般優先債権の弁済、未確定の再生債権の確定のすべてが完了した日から3か月後の日の属する月の末日を第2回弁済（最終弁済日）とする」旨の条項を定めていたところ、元取締役に対する損害賠償債権の回収が長期化する見込みであったため、最終弁済の前に再生債権の残額の5％相当額を中間弁済するとの再生計画変更の申立てがされて

---

7) 条解民再985頁〔須藤英章〕。

変更を認めたものがある。

4　再生計画変更の効力

　再生計画変更の効力は、変更決定の確定により、効力を生ずる（法187条3項、176条）。

（千賀卓郎）

第28章

再生計画の遂行と履行監督、再生手続の終結

I 認可決定の効力発生時期等

1 効力発生時期

　第26章IV1に記載のとおり、裁判所は、再生計画案が可決された場合には、不認可事由（法174条2項各号）が認められる場合を除き、再生計画認可決定をする（同条1項。**資料28-1**）。そして、再生計画は、認可決定の確定[1]により効力を生ずる（法176条）。

　当部では、履行監督費用に係る追納を要する場合には追納をさせ[2]、かつ、決議集会等において再生債権者等から不認可事由の存否につき特段の指摘がなければ、決議集会当日又はその翌日には認可決定を行っている。その後、官報公告掲載（2週間弱）及び認可決定に対する即時抗告期間（2週間。法175条、10条、9条）を経るため、即時抗告がない場合には認可決定日から概ね1か月弱で認可決定が確定し、再生計画の効力が生じることとなる。

----

1) これに対し、会社更生における更生計画は、認可決定の時から効力を生じる（会更法201条）。
2) 追納金額の目安は、**資料2-2**及び**資料2-3**参照（法人の場合は原則として追納を要し、個人の場合でも履行監督を要する場合には追納を求めることがある。）。

再生債務者は、その後速やかに、再生計画を遂行しなければならない（法186条1項）。

2 認可決定確定による再生計画の効力

再生計画認可決定確定の効果についての詳細は、**第26章Ⅳ2**に記載のとおりである。

再生計画の効力として再生債権は再生計画の定めに従って変更され（法179条1項、181条）、減免後の再生債権については、一括弁済又は分割弁済のいずれの場合でも、新たに期限の利益が付与されることが通常であるから、以後の再生計画の遂行及び履行監督は再生計画認可決定確定の効果及び再生計画の効力に沿って行われることとなる。

Ⅱ 再生計画の遂行

1 再生計画の遂行の対象及び範囲

再生債務者は、再生計画に記載したすべての事項について遂行する義務を負うと解されている[3]。すなわち、権利変更後の再生債権若しくは共益債権の弁済又は担保の提供といった財産的事項はもとより、減増資や発行可能株式総数についての定款の変更といった法人の組織再編に関する事項にも及ぶ（もっとも、法183条又は183条の2により効力が生じる事項については、再生債務者は、付随する取締役会の決定や変更事項の登記を行う義務が生じることになる。）。さらには、説明的記載事項として記載した事項であっても、遂行義務は発生することになるため、事業計画及び弁済計画資金、別除権協定締結の予定又は旧経営陣の刷新といった事項も、遂行義務の対象には含まれることになる。

---

3) 条解民再〔須藤英章〕978頁、伊藤1032頁各参照。

しかしながら、ここでいう遂行義務とは、それを懈怠した場合又は奏功しなかった場合に、必ず何らかの制裁（手続廃止や債務不履行責任）を伴うという趣旨ではないことに留意する必要があり、その意味では道義的な責任も含まれていると解するのが相当であろう。例えば、前記の例示でいえば、事業計画や別除権協定締結の予定といった努力目標については、外部要因や相手方のあることであって目論見どおりに推移するとは限らないことは当然であるから、遂行義務及びそれが果たされなかったときの制裁については消極に解するのが相当ではないかと思われる。

　より具体的には、再生計画取消事由である「再生計画の履行を怠ったこと」（法189条1項2号）は、再生債権の弁済義務の不履行に限られると解すべきであるし[4]、認可後の再生手続廃止事由である「再生計画が遂行される見込みがないこと」（法194条）は、再生債権の弁済義務の不履行を中心としつつ、その余がこれに当たるかどうかは条項の趣旨及び再生手続に与える影響の大小などに応じ個別に解釈することになろう[5]。

2　権利変更後の再生債権の債務不履行（履行遅滞）により遅延損害金が発生するか否かについて

　再生計画で新たに期限の利益を付与されたにもかかわらず、再生債務者が同期限を徒過して債務不履行となった場合に遅延損害金が発生するかが問題となる。すなわち、再生計画には「再生手続開始決定日以降の利息・遅延損害金の全額」について「免除を受ける」との条項が設けられるのが通例であり（資料21-1第1の2(1)参照）、この「再生手続開始決定日以降の利息・遅延損害金」に認可決定後の不履行による遅延損害金が含まれるのかが問題となる[6]。この点については諸説[7]あり得ると

---

4) 条解民再990頁〔須藤英章〕。
5) 条解民再1018頁〔小林信明〕、新注釈民再（下）216頁〔小原一人〕参照。
6) 詳細は、「連載　はい6民ですお答えします Vol.197」OBA 2015年8月号（2015年）73頁参照。

ころであるが、当部では、「再生手続開始決定日以降の利息・遅延損害金」とは、①開始決定から認可までの利息・遅延損害金、②認可から再生計画に定められた弁済期までの利息・遅延損害金を指し、①及び②は免除されるものと解している。他方で、③再生計画に定められた弁済期を徒過したことによる遅延損害金は、民法415条、419条によって当然に発生するものであることから、これを排除する条項を別途再生計画に定めない限りは、「再生手続開始決定日以降の利息・遅延損害金」には含まれない（すなわち免除されない）ものと解することが利害関係人の合理的意思や衡平原則にかなうものと解している。

したがって、再生債務者は、債務不履行（履行遅滞）をした場合、再生計画の取消し（法189条）又は再生計画認可後の手続廃止（法194条）に至るか否かは別論として、少なくとも遅延損害金が発生することとなり、資金繰りへの負担及び取引先等への信頼毀損が発生することになるため、弁済期前の弁済原資確保に慎重を期すべきであろう。この点を履行監督する再生裁判所及び監督委員側からみると、弁済期の徒過がないかを確認することになろう。

3 担保提供命令

裁判所は、業績の悪化や債務の一部不履行など再生計画の実現が危ぶまれる事態が生じるなど[8]、再生計画の遂行を確実にするため必要があるときは、職権により[9]、再生債務者等又は再生のために債務を負担し、若しくは担保を提供する者に対し、相当な担保を立てるべきことを命じることができる（法186条3項）。ただし、近時当部において発令した事案は見当たらない。

---

7) 特に会社更生において議論がある（松下淳一＝事業再生研究機構編『新・更生計画の実務と理論』（商事法務、2014年）319頁など）。
8) 新注釈民再（下）102頁〔富永浩明〕。
9) 民再手引378頁〔佐野友幸〕。

Ⅲ　監督委員による履行監督

1　当部において監督委員の履行監督を要する事件

　監督委員が選任されている場合には、再生計画認可決定確定後、監督委員が最長3年間の期間で再生債務者の再生計画の遂行を監督する（法186条2項、188条2項）。なお、当部では、簡易再生、同意再生又は個人の再生債務者については、監督委員を選任している場合であっても、手続コストを下げるため、原則として再生計画認可決定確定後の履行監督をしない運用を行っている（個人であっても事業者であり、収支が不安定な場合などには履行監督を行うことがある。）。履行監督をしない場合には再生計画認可決定確定時に監督命令を取り消し、再生手続を終結する（法54条5項、188条1項）。

2　監督委員の履行監督の方法

　監督委員は、再生債務者が再生計画の遂行義務を負う事項全般（前述（Ⅱ1）のとおり、再生計画に記載したすべての事項）について監督義務を負うものと解される。

　監督委員は、法54条2項による同意権限や59条の調査権限を行使することや、その他の対応（再生債務者との面談・指導、法187条1項の再生計画変更の申立権、法194条の再生手続廃止の申立権又は裁判所に対する職権発動促し）を執るなどの方法を駆使して、前記監督事項を監督することになる。

　各事案及び監督委員ごとに、監督の方法又は程度は千差万別ではあるが、一般的には概ね以下のように行われている。

(1) 法54条2項の監督委員による同意を要する行為（要同意行為）の指定

　当部では、再生計画の認可決定後につき、①重要な財産の処分及び譲受け、②多額の借財について要同意行為とするのが通常であり、事案によっては、再生計画認可決定確定後も、別除権の目的である財産の受戻しを監督委員による要同意行為に追加したり（法54条5項による監督命令の変更）、裁判所の要許可行為に指定したりすることがある（資料28-1主文3参照）。

　なお、このような監督命令の変更又は裁判所の要許可行為の指定が行われなくとも、例えば別除権の目的である財産が規模や価額の大きい本社ビルなどの場合には、①の「重要な財産の処分」に当たり得ることから、このような場合には監督委員の同意を要することに留意する必要がある。

　ただし、再生債務者主体の再生手続という見地から同意事項は真に必要があるものに限られることが望ましく[10]、基本的に再生計画認可決定後に要同意行為を定めないとの運用もあり得るところであるから、要同意事項を追加したり、いわゆる「念のため同意」を求めたりすることは、再生債務者の経営の自主性・迅速性・柔軟性の見地に照らしても、謙抑的にされるべきであろう。

　要同意行為が監督委員の同意なくされた場合には、法54条4項により当該行為は無効（ただし、善意無重過失[11]の相手方には対抗できない。）となる上、再生債務者のこのような行為をもって再生計画取消事由（法189条1項3号）又は再生手続廃止事由（法193条1項2号）になり得る。

(2) 法59条による調査権限の行使

　資料28-1のとおり、当部では、再生計画認可決定において、開始決定時に定めていた再生債務者の裁判所に対する月次報告書の提出条項を

---

10) 条解民再304頁〔高見進〕。
11) 条解民再305頁〔高見進〕。

取り消し（資料28-1主文2）、その代わりに、「監督委員は、再生債務者から、本月を起点として、2か月ごとの業務及び財産の管理状況について、報告を受けるようにしなければならない。」（資料28-1主文5）との法59条を具体化した条項[12]を定めている。

監督委員は、この再生債務者からの収支及び財産状況報告に基づき、再生計画における事業収益見込みや弁済計画に大きな齟齬又は不履行の可能性が生じていないかなどを調査し、さらに、必要に応じて「帳簿、書類その他の物件を検査」する権限を行使する。

(3) 法125条3項による監督委員が裁判所に報告すべき事項の指定

当部では、資料28-1のとおり、再生計画認可決定において、「監督委員は、本件再生計画に定める再生債権者に対する弁済期が到来するごとに、その弁済期の2週間後を期限として、本件再生計画の履行状況について、当裁判所に書面をもって報告しなければならない。」（資料28-1主文4）として法125条3項を具体化した条項[13]を定めている。

監督委員は、再生債務者に対し、弁済期前に履行の見込みをヒアリングするとともに、弁済期直後に履行の状況につき、弁済した再生債権者の一覧表及び振込申込書の写し等の証拠の提出を求め、弁済に際する債権の承継・端数処理・履行の場所等が再生計画どおりに実施されているか否かや、受領拒絶債権者がいる場合の供託が実施されているかなど、履行全般を確認し、裁判所に報告書を提出することとなる。

(4) その他

再生債務者が違法な行為を継続している場合や、履行が危ぶまれる場合などには、法187条1項の再生計画変更の申立権の行使[14]、法189条1項の再生計画取消申立てを再生債権者（10分の1）に促すこと、さら

---

12) 第13章Ⅱ[2]参照。
13) 第13章Ⅲ参照。
14) 第27章Ⅳ[2]参照。

には、法194条の再生手続廃止の申立権の行使又は裁判所に対する職権発動促しなども含め、総合的に検討することになる。

　違法行為の軽重、履行の危険性の高低、債権者側の意向や再生債務者の意欲に加えて、その時期などによって、ソフトランディング（再生計画変更）か、ハードランディングか（再生計画取消し又は再生手続廃止）を模索することになろうが、再生手続継続が望ましい事案であれば、例えば監督委員から再生債務者に対し、大口債権者から個別に弁済期の繰延べにつき同意を得る（民法上の和解又は法155条1項ただし書を踏まえた再生計画変更）などの方法が考えられないか助言したり[15]、場合によっては監督委員自らそういった交渉に関与することも考えられるであろう。

3　裁判所の履行監督

　再生手続においては、再生債務者自身が主体となって追行する倒産手続であり、再生債権者を含めた当事者の自己責任などの理念のもと、裁判所が他の倒産手続に比べて後景に退くことが望ましいと解されるため、当部においても、前記1、2で述べた監督委員の履行監督に委ね、例えば弁済報告等があるべき時期にないとか、利害関係人から個別に情報提供があったなどの特段の事情がある場合に限って、監督委員にその点についての状況報告を求める（資料28-1主文6）というスタンスでの履行監督に留めている。

　履行監督中に、監督委員から裁判所に対し、再生債務者の履行が危ぶまれるなどの問題が提起された場合には、随時裁判所と監督委員の二者面談又は再生債務者も交えた三者面談を行うなどして、進行を協議することとしている。

---

15)　監督委員256頁〔笠井直人〕。

IV　再生手続の終結

1　終結の態様

　裁判所は、認可決定確定後、①監督委員又は管財人が選任されている場合を除き（前記Ⅲ1における履行監督を要しないとして監督命令を取り消す場合も同様である。）、再生手続終結の決定をしなければならず（法188条1項）、②監督委員が選任されている場合において、「再生計画が遂行されたとき」[16]又は「再生計画認可の決定が確定した後3年を経過したとき」は、再生債務者若しくは監督委員の申立てにより又は職権で、再生手続終結の決定をしなければならない（同条2項）。
　本節においては、主として前記②の事由による終結決定につき論ずる。

2　監督委員選任時の終結事由

(1)　「再生計画が遂行されたとき」

　法188条2項における「遂行」は前記Ⅱ1における再生債務者が負う遂行義務（説明的記載事項を含む再生計画に記載したすべての事項）とは異なるものの、「履行」よりは広義と解されることから、一般には、金銭債務の弁済のみならず減増資や募集株式の引受け等の組織再編も含まれよう[17]。
　したがって、**第21章Ⅱ2(1)**における類型③（計画外又は計画内の事業譲渡を行い、その事業譲渡代金等を弁済原資として早期に一括弁済（換価終了後に追加弁済するケースもある。）をすることとなる「事業譲渡（清算）型」）などの一括弁済（短期弁済）で、弁済が終了し（追加弁済を含む。）、かつ、その他の主要な事項が完了している場合などに、再生債務者が終

---

16)　管財人選任事案では「再生計画が遂行されることが確実であると認めるに至ったとき」も終結事由となるが（法188条3項）、本章では割愛する。
17)　条解民再986頁〔須藤英章〕、新注釈民再（下）180頁〔小原一人〕。

結申立書を裁判所に提出することになる。

(2) 「再生計画認可の決定が確定した後3年を経過したとき」

これと異なり、いわゆる収益弁済型など長期弁済を志向する場合には、履行期間が長期にわたることがあるが、3年程度弁済等を滞りなく行った場合、その後も順調に推移することが多く、これを超えて履行監督をすることによる監督委員の負担増を踏まえ[18]、認可決定確定後3年で再生手続を終結しなければならないこととされており、3年経過する直前に再生債務者が終結申立書を裁判所に提出することになる。

(3) その他

なお、管財人選任事案における終結事由である「再生計画が遂行されることが確実であると認めるに至ったとき」（法188条3項）の法意等に鑑み、認可決定確定後3年経過する前の履行監督中であっても監督命令を取り消し（法54条、55条）、同取消決定の官報公告及び確定を待って法188条1項に基づき再生手続を終結させた事例もある。他方で、このような取扱いは早期終結の特段の必要性があり、かつ、利害関係人に不利益を及ぼさないことなどが明確に確認できない場合には採用すべきではなく、当部でも、履行期間中に事業及び債務を承継する信用力のあるスポンサーが現れ、弁済等の実現が確実視されるなど、監督命令の対象が不存在となるような場合に限って行っている。

③ 終結決定手続

当部では、再生債務者からの終結申立て（なお、認可決定後一定期間が経過している場合には、本店所在地又は代表者の変更等の有無を確認するため、新たな履歴事項全部証明書の添付が必要である。）を受け、監督委員から終結の要件該当性及び当否についての意見を聴取した上で、終結相当

---

18) 条解民再986頁〔須藤英章〕。

との意見があれば直ちに監督委員の退任報酬等を定めた上で終結決定（資料28-2）を行う運用である。

その後、裁判所は、速やかに官報公告（法188条5項、10条）、登記・登録の嘱託（法11条5項3号、規則7条1項4号、法15条、規則8条3項前段）、官庁等への通知（規則6条2項）を行っている[19]。

終結決定に対する即時抗告は認められず、即時に終結決定は確定し、監督命令及び管理命令は失効するなどの効果[20]が生じる。

（坂本隆一）

・・・・・・・・・・・・・・・・・・・・
19) なお、管財人選任事案においては、管財人は、終結申立てを行った上で、終結後、遅滞なく、裁判所に任務終了に伴う計算報告書を提出しなければならない（法77条1項参照）。
20) その他の効果は、条解民再987頁〔須藤英章〕、民再手引415頁〔佐野友幸〕各参照。

|資料28-1| 再生計画認可決定（法人・別除権受戻行為要許可決定を加えたもの）

平成○年（再）第○号　再生手続開始申立事件

　　　　　　　　　　決　　　　　定

　　　　　　大阪市・・・・・・・・・・
　　　　　　　　再生債務者　株式会社○○
　　　　　　　　　代表者代表取締役　　○○○○
　　　　　　　　　申立代理人弁護士　　○○○○
　　　　　　　　　監督委員弁護士　　○○○○

　　　　　　　　　　主　　　　　文

1　本件再生計画を認可する。
2　本件について当裁判所が平成○年○月○日にした再生手続開始決定の主文3項を取り消す。
3　再生債務者は，別除権の目的である財産の受戻しをするには裁判所の許可を得なければならない。
4　監督委員は，本件再生計画に定める再生債権者に対する弁済期が到来するごとに，その弁済期の2週間後を期限として，本件再生計画の履行状況について，当裁判所に書面をもって報告しなければならない。
5　監督委員は，再生債務者から，本月を起点として，2か月ごとの業務及び財産の管理状況について，報告を受けるようにしなければならない。
6　監督委員は，再生債務者の業務及び財産の管理状況について，当裁判所の求めに応じ，書面をもって報告しなければならない。

　　　　　　　　　　理　　　　　由

　本件に係る別紙再生計画案は，決議に付され，可決された。また，本件再生計画には，民事再生法174条2項各号に定める事由は認められない。

　　　　平成○年○月○日
　　　　　　大阪地方裁判所第6民事部
　　　　　　　　裁判長裁判官　　○○○○
　　　　　　　　　　裁判官　　○○○○
　　　　　　　　　　裁判官　　○○○○

資料28-2　終結決定

平成○年（再）第○号　再生手続開始申立事件

　　　　　　　　　決　　　　　定

　　大阪市・・・・・・・・・・
　　　再生債務者　　○○株式会社
　　　代表者代表取締役　　○○○○

　　　　　　　　　主　　　　　文

本件再生手続を終結する。

　　　　　　　　　理　　　　　由

① 本件について，再生計画認可の決定が確定したので，民事再生法188条1項により，主文のとおり決定する。
② 本件について，当裁判所が平成○年○月○日にした再生計画認可の決定は，平成○年○月○日に確定した。また，本件では，監督委員及び管財人のいずれについても選任していない（当裁判所が平成○年○月○日にした監督命令の取消決定は平成○年○月○日に確定した。）。よって，民事再生法188条1項により，主文のとおり決定する。
③ 本件について，再生債務者は，再生計画を遂行したので，（「再生債務者の申立て」，「監督委員の申立て」，「職権」）により，民事再生法188条2項に基づいて，主文のとおり決定する。
④ 本件について，再生計画認可の決定が確定した後3年が経過したので，（「再生債務者の申立て」，「監督委員の申立て」，「職権」）により，民事再生法188条2項に基づいて，主文のとおり決定する。
⑤ 本件について，管財人は再生計画を遂行したので，（「再生債務者の申立て」，「管財人の申立て」，「職権」）により，民事再生法188条3項に基づいて，主文のとおり決定する。
⑥ 本件について，再生計画が遂行されることが確実であると認めるに至ったので，（「再生債務者の申立て」，「管財人の申立て」，「職権」）によ

り,民事再生法188条3項に基づいて,主文のとおり決定する。

　　　　平成○年○月○日
　　　　　　大阪地方裁判所第6民事部
　　　　　　　　裁判長裁判官　　○○○○
　　　　　　　　　　　裁判官　　○○○○
　　　　　　　　　　　裁判官　　○○○○

第29章 再生手続の廃止等と破産手続への移行

I 総説

　再生手続がその目的を達せず、破産手続により債務者の財産を清算する必要がある場合に、再生手続が係属していた裁判所が適時に開始する破産手続を、「牽連破産」という[1]。

　破産手続開始決定前の再生債務者について、再生手続開始の申立ての棄却の決定、再生手続廃止の決定、再生計画不認可の決定又は再生計画取消しの決定のいずれかが確定した場合において、裁判所は、当該再生債務者に破産手続開始の原因となる事実が認められるときは、職権で、破産手続開始の決定をすることができる（法250条1項）。

　また、破産手続開始後の再生債務者について、再生計画認可の決定の確定により破産手続が効力を失った（法184条）後に、法193条若しくは194条の規定による再生手続廃止の決定又は再生計画取消しの決定のいずれかが確定した場合には、裁判所は、職権で、破産手続開始の決定をしなければならない（法250条2項）。これは、再生手続開始前にいったん破産手続が開始されていたことを考慮した規定である。

　なお、牽連破産ではないが、再生債務者が、再生手続開始の申立ての取下げと同時に破産手続開始の申立てをした場合、又は、再生手続終結

---

1) 伊藤1137頁。

後履行完了前に破産手続開始の申立てをした場合も、先の再生手続開始の申立て又は再生手続と後の破産手続との関係が問題となり得る。

本章では、再生手続廃止に伴う牽連破産の問題点を中心に検討を加え、必要に応じて、再生手続開始の申立ての取下げがあった場合、再生手続終結後履行完了前に破産手続開始の申立てがあった場合の問題点についても触れることとする。

II 再生手続の廃止

1 再生手続廃止事由

再生手続開始の決定が確定した後に再生手続が廃止される局面としては、①再生計画認可前、②再生債務者の義務違反、③再生計画認可後に大別することができる。

(1) 再生計画認可前の手続廃止

ア 次のいずれかに該当する場合には、裁判所は、職権で、再生手続廃止の決定をしなければならない（法191条）。実務上は、再生債務者又は監督委員らからの上申や情報提供を受けて、裁判所が職権発動を検討する。

監督委員の上申によって法191条の規定による再生手続廃止の決定をする際には、当部では、再生債務者の審尋を行うとともに、改めて監督委員の意見を聴いた上で、職権発動をすることが多い。

(ア) 決議に付するに足りる再生計画案の作成の見込みがないことが明らかになったとき（法191条1号）。

公租公課、労働債権等の一般優先債権（法122条）の未払額が多額に上り、事業を継続しても再生債権の弁済原資を調達できる可能性がない場合、事業の継続に不可欠な資産に担保権を有する担保権者との間で別除権協定が締結される見込みがなく、担保権消滅許可の申立てによって

目的物の価額に相当する金銭を納付するだけの資力もないため、履行可能性のある再生計画案を立案できない場合、清算価値保障原則を満たす再生計画案を作成できない場合などが該当する。当部では、財産評定を実施したところ清算価値が高額となって再生計画案作成の目途が立たなくなった事案、スポンサー選定が奏功せず再生手続中に資金繰りに窮した事案、再生債務者が管理命令の発令を受けたものの、その直前に運転資金の大半が消失してしまい、1か月分の給与も支払えなくなった事案などについて、本号によって再生手続廃止の決定をした例がある。

　(イ)　所定期間内に再生計画案の提出がないか、又はその期間内に提出されたすべての再生計画案が決議に付するに足りないものであるとき（法191条2号）。

　提出された再生計画案に不認可事由がある場合などが考えられる。もっとも、再生計画案の修正によって対応できるのであれば、直ちに廃止決定をすることは相当ではないであろう。当部では、事業譲渡をしたものの再生債権の弁済原資を確保することができなかった事案について、本号によって再生手続廃止の決定がされた例がある。

　(ウ)　再生計画案が否決されたとき、又は法172条の5第1項本文及び第4項の規定により債権者集会の続行期日が定められた場合において、同条第2項及び第3項の規定に適合する期間内に可決されないとき（法191条3号）。

　イ　債権届出期間の経過後再生計画認可の決定の確定前において、法21条1項に規定する再生手続開始の申立ての事由のないことが明らかになったときは、裁判所は、再生債務者、管財人又は届出再生債権者の申立てにより、再生手続廃止の決定をしなければならない（法192条1項）。再生債務者に資力があるにもかかわらず弁済が許されず、債権者による回収行為を制約することは相当ではないからである。

(2)　再生債務者の義務違反による手続廃止
　再生債務者の義務違反による手続廃止は、再生債務者が、①法30条

1項の規定による裁判所の命令に違反した場合（法193条1項1号）、②法41条1項若しくは42条1項の規定に違反し、又は法54条2項に規定する監督委員の同意を得ないで同項の行為をした場合（法193条1項2号）、③法101条5項又は103条3項の規定により裁判所が定めた期限までに認否書を提出しなかった場合（法193条1項3号）に、監督委員、管財人の申立てにより又は職権でされる。

　これらは裁量的手続廃止事由であり、義務違反の程度、態様によっては、再生債権者の利益の観点から、直ちに廃止とはせずに、管理命令を発した上で再生手続を継続することもあり得る。

　この再生手続廃止決定をする場合には、再生債務者を審尋しなければならない（法193条2項）。

(3) 再生計画認可後の手続廃止

　再生計画認可の決定が確定した後に再生計画[2]が遂行される見込みがないことが明らかになったときは、裁判所は、再生債務者等若しくは監督委員の申立てにより又は職権で、再生手続廃止の決定をしなければならない（法194条）。

　再生計画認可の決定が確定した後の事情の変更等により、再生計画で定めた弁済の見込みがなくなったような場合でも、まずは、再生計画の変更（法187条）で対応できないか検討することが多いと思われるが、それもできないような場合には、再生手続を廃止して、再生債権者を含む利害関係人の損害を最小限に食い止めるべきである。

　当部では、自主再建型の再生計画を遂行中に資金繰りに窮した事案について、本条によって再生手続廃止の決定がされた例がある。そのうちの多くの事案では、再生債務者自らが廃止上申を行っている。

----

[2] 「再生計画」は、再生債権の弁済が中心になると考えられる（**第28章Ⅱ[1]参照**）。

2 廃止決定の効力発生時

再生手続廃止の決定は、確定によりその効力が生じる（法195条5項）。

裁判所は、再生手続廃止の決定をしたときは、直ちに、その主文及び理由の要旨を官報に掲載して公告する。利害関係人は、再生手続廃止の決定に係る公告が効力を生じた日から起算して2週間以内に即時抗告をすることができる（法9条、10条2項、195条2項）。当部の実情では、再生手続廃止決定日から概ね4週間で再生手続廃止決定が確定している。

3 廃止決定に伴う事務

(1) 破産手続開始準備

当部では、法人の通常再生事件について再生手続廃止の決定が確定した場合において、当該再生債務者に破産手続開始の原因となる事実が認められることがほとんどであるため、職権で、破産法に従い、破産手続開始の決定をするための手続に入る運用である（法250条1項）。これに対し、自然人の通常再生事件について再生手続廃止の決定が確定した場合には、事案に応じて、破産手続に移行（牽連破産）させるかどうかを検討している。

(2) 保全管理命令

当部では、法人の通常再生事件について牽連破産の手続を取る際には、再生手続で管理命令が発令されていた場合を除き[3]、再生手続廃止決定等と同時に、全件で、法251条1項に基づき、破産法91条2項の保全管理命令を発令している[4]。前記2のとおり、再生手続廃止の決定がされても直ちに再生手続廃止決定が確定して破産手続開始の決定ができるわけではないため、破産管財人が選任されるまでに再生債務者の財産が

---

[3] 管理命令が発令されている事例では、管財人が再生債務者の財産の管理処分権及び業務遂行権を有するので（法66条）、管理命令を取り消してまで保全管理命令を発令することは通常ない。民再手引427頁〔島岡大雄〕。

散逸することを防止する必要があるからである。

牽連破産における保全管理人は、債務者の財産の管理処分権を有する（法251条1項、破産法93条1項本文）。加えて、牽連破産における保全管理人は、裁判所の許可を得て、再生債務者の事業の全部又は一部を第三者に譲渡することができると解される（法251条1項、破産法93条3項、78条2項3号）。事業を第三者に譲渡することにより事業の再生、雇用の確保が図られる上、破産手続開始決定後に事業を譲渡するよりも高価で売却することができるからである[5]。牽連破産における保全管理人は、事業譲渡に必要な範囲で業務遂行権が認められると解される。

もっとも、牽連破産における保全管理人が再生債務者の常務に属しない行為をするには、裁判所の許可を得なければならない（法251条1項、破産法93条1項ただし書）。

(3) 包括的禁止命令

当部では、法人の牽連破産の際、包括的禁止命令を発令することがある。再生債務者に対して再生手続中から行われている滞納処分は、再生債務者が破産手続開始決定を受けた後も続行を妨げられないため（破産法43条2項）、多額の公租公課の滞納がある状況で再生手続廃止の決定がされると、破産手続開始の決定がされるまでの間に新たな滞納処分がされるおそれが高くなる。このような場合には、裁判所は、利害関係人の申立てにより又は職権で、包括的禁止命令を発令する（法251条1項、破産法25条2項・1項）。

当部においても、再生手続廃止の決定及び保全管理命令の発令直後に、再生債務者代理人が税務署担当者から、差し押さえるべき資産があるかどうかわからないものの滞納処分を行わざるを得ない旨の連絡を受け、

・・・・・・・・・・・・・・・・・・・・・・

4) これに対し、自然人の通常再生事件を破産事件に移行させる際には、破産法上の保全管理命令を発令することができないため（破産法91条1項括弧書）、当該再生債務者の財産を保全する必要があるときには、同法28条1項に規定する個別的な財産処分禁止等の保全処分で対応することになる。

5) 民再手引428頁〔島岡大雄〕。

再生債務者代理人の上申書提出を受け、包括的禁止命令を発令した事案がある。

(4) 再生債務者代理人に対する要請

　監督委員が保全管理人に就任する場合であっても、その者は再生手続廃止の決定前における再生債務者の業務執行や財産管理処分を行っていなかったのであるから、再生手続開始後に生じた共益債権や既に生じていた一般優先債権の債権者名や債権額等を把握することは容易ではない。一方、再生手続廃止から破産手続に移行する際には、破産手続開始の申立てを観念することができず、再生債務者代理人から債権者一覧表（破産法20条2項）の提出を求めることはできない。

　そこで、当部では、再生手続廃止の決定がされる前後に、再生債務者代理人に対し、当部の破産管財事件の申立書と同様の書式で、①資産及び負債一覧表、②債権者一覧表、③被課税公租公課チェック表、④財産目録等、⑤リース物件一覧表、⑥係属中の訴訟等一覧表、⑦報告書（法人用）を提出するよう要請している[6]。多くの事件では、再生債務者代理人の協力により、これらの書面が提出されている。

4　廃止決定の効力

(1) 再生手続の終了

　再生手続の廃止は、再生手続を将来に向かって終了させるものである。したがって、再生手続廃止決定の確定により、監督命令や管理命令は効力を失うが（法195条7項後段、188条4項）、再生手続中に既に行われた各種行為や手続（事業の遂行、財産の管理、双方未履行双務契約の解除、担保権消滅の許可等）の効果は失われないと解される。

　再生計画認可決定の確定後に再生手続廃止決定が確定した場合は、再生手続終結決定がされた場合と同様に、成立した再生計画の効力は保た

---

6)　これらの書式については、運用と書式328頁～348頁。

れる上、既にされた再生計画の遂行によって生じた効力（再生計画に基づく債務弁済の効力など）及び法律の規定によって生じた効力（再生債権の免責、再生債権者等の権利変更、資本金の減少等）は維持され（法195条6項）、再生債権者は、再生計画の履行されていない部分の履行を求めることができる。

(2) 再生手続に付随する手続の取扱い

再生債権査定の手続は、再生計画認可決定の確定前に再生手続が廃止された場合は、再生債権を確定する必要がなくなるから、当然に終了する（法112条の2第1項前段）。再生計画認可決定の確定後に再生手続が廃止された場合は、再生債権者が再生計画の定めによって認められた権利を行使するためには再生債権が確定している必要があること（法179条2項）から、引き続き係属するものの（法112条の2第1項後段）、破産手続開始決定があったときは、破産手続において債権を調査確定するほうが合理的であることから、当然に終了する（法254条5項）。

否認の請求、損害賠償請求権の査定の手続は、再生手続廃止の決定の確定により、当然に終了する（法136条5項、143条6項）。

(3) 査定の裁判に対する異議の訴訟手続の取扱い

ア　再生債権査定決定に対する異議訴訟のうち、再生債務者等が当事者であるものは、再生手続廃止の決定がされてもそのまま係属するものと解される（法112条の2第4項参照）。ただし、牽連破産の手続が開始された場合には中断し（破産法44条1項）、破産債権の調査において破産管財人がその額等を認めなかったときなどには、その確定のために受け継がれる（同法127条1項）[7]。

再生手続廃止決定の確定時に係属している再生債権査定決定に対する異議訴訟のうち、再生債務者等が当事者でないものは、再生計画認可の決定の確定前に再生手続廃止の決定がされたときは、その後牽連破産と

7）　条解民再581頁〔笠井正俊〕。

なった場合に既に係属している異議訴訟を利用する余地を残すため、訴訟手続は終了せずに中断する（法112条の2第4項前段）[8]。再生計画認可の決定の確定後に再生手続廃止の決定がされたときは、権利行使のために再生債権を確定させる必要があるから、その訴訟手続は引き続き係属し（同項後段）、牽連破産の手続が開始されたときに中断する（破産法44条1項）。

　　イ　再生手続中に受継された異議ある再生債権に関する訴訟のうち、再生債務者等が当事者であるものは、再生手続が終了しても係属するものと解される。

　　再生手続中に受継された異議ある再生債権に関する訴訟のうち、再生債務者等が当事者でないものは、再生計画認可の決定の確定前に再生手続廃止の決定がされたときは、再生債権の確定のために受継されていた訴訟手続は中断し（法112条の2第5項前段）、再生債務者が受継する（同条第6項、68条3項）。再生計画認可の決定の確定後に再生手続廃止の決定がされたときは、再生債権の確定のために、訴訟は中断することなく進行する（法112条の2第5項後段）。

III　再生手続と関連する破産手続における各種債権の取扱い

1　再生手続と関連する破産手続における再生債権の取扱い

(1)　再生債権者表に記載された債権の取扱い

　再生債権は、債権調査の結果、再生債権の査定の裁判、再生債権の確定に関する訴訟によって確定すると、裁判所書記官がそれらの結果を再

---

[8]　したがって、牽連破産が開始されなかったときは、異議訴訟は終了する（法254条6項による同条4項の準用）。

生債権者表に記載することにより、再生債権者の全員に対して確定判決と同一の効力を有する（法104条、110条、111条）。

確定した再生債権は、再生計画認可決定が確定する前に再生手続廃止の決定がされた場合であっても、原則として、再生債務者に対し、確定判決と同一の効力を有する（法195条7項、185条1項本文）。

再生計画認可決定が確定すると、届出再生債権及び自認債権は、再生計画の定めによって変更される（法179条1項）。この変更後の権利についても、裁判所書記官が再生計画の条項を再生債権者表に記載することにより、再生債務者、再生債権者等に対し、確定判決と同一の効力を有する（法180条2項）。しかし、再生計画の履行完了前に再生債務者について破産手続開始決定がされた場合（再生手続廃止の決定の確定後に破産手続開始の決定がされた場合のみならず、再生手続終結後履行完了前に破産手続開始の決定がされた場合を含む。）には、再生計画によって変更された再生債権は原状に復する（法190条1項本文）。この場合には、再生計画認可決定が確定する前の再生債権者表の効力が復活することになる[9]。

ただし、再生債権者が再生計画によって得た権利には影響が及ばず（法190条1項ただし書）、再生計画に基づいて受けた弁済は有効であり、破産債権の額は、従前の再生債権の額から再生計画により弁済を受けた額を控除した額となる（同条3項）。

再生計画の履行完了前に再生債務者について開始された破産手続において配当が行われる場合には、配当調整がされる。配当調整では、従前の再生債権の額をもって配当の手続に参加することのできる債権の額とみなす一方、再生計画により弁済を受けていたときは、破産財団に再生計画における弁済額を加算することによって、配当率の標準を定める。ただし、破産債権者のうち他の同順位の破産債権者よりも高い率の弁済

---

[9] 効力が復活した再生債権者表に記載された再生債権について、破産管財人が異議を述べた場合の破産債権の確定については、破産法129条1項によるとする見解（条解破産法911頁）と、同法125条1項によるとする見解（竹下守夫編集代表『大コンメンタール破産法』（青林書院、2007年）539頁〔橋本都月〕）がある。

を受けていた者は、低い率の弁済しか受けていなかった破産債権者が自己の受けた弁済と同一の割合で配当を受けるまでは配当を受けることができない（法190条4項）[10]。

(2) みなし届出

再生手続廃止の決定の確定により職権で破産手続開始の決定があった場合（牽連破産）において、先行していた再生手続で再生債権として届出のあった債権については、破産裁判所は、破産債権としての届出を要しない旨の決定をすることができ（法253条1項）、この決定があった場合には、再生債権として届出のあった債権について、届出をした者が破産手続における債権届出期間の初日に破産法111条1項に基づく届出をしたものとみなされる（法253条3項・4項）[11]。

みなし届出決定がされた場合には、再生手続開始後の利息、遅延損害金の届出は、破産手続において劣後的破産債権の届出とみなされるのに対し（法253条4項3号、破産法111条1項3号）、再生債権者が破産手続における債権届出期間内に改めて再生手続開始から破産手続開始までの分の利息又は遅延損害金について債権届出をした場合には、このような効果は生じない。再生手続の開始から破産手続の開始までに相当の期間が経過している場合には、みなし届出の制度を利用する債権者と利用しない債権者との間で不公平が大きくなることから、みなし届出の決定をしないことが考えられる[12]。

当部では、みなし届出の決定をしなかったものの、再生債権届出書の内容に追加変更がなく（再生手続開始決定日以降の利息・遅延損害金を届け出ない場合等）、かつ、再生計画に基づく弁済以外の弁済を受けていないことが予測される破産債権者（取引先等）に対し、破産管財人におい

----

[10] 配当調整の具体的な方法については、島岡大雄「東京地裁破産再生部（民事第20部）における牽連破産事件の処理の実情等について（下）」判タ1363号（2012年）42頁、破産管財の手引413頁。
[11] 新注釈民再（下）599頁〔笠井正俊〕。
[12] 新注釈民再（下）601頁〔笠井正俊〕。

て、当初の債権額、再生計画に基づいて弁済を受けた額、現在の債権額を補充した破産債権届出書を送付し、便宜を図った事例がある。この事例では、破産債権届出書の補充内容に異議がある場合、再生手続開始決定日以降の利息・遅延損害金を届け出る場合、保証人・物上保証人等から弁済を受けている場合、別除権協定、担保物の処分等による弁済を受けている場合、再生手続において再生債権の届出をしていなかった債権を届け出る場合には、再生債権者が破産債権届出書に必要事項を自ら記入した上で提出するよう求めた。

2 共益債権の破産手続における取扱い

　再生手続廃止の決定の確定により職権で破産手続開始の決定がされた場合には、当該再生手続上の共益債権は、財団債権として扱われる（法252条6項）。

　なお、再生手続開始の申立ての取下げがあった場合において共益債権化の承認がされた債権や、再生手続終結後履行完了前に発生した再生債務者に対する債権については、後の破産手続において財団債権として取り扱う旨の明文の規定はない。しかし、前者については、再生手続開始の申立ての棄却決定確定後の牽連破産の場合には共益債権化の承認がされた債権を財団債権とする旨の規定があること（法252条6項）、後者については、再生計画の履行完了前に新たな再生手続開始の決定がされた場合に、従前の再生手続における共益債権を新たな再生手続においても共益債権とみなす旨の規定があること（法190条9項）を考慮すると、いずれについても、後の破産手続において、破産法148条1項4号を活用するなどして、財団債権に準じて優先的に弁済を行うのが相当であろう[13]。

----

13) 島岡・前掲注10) 37頁、条解民再1281頁〔八田卓也〕。当部においても、再生手続開始の申立ての取下げ後の破産手続において、破産管財人が裁判所の許可を得て随時弁済を行った例がある。

3　一般優先債権である公租公課の破産手続における取扱い

　公租公課は、破産手続開始日及び納期限を基準に、財団債権（破産法148条1項3号）、優先的破産債権（同法98条）及び劣後的破産債権（同法97条3号～5号、99条1項1号）に分かれる。公租公課は、労働債権の財団債権化に関する読み替え規定（法252条5項）のような規定がないため、破産手続開始日及び納期限を基準に振り分けられる。

4　一般優先債権である労働債権の牽連破産における取扱い[14]

(1)　給与債権

　再生手続開始前に発生した給与債権は、牽連破産の手続において、再生手続開始の決定前3か月間の範囲で財団債権となり（法252条5項、破産法149条1項）、その余は優先的破産債権となる。

　再生手続開始の決定後、再生手続中に発生した給与債権は、法119条2号により共益債権となるため、牽連破産の手続において、財団債権となる（法252条6項）。

　再生手続廃止の決定後、保全管理中に発生した給与債権は、牽連破産の手続において、財団債権となる（破産法148条4項）。

(2)　退職金債権

　再生手続開始前に発生した退職金債権は、後の破産手続において、退職前3か月間の給与の総額に相当する額を限度に財団債権となり（破産法149条2項）、その余は優先的破産債権となる（同法98条1項、民法306条2号）。

　再生手続開始の決定後、再生手続中に発生した退職金債権については、全額が法119条2号により共益債権になるとする考え方と、再生手続開始後の労働の対価に相当する部分のみ同号により共益債権になり、再生

---

[14]　破産管財の手引409頁。

手続開始前の労働の対価に相当する部分は法122条1項により一般優先債権になるとする考え方があり得る。牽連破産の手続において、自主退職か整理解雇か、破産財団の規模はどの程度かなどを考慮して検討するのが相当であろう[15]。これに対し、再生手続終結後履行完了前に破産手続開始の決定がされた事案では、再生手続中に発生した退職金債権については、退職前3か月間の給与の総額に相当する額を限度に財団債権となり（破産法149条2項）、その余は優先的破産債権となる（同法98条1項、民法306条2号）。

再生手続廃止の決定後、保全管理中に発生した退職金債権についても、前記と同様に、考え方が分かれ得る。

(3) 解雇予告手当債権

再生手続開始の決定前に発生した解雇予告手当債権は、当部では、優先的破産債権とする扱いである（破産法98条1項、民法306条2号）[16]。

再生手続開始の決定後、再生手続中に発生した解雇予告手当債権は、法119条2号の共益債権に当たると解する余地がある。牽連破産の手続において、破産財団の状況や他の財団債権や優先的破産債権の状況を斟酌した上で、検討するのが相当であろう[17]。

再生手続廃止の決定後、保全管理中に発生した解雇予告手当債権は、保全管理人の解雇により発生することを考慮すると、破産法148条4項により、財団債権となると解するのが相当である。

5 否認権、相殺に関する調整

牽連破産事件において、否認及び相殺禁止の要件に関する破産法の規定の適用に当たっては、再生手続開始の申立てをもって破産手続開始の

---

15) 民再実務331頁。
16) 運用と書式213頁。
17) 「倒産と労働」実務研究会編『概説 倒産と労働』（商事法務、2012年）9頁〔今村哲発言〕。

申立てがあったものとみなされる（法252条1項柱書）。

(千賀卓郎)

第30章 記録の閲覧謄写

I 記録の閲覧謄写

　再生手続を公正で透明性のあるものにするには、利害関係人が、適切に情報を取得する機会を保障された上で、権利行使することができる必要がある。一方、再生手続は、非公開の手続である上、密行性が要請される場面のある手続であることから、一般に公開されている民事訴訟記録の閲覧謄写（民訴法91条1項）に比べ、その記録の閲覧謄写には一定の制限が認められている（法16条、17条）。

1 閲覧等の請求権者

　記録の閲覧謄写等（以下、正本等の交付などを含め、「閲覧等」という。）の手続を請求できる者は、利害関係人である（法16条1項〜3項）。
　利害関係人とは、再生手続に関して、自己の法律上の利害関係を有する者をいい、具体的には、再生債務者、再生債権・一般優先債権・共益債権などを有する債権者、別除権者、取戻権者、従業員、株主等がこれに当たる。また、手続機関である監督委員、保全管理人、管財人も利害関係人に当たる。なお、債務者財産の買受希望者や債務者所有建物の賃借人などは、事実上の利害関係を有するにすぎず、利害関係人には当たらないと解される。また、再生債務者と取引予定の者や、再生債権者で

あったが、少額弁済を受けた後に取引再開又は信用調査のために閲覧等を希望する者は、利害関係人に当たらないと解される。

請求者は閲覧等を請求するに際して、利害関係を有することを疎明する必要がある（民訴法91条3項参照）。

2 閲覧等の対象文書

閲覧等請求の対象となる文書は、民再法に基づき、又は同法において準用する他の法律の規定に基づき、裁判所に提出され、又は裁判所が作成した文書その他の物件（法16条1項）とされているが、具体的には、再生手続開始申立書、添付資料、報告書、許可申請書、財産評定書（法124条）、報告書（法125条）、債権届出書、認否書、再生計画案、監督委員の意見書や再生手続開始決定、付議決定、再生計画認可決定などの各種決定書等がある。

いわゆる議決票が閲覧等の対象となるかについては、裁判所に提出した議決票は議決権行使の手段にすぎず、民再法又は同法で準用する他の法律の規定に基づき裁判所に提出された文書とはいえないので、閲覧等の対象文書には当たらない[1]。当部では、債権者集会が開催されるまでは、投票状況が公開されるおそれがあるほか、債権者集会後であっても、投票の秘密を守る観点から、閲覧等を原則として認めていない。

3 閲覧等の請求時期

再生手続の早期段階においては、債権者の駆け込み的な取立行為や相殺などがされるおそれがあることから、一定の範囲の者に対し、時期的制限が課せられている（法16条4項）。

(1) 再生手続開始の申立人は、いつでも閲覧等を請求することがで

---

1) 条解民再70頁〔園尾隆司〕参照。

きる（法16条4項ただし書）。

(2)　利害関係人は、他の手続の中止命令（法26条1項）、再生債権に基づく強制執行等の包括的禁止命令（法27条1項）、仮差押え、仮処分その他の保全処分（法30条1項）、担保権の実行手続の中止命令（法31条1項）、監督命令（法54条1項）、保全管理命令（法79条1項）、再生手続開始の申立てについての裁判などがあった後に、閲覧等を請求することができる（法16条4項1号）。申立て後、前記処分等があれば、実質的に密行性は解除されることになるからである。

　ただ、当部では、原則として、申立てとほぼ同時に弁済禁止の保全処分及び監督命令を発令しているので、申立て後、それほど期間が空くことなく記録の閲覧等が可能となることが多い。

(3)　再生債務者は、再生手続開始の申立てに関する口頭弁論若しくは再生債務者を呼び出す審尋期日の指定、又は前記(2)に記載の裁判があった後に、閲覧等の請求ができる（法16条4項2号）。

4　閲覧等の手続

(1)　閲覧謄写の手続（法16条1項・2項）

　閲覧謄写の請求は、申請人が、裁判所書記官に対し、申請書（民事事件記録等閲覧・謄写票）を提出して行う。

　必要とされる書類は以下のものである。

ア　申請書（民事事件記録等閲覧・謄写票）

　閲覧謄写の請求は、民事事件記録等閲覧・謄写票（書記官室備付けの申請書）に必要事項（申請年月日、事件番号、当事者氏名、閲覧等の目的、所要見込時間、申請人の資格及び氏名、閲覧等をする部分等）を記入して行う。

イ　資格証明書

　請求者が法人である場合、商号、本店所在地、代表者の資格、氏名確認のため、資格証明書の原本の提出を求めている。ただし、再生債権届出書に添付して提出されている場合は、改めて提出する必要はない。

　ウ　委任状

　代理人が申請する場合は、委任状が必要である。請求者が法人であり、法人の従業員が代理人として申請する場合は、代表者又は登記された支配人から委任された旨の委任状が必要である。ただし、再生債権届出書に、閲覧等の権限も委任した内容の委任状が添付されている場合は、改めて提出する必要はない。

　エ　利害関係を疎明する書面

　請求者が再生債権者である場合は、再生債権者と債務者との間の契約書の写しや請求書の写しがこの書面に該当する。

　オ　申請人の印鑑

　認印で足りる。

　カ　申請人の身分証明書

　運転免許証、健康保険証、パスポートなど、申請者本人であることを確認できるものが必要である。

　キ　手数料

　終局している事件の場合は、手数料として収入印紙150円（民事訴訟費用等に関する法律7条、別表第2第1項）を要する。

　係属中の事件については不要である。

(2) 正本、謄本、抄本、事件に関する事項の証明書の交付の手続（法16条2項）

いずれも、申請書（事件に関する事項の証明書を求める場合は、申請書を2通）、資格証明書（請求者が法人である場合）、委任状（代理人による申請の場合）、及び利害関係を疎明する書面（契約書や請求書の写し等）を提出する。正本、謄本、抄本の交付申請は書面1枚につき150円、証明申請は1事項の証明につき150円の収入印紙が必要である。その他については、前記(1)参照。

(3) 録音テープ又はビデオテープ等の複製（法16条3項）

文書等のうち、録音テープ又はビデオテープ（これらに準ずる方法により一定の事項を記録した物を含む。）については、利害関係人の請求により、謄写等に代えて、その複製を許さなければならない。録音テープやビデオテープに準ずる物として、フロッピーディスクやCD、DVDなどの電子媒体が考えられる。なお、録音テープ等の複製の請求に際し、前記(1)キ同様、終局している事件の場合、手数料として150円の収入印紙が必要である。

II 閲覧等の制限

利害関係人の閲覧等を認めると再生債務者の事業の維持再生に著しい支障を生じるおそれ又は再生債務者の財産に著しい損害を与えるおそれがある部分について、裁判所は、当該文書等を提出した再生債務者、監督委員、保全管理人等の申立てにより、支障部分の閲覧等の請求をすることができる者を、当該申立てをした者及び再生債務者等に制限することができる（法17条1項）。

1 閲覧等の制限の申立権者と対象文書

　閲覧等制限の申立てをすることができるのは、前記のとおり、当該文書等を提出した再生債務者、監督委員、保全管理人等である。

　閲覧等の制限は、利害関係人に対する情報開示の制約に当たるため、その対象となる文書は、以下のとおり限定されている。

　　(i)　再生債務者又は保全管理人に対する指定行為についての許可申請書（法41条1項、81条3項）
　　(ii)　事業譲渡等の許可申請書（法42条1項）
　　(iii)　監督委員の否認の訴えの提起等の許可申請書（法56条5項）
　　(iv)　保全管理人が常務以外の行為を行う場合の許可申請書（法81条1項ただし書）
　　(v)　調査委員又は個人再生委員の調査報告書（法62条2項、223条3項）
　　(vi)　再生債務者等の業務及び財産の管理状況報告書（法125条2項）
　　(vii)　監督委員による業務及び財産の管理状況報告書（法125条3項）

　監督委員の同意を得た旨の報告書（規則21条2項）が、閲覧等制限の対象となるかという問題がある。この点、同報告書は、前記(i)の裁判所に対する許可申請書に該当しないため、法17条に基づく閲覧等制限の対象ではないと考えられる。なお、監督委員の同意に係る報告書は、監督委員から同意を得たことを裁判所に報告する書面であることから、事案によっては、必ずしもすべての文書を裁判所に提出する必要はなく、骨子部分を要約して報告することで足りる場合があろう[2][3]。

2 閲覧等の制限の申立ての方法

　閲覧等制限の申立ては、対象文書の提出の際に行う必要があり、また、

---

[2]　民再実践マニュアル178頁。
[3]　はい6民538頁〜539頁参照。なお、再生債務者や監督委員が連絡のために作成したメモの扱いについて、同書107頁〜109頁参照。

支障部分を特定してしなければならない（規則10条1項・2項）（**資料30-1**）。また、申立てに際しては、対象文書から支障部分を除いたもの（以下「代替文書」という。）を作成し、裁判所に提出する必要があり（同条3項）、申立ての内容と決定の内容に相違があれば、改めて決定の内容に合致した代替文書を提出しなければならない（同条5項）。閲覧等制限の申立書自体には閲覧等の制限が及ばないため[4]、支障部分の特定の際は、同部分が明らかになるような記載の仕方をすることがないように、注意を要する。

なお、申立手数料は不要である。

③ 閲覧等制限決定

再生債務者の事業の維持再生に著しい支障を生じるおそれ又は再生債務者の財産に著しい損害を与えるおそれがあると疎明がされたときは、閲覧等制限決定がされる（**資料30-2**）。閲覧等の制限の請求を認める決定に対しては、不服申立てをすることができない（法9条）。

支障部分の閲覧等の請求をしようとする利害関係人は、再生裁判所に対し、閲覧等制限決定の取消しの申立てをすることができる（法17条3項）。

閲覧等制限の申立てを却下する決定及び閲覧等の取消しの申立てについての裁判に対しては、即時抗告することができる（法17条4項）。

III　再生債務者からの情報開示

利害関係人側からの閲覧等請求に対応するものとして、民再法は、再生債務者側からの情報開示を定める。すなわち、①財産評定に基づく財産目録等（法124条2項）及び125条1項報告書や、②認否書（法100

---

4) 民再実践マニュアル182頁。

条）及び認否変更等の書面（規則41条）の文書は、一定期間、再生債務者の主たる営業所又は事務所において閲覧できる状態に置く措置をとらなければならないとされている（①につき規則64条、②につき規則43条）。これらは、利害関係人が簡易に情報収集することができる有用な手段といえる。

(山本真己)

資料30-1 閲覧等の制限申立書

平成○年（再）第○号
再生債務者　○○株式会社

閲覧等の制限申立書

平成○年○月○日

大阪地方裁判所　第6民事部　民事再生係　御中

申立代理人弁護士　　○○○○　㊞

申立ての趣旨

　平成○年（再）第○号再生事件につき，民事再生法17条1項の規定に基づき，申立人が提出した平成○年○月○日付け事業譲渡許可申請書の「2 申請の理由」欄の(3)及びその事業譲渡許可申請書の添付書類のうち事業譲渡契約書並びにA社及びB社の報告書については，閲覧若しくは謄写，その正本，謄本若しくは抄本の交付又はその複製の請求をすることができる者を申立人に限るとの決定を求める。

申立ての理由

1　申立人は，平成○年○月○日付け事業譲渡許可申請書（以下，「許可申請書」という。）を提出した再生債務者である。
2　上記許可申請書及びその添付書類である事業譲渡契約書並びにA社及びB社の報告書には，事業譲渡の相当性を判断するために，事業譲受人であるA社及びその競合する譲渡先候補であったB社，両社についての事業秘密に関する事項（販売先の情報，財務内容）が記載されている。
3　申立人は，両社との間でそれぞれ上記の秘密事項について守秘義務を負う旨の契約を締結しており，許可申請書等が閲覧され秘密事項を第三者が知るところとなれば，守秘契約に基づく違約金を支払うこととなり，再生債務者の財産に著しい損害を与えるおそれがある。

資料30-2　閲覧等制限決定例

平成○年（モ）第○号
（基本事件　平成○年（再）第○号）

決　　　　定

大阪市北区○○
再生債務者　　○○株式会社
申立人代理人　○○○○

　上記再生債務者に対する頭書事件について，当裁判所は，申立人からの申立てに理由があるものと認め，民事再生法17条1項を適用して，次のとおり決定する。

主　　　　文

　再生債務者が当裁判所に提出した平成○年○月○日付け事業譲渡許可申請書のうち，「2　申請の理由」欄の(3)及び同申請書添付書類のうち事業譲渡契約書並びにA社及びB社の報告書について閲覧若しくは謄写，その正本，謄本若しくは抄本の交付又はその複製の請求をすることができる者を，再生債務者に限る。

平成○年○月○日
大阪地方裁判所第6民事部
裁判長裁判官　　○○○○
裁判官　　○○○○
裁判官　　○○○○

〈閲覧対象箇所の特定が困難な場合の主文例〉

> 　再生債務者が当裁判所に提出した平成○年○月○日付け事業譲渡許可申請書のうち，民事再生規則10条3項による同日付け代替文書に記載された部分以外の部分について閲覧若しくは謄写，その正本，謄本若しくは抄本の交付又はその複製の請求をすることができる者を，再生債務者に限る。

● 事項索引 ●

数字・アルファベット

125 条 1 項報告書 ……………… 159
DD（デュー・デリジェンス）…… 224
DIP（Debtor in Possession）…… 1, 113
DIP ファイナンス ……………… 33, 94
FA（ファイナンシャル・アドバイザー）……………………… 225, 234
FA 契約 …………………………… 94

あ行

頭数要件 ………………………… 357
一般調査 ……………… 176, 188, 204
一般優先債権 …………………… 167, 195
請負契約 ……………………… 132, 140

か行

外貨建て債権 ………… 170, 173, 196
会計方針 ………………………… 155
開始後債権 ……………………… 326
開始前の強制執行等の取消命令 …… 80
会社分割 ………………… 94, 221, 232
価額決定の請求 ………… 281, 287
株式の併合 ……………………… 335
簡易再生 …………………………… 15
—— のモデルスケジュール …… 16
管轄 ………………………………… 24
管財人 …………………………… 100
監督委員 ……………… 92, 133, 190
—— に対する同意申請書面 …… 97
—— による履行監督 …………… 387
—— の消極的関与型運用 ……… 92
—— の積極的関与型運用 ……… 93
—— の同意権 …………………… 96
—— の否認権限 ………………… 248
—— の報告義務 ………………… 164
監督命令 ………………… 62, 93, 133
—— における要同意行為 ……… 93
—— における要報告行為 ……… 94
管理命令 ………………… 100, 117, 401

議決権

—— の代理行使 ……………… 356
—— の不統一行使 …………… 359
議決権額 ……………… 172, 182, 190
議決権額要件 ……………… 357, 359
議決権者 ………………………… 357
期日の続行 ……………………… 363
共益債権 ……… 133, 167, 195, 408
共益債権化の承認 …… 64, 95, 96, 116
記録の閲覧謄写 ………………… 412
—— の制限 …………………… 416
計画外事業譲渡 ………………… 222
傾斜配分型弁済条項（段階的権利変更条項）……………………… 315
継続企業価値 …………………… 155
継続的給付を目的とする双務契約
 ……………………… 132, 144, 146
月次報告書 ……………………… 163
減増資 ……………………… 335, 369
牽連破産 ……………… 397, 401, 402
公租公課 ………………………… 409
公平誠実義務 …………………… 115
雇用契約 ………………… 132, 142
ゴルフ場会員の債権 …………… 318

さ行

債権者集会 ……………………… 362
債権者説明会 ……… 61, 95, 160, 352
財産状況報告集会 ……………… 160
財産評定 ………………………… 148
財産目録 ………………… 149, 161
再生計画
—— の遂行 …………………… 384
—— の取消し ………………… 397
—— の認可決定 ……………… 365
—— の確定 …………… 367, 383
—— の不認可決定 …… 369, 397
—— の不認可事由 …………… 365
—— の変更 …………………… 378
再生計画案 ……………………… 292

423

―― における弁済方法の記載 … 322
―― における弁済率の設定 … 321
―― の修正 … 352
―― の絶対的必要的記載事項 … 312
―― の説明的記載事項 … 344
―― の相対的必要的記載事項 … 326
―― の提出 … 292, 349
―― の提出期間 … 293, 349
　　―― の伸長 … 294, 350
―― のドラフト … 293, 351
―― の任意的記載事項 … 334
―― の変更 … 356
―― の類型 … 295
再生計画案決議の方法（集会型）
　　… 362
再生計画案決議の方法（書面型）
　　… 362
再生計画案決議の方法（併用型）
　　… 362
再生計画案補足説明書 … 295, 344, 353
再生債権
　　―― に基づく強制執行等の中止
　　　命令 … 76
　　―― の査定 … 404
　　―― の調査 … 187
　　　　―― における異議の撤回 … 210
　　　　―― における認否の変更 … 209
　　―― の届出 … 166
　　―― の効果 … 178
　　―― の追完 … 176, 177, 191
　　―― の届出期間 … 166, 175
　　―― の届出事項 … 169
　　―― の変更 … 179, 194
　　―― の届出名義の変更 … 181
　　―― の内容の査定申立て … 211
　　未確定の ―― … 329
再生債権査定決定に対する異議訴訟
　　… 404
再生債権者表 … 204, 208, 214, 367, 405
再生債権届出書 … 166, 167
再生債務者
　　―― の株式の取得 … 335

―― の第三者性 … 117
―― の代理人弁護士 … 114
再生手続
―― の終結 … 391
―― の廃止 … 117, 397, 398
再生手続開始の原因 … 25
再生手続開始の申立て … 22, 60
―― の棄却事由 … 25
―― の棄却の決定 … 397
―― の準備 … 22
―― の取下げ … 397
再生手続開始申立書 … 28
―― の実質的記載事項 … 29
―― の添付書面 … 30
―― の必要的記載事項 … 28
財団債権 … 408
サービサー … 193
敷金返還請求権 … 138, 197
事業譲渡 … 94, 150, 221, 222, 338
―― の基本合意 … 94
―― の許可（法42条許可）
　　… 223, 228
資金繰り … 161, 163
資金繰り表 … 32
事前相談 … 23
実質的平等（実質的衡平） … 314
自認債権 … 179, 188, 191, 211, 218, 367
社債 … 172
集合債権譲渡担保 … 84, 95, 271
集合動産譲渡担保 … 88, 271
修正貸借対照表 … 33
住宅資金特別条項 … 341
主たる営業所 … 24
条件付債権 … 173
商取引債権 … 130
常務 … 94
将来の求償権 … 171, 174, 203
所有権留保 … 90
所有権留保売買 … 145
数人の全部義務者（連帯債務者等）
　　… 170, 171, 203
スポンサー … 162, 219

スポンサー選定手続············224
清算価値保障原則···148, 152, 320, 346
清算貸借対照表············32, 346
相殺権··················184, 190
双方未履行の双務契約··········132

た行

貸借対照表···············149, 161
代替許可（法43条許可）·····221, 229
担保権消滅許可の申立て··········283
担保権消滅の制度·············280
担保権の実行手続の中止命令·······81
　――の中止期間伸長············84
　――の2段階発令方式······86, 89
遅延損害金請求権·············196
中小企業者·················123
調査委員·················104
賃貸借契約··············132, 135
賃料債務との相殺·············137
追加弁済条項···············323
手形金···················170
手形債権·················195
適確な措置·············329, 330
同意再生··················18
特別調査············177, 188, 206

な行

認否書··············189, 217, 218

は行

配当調整·················406
売買契約·················132
否認
　――の訴え···············250
　――の請求············250, 404
　――の登記・登録············255
否認関係訴訟の受継・訴訟参加・別
　訴の併合提起··············256
否認権··················247
　――のための保全処分··········254
否認請求認容決定に対する異議の訴
　え····················251

評価人················151, 288
標準スケジュール············2, 12
平等原則·················313
付議決定·················353
不足額··················199
　――の確定··········182, 183, 267
不足額責任主義··········275, 280
プレパッケージ型民事再生
　················32, 226, 227, 234
別除権···········81, 182, 330, 368
別除権協定·············84, 263
　――における協定債権（債務）
　··················265, 272
　――における協定弁済·····265, 272
　――の解除条件·············266
別除権付再生債権··········182, 198
別除権目的財産の受戻し·····264, 280
弁済期間·················322
弁済許可
　主要取引先である中小企業者に対
　　する――···············122
　少額の再生債権に対する法85条
　　5項後段に基づく――·······127
　少額の再生債権に対する法85条
　　5項前段に基づく――·······124
弁済禁止
　再生債権の――·············121
　――から除外される債務·····63, 69
　――の保全処分
　············63, 64, 68, 69, 121
　――の解除················71
ポイントシステム············319
包括的禁止命令··········78, 402
法人の役員に対する損害賠償請求権
　·····················236
　――の査定··········236, 404
　――の裁判に対する異議の訴
　　え····················242
募集株式·················335
保全管理人············104, 402
保全管理命令···············401
保全処分··················67

ま行

みなし届出 ……………………… 407

や行

役員財産に対する保全処分 ……… 244
予想清算配当率 …………… 149, 156
予定不足額 ………… 182, 199, 358, 361
予納金 …………………………… 27

予備的届出 ……………………… 167

ら行

リース契約
　………… 91, 134, 144, 183, 271, 284
利息金請求権 …………………… 196
労働組合等 ………………… 62, 356
労働債権 ………………………… 409

民事再生の実務

2017年12月10日　初版第1刷発行

編著者	森　　純　子
	川　畑　正　文

発行者　塚　原　秀　夫

発行所　㍿商事法務
　　　　〒103-0025 東京都中央区日本橋茅場町 3-9-10
　　　　TEL 03-5614-5643・FAX 03-3664-8844〔営業部〕
　　　　TEL 03-5614-5649〔書籍出版部〕
　　　　http://www.shojihomu.co.jp/

落丁・乱丁本はお取り替えいたします。
© 2017 Junko Mori, Masafumi Kawabata
Shojihomu Co., Ltd.
ISBN978-4-7857-2571-6
＊定価はカバーに表示してあります。

印刷／広研印刷㈱
Printed in Japan

[JCOPY]＜出版者著作権管理機構　委託出版物＞
本書の無断複製は著作権法上での例外を除き禁じられています。
複製される場合は、そのつど事前に、出版者著作権管理機構
（電話 03-3513-6969、FAX 03-3513-6979、e-mail: info@jcopy.or.jp）
の許諾を得てください。